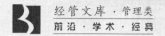

经管文库·管理类
前沿·学术·经典

现代中国武术的
多维探索

Multidimensional Exploration of Modern
Chinese Martial Arts

龚惠萍◎著

经济管理出版社
ECONOMY & MANAGEMENT PUBLISHING HOUSE

图书在版编目（CIP）数据

现代中国武术的多维探索 / 龚惠萍著 . —北京：
经济管理出版社，2025. -- ISBN 978-7-5243-0023-6

I . G852

中国国家版本馆 CIP 数据核字第 2025Q5U424 号

组稿编辑：杨国强
责任编辑：白　毅
责任印制：许　艳
责任校对：蔡晓臻

出版发行：经济管理出版社
（北京市海淀区北蜂窝 8 号中雅大厦 A 座 11 层 100038）

网　　　址：www.E-mp.com.cn

电　　　话：（010）51915602

印　　　刷：唐山玺诚印务有限公司

经　　　销：新华书店

开　　　本：710 mm × 1000 mm/16

印　　　张：16.5

字　　　数：246 千字

版　　　次：2025 年 4 月第 1 版　　　2025 年 4 月第 1 次印刷

书　　　号：ISBN 978-7-5243-0023-6

定　　　价：98.00 元

前　言

在中华民族文化宝库中，武术这一人类文明的瑰宝，不仅是人类劳动实践智慧的凝练，还充分体现了中华民族千百年来丰富的精神内涵与文化底蕴。武术实践活动旨在通过练习徒手或者器械的攻防动作，运用套路、散打、对抗练习等方式，达到强身健体、增强意志力以及掌握格斗技能的目的。在民族文化源远流长的中国，武术这一体育运动具有十分广泛的群众基础，同时具有深远的文化影响力，其锻炼身体、维护身心健康、增强体质与免疫力的作用深受广大人民群众喜爱。例如，太极拳是一种动作缓和流畅、有一定韵律感的武术，其能有效调节人体的部分器官功能、促使内分泌达到平衡状态，对多种慢性病的康养恢复有显著作用。武术之所以能在漫漫历史长河中经久不衰，主要是因为其蕴含的独特精神价值——儒家看重的仁义礼智、释家倡导的精神自律以及道家崇尚的自然和谐，这些思想精髓在武术"外练筋骨皮"的基础上，赋予了无数修行心灵的思想内涵。中国武术作为中华民族历史记忆和文化传统的载体，对其继承和发扬、发展，既尊重和保护了传统文化，又弘扬了民族精神。需要注意的是，在传播和推广武术的过程中，人们应注重挖掘其文化内涵，传递其独特的精神价值，使其在继承中推陈出新并发扬光大。

本书共九章，从中国武术的健身、精神、文化三个层面进行了探索和论述：

第一章为绪论，主要围绕走进中国武术、中国武术现代化理论、中国武术的文化精神三个方面进行系统性的阐述，以逐步深化读者对中国武术的认识。

第二章为中国武术健身价值的现代审视，主要论述中国武术健身的现代价值体现和中国武术与现代健身理念的融合。

第三章为中国武术健身理论与方法，从中国武术健身基本原理的论述着手，向读者阐述了中国武术健身理论基础与中国武术健身原则方法。

第四章为中国武术健身指导与动作，主要从中国武术的健身指导、中国武术健身基本功与基本动作、中国武术健身组合动作三个模块进行论述，旨在提供科学、系统的动作指导。

第五章为中国武术的历史使命：弘扬民族精神，分别对弘扬民族精神的时代背景、中国武术蕴含的民族精神以及中国武术教育价值和历史使命三个不同却又紧密相关的方面进行分析。

第六章为中国武术精神与人格塑造，主要对尚武精神、藏拙精神、博爱精神、舍身精神四种精神内核进行论述。

第七章为中国武术文化概述，主要包括对中国武术文化内涵解读、中国武术文化深入挖掘、中国武术文化中的道德教育规范、中国武术对文化教育的推动四个方面的论述。

第八章为中国武术文化与旅游融合，先系统地论述了中国武术文化与旅游共存的必然性，又对中国武术文化旅游资源的开发和中国武术文化旅游品牌创造进行了详细论述，旨在为中国武术文化旅游事业的发展提供科学性指导。

第九章为中国武术文化的现代传播，本章分别论述了依托于动漫融合的武术文化传播、基于短视频的微信视频号武术文化传播、依托于微博传播的武术文化传播，力图为中国武术文化的现代传播提供可行性指导。

本书在内容上贴紧社会文化发展步伐，既充分体现了笔者对武术领域的深刻理解，又表达了笔者融合时代特色的独到见解。本书叙述抽丝剥茧、层层深入，具有清晰的结构和较强的逻辑性，为广大读者、武术健身爱好者、习练者和相关研究者提供了宝贵的指导与参考。由于笔者水平有限，书中难免存有疏漏之处，望广大读者批评指正。

目　录

文化篇

第一章　绪论

第一节　走进中国武术

一、中国武术的起源与发展

（一）中国武术的起源

1. 武术的雏形

武术早期的形态变化与人类的生活密切相关，并随着人类的活动而演化。早期的搏击手段，发源于人类狩猎活动，是人类经长期与野兽直接搏斗逐渐摸索、总结出来的基本攻防技巧，如拳打脚踢、跳跃翻滚、闪躲挪移等，这些动作技巧为武术的形成奠定了基础，促进了武术的早期萌芽。

《吕氏春秋·荡兵》中的记载："未有蚩尤之时，民固剥林木以战矣……争斗之所自来者久矣，不可禁，不可止。"[①] 这一记载揭示了这样的历史事实：在人类历史中，冲突与战争是常态，人类活动在很大程度上推动了文明与技术的进步。原始部落时代，人类为了争取更充分的生存资源，如领土、食物等，开始尝试应用各种工具和方法进行竞争，而随着竞争的发展，人类使用的工具不再局限于最初的生活、生产器具，还增加了多种专门的兵器。在这一过程中，人们逐渐意识到了武器及其使用技巧的重要性，武术也由此从单一的物理对抗活动逐步演化为包含各种技巧与搏斗策略的综合体系。

原始社会晚期，氏族间的争斗日趋频繁，如炎黄之战、禹伐三苗等在一定程度上推动了原始武术的形成与发展。为了提高争斗胜利的可能性并获取更多的资源，改进氏族内部的搏击技巧和增强氏族青壮年的群

---

① 吕不韦.吕氏春秋［M］.哈尔滨：北方文艺出版社，2018.

体进攻能力十分重要。在各大氏族不断进行战斗演练的过程中，"武舞"这一集知识、技巧、身体演练、战斗习惯培育于一身的早期武术形式诞生。"武舞"凝聚了人们从战争中总结的技巧与经验，其诞生象征着武术从感性向理性的转变。在尧、舜、禹时期，三苗部落联盟中时常发生叛乱，为了平息叛乱，华夏部族屡次出兵，却始终未达目的。面对这一境况，禹不再直接攻打三苗部族，而是邀请他们观看"干戚舞"，通过斧与盾的演练，向对方展示本氏族武士的技巧与力量，达到震慑三苗部族的效果，从而实现平叛的目的。① 此次演练不仅通过武术操练达到了示威的效果，更是一种结合了力量与智慧的策略上的胜利。作为"武舞"的一种，"干戚舞"凝练与展现了人类从实践中总结得到的战争经验与攻防技能，是人类从实战中提炼智慧的一种体现，这类"武舞"为武术套路在后世的形成与发展奠定了重要基础。

2. 武术的形成

在原始社会阶段，武术作为原始文化的重要组成部分诞生于人类的各种生存活动中，虽然已经具备了基本的形态，但仍保留自发、非系统活动的属性，尚未成为有组织、有目的、有计划的体育活动。随着人类社会的发展进步，阶级划分的时代逐渐到来，武术在演变的过程中有了质的飞跃。进入奴隶社会后，武术逐步从原始的劳动生活中分离出来，在统治阶层的应用下，其内容与形式变得越来越专业和复杂。

到了夏朝时期，为了满足人们对武术教学与实践的需要，统治者建立了"序""校"这种专门的武术培训机构，武术教育体系在这一时期初步形成。在这一时期，武术技能通过这些培训机构得以传播和传承，武术理论和技巧也日趋系统化。这一时期人们十分重视实战型教学内容，如"手搏""手格""股肱"的传授，故而，武术在这一时期实现了从生存技能向专业战斗技艺的转变。

进入殷商时期，田猎逐渐脱离其以往纯粹生存手段的属性，成为一种重要的军事训练活动。在这一时期，田猎所具备的军事训练价值并没有因农业经济的主导地位淡化，甚至成为提升将士军事技能的有效方

---

① 武善锋.中国武术文化的嬗变与传承策略研究［M］.北京：北京工业大学出版社，2021.

式。通过驱车驰马、弯弓骑射等军事技能训练，不仅士兵的个人技能得到了有效锻炼，其团队协作能力也有了明显增强。青铜时代是武器制造技术快速发展的重要时期，这一时期不仅武器质量更加精良，种类也更加丰富，矛、戈、戟、斧、钺、刀、剑等不仅显著提高了士兵的战斗力，还为武术训练提供了更多可能性。在这一时期，商朝的"武舞"演变成一种演练于战场之上，用以展示武术风采、激励士气的重要手段。随着军事力量的强大，商朝构建了一支精良的军队，确立了军事霸主地位。值得一提的是，这一时期武术训练与武器进步的发展，在推动军事战术与策略快速发展的同时，还为武术在后世的演变奠定了坚实基础。

西周时期，"六艺"教育体系成为当时的基本教育内容。"六艺"包括礼、乐、射、御、书、数，致力于培养贵族后代的综合能力。其中，"射"指射箭技术，"御"即驾驭车马的技巧。"乐"在周朝不仅代表音乐艺术，还代表着一种特殊的武舞——"打四门"。"打四门"是一种向东南西北四方击刺的动作技巧，它结合了音乐与舞蹈，是当时一种重要的武术技能，其形成与发展对后世武术的演化具有深远影响。

春秋战国时期，我国经历了从奴隶制社会向封建制社会的重大转型，在此期间，各诸侯国之间频频发生争霸战争，其对军事策略、技术的发展有更多要求。在各种军事实践练习中，武技快速发展，特别是步兵和骑兵战术的兴起以及铁制兵器的广泛使用，在技术与实践两个方面加快了武术的形成与发展。另外，这一时期军事领域的革新主要体现为兵器的改进与战争形式的变化，社会文化的发展因此深受影响。随着奴隶制的解体，武技开始扩散到社会各阶层，不再是贵族阶层与奴隶主专享。这一时期，"士""游侠"的出现，标志着武术文化在民间的早期形成，武技突破了原本的军事应用范畴，表现出较强的娱乐性、表演性、竞赛性特点，个别武技娱乐形式如斗剑之风、角抵之戏更因人们的喜爱而在社会上流行开来。民间武技的传播与推广、技术的创新带动了搏斗技术的多样化发展。扎根于民间的技击技术的发展不仅使武术技术更加丰富多样，还有效推动了后世武术体系的形成。在这一时期，习武者之间经常比试切磋，研究更有效的攻防技巧以获得武艺水平的提高。进攻、防守、反攻、佯攻等战术的应用进一步推动了武术技艺的改进与发展。与此同时，武术理论也随着人们实践经验的日益丰富逐步被总结出来。人们技击意识的形成与发展，不仅受益于武术技巧的日趋提高，更因为其向理论性与自觉性的转变，这意味着人们意识到武术不只是一项简单的身体技能，也不是一组纯粹的战斗技巧，而是涵盖了理论与哲学思想的综合体系。武技在春秋战国时期的快速发展，不仅为我国武术的形成奠定了良好的技术与实践基础，还极大地推动了武术文化的形成。武技在这一时期从军事领域向社会文化领域的扩散，反映了武术与人们社会生活的融合，是武术成为一种社会文化现象的象征。

（二）中国武术的发展

在中国，武术作为一种历史悠久的传统体育项目，深受国人喜爱。武术不仅蕴含着丰富的民族文化内涵，还承载着中华民族的审美情趣与精神追求。纵观武术的发展历史，其健身防身的双重作用推动着武术从最初简单的生存技能逐渐演变成为一种独特的文化现象。经过长期的历史演进，武术逐渐发展成为人们强身健体、修身养性的重要方式。除此之外，在遭受不公待遇或者面对外来入侵时，武术则成为维护正义、抵御外敌的有力工具。因为武术所具备的这些功能，使其在人类社会中得以广泛传播和发展。

隋唐时期，随着国力的日趋增强与社会的不断发展，武术迎来快速发展的黄金时期。在这一时期，武器形制的复杂化与种类的不断丰富推动了武术的多样化发展。隋唐时期，多种武术表演项目纷纷兴起，武术技艺的美感与高超通过表演项目展现出来，在推动武术技艺进一步提升的同时，极大地丰富了人们的文娱生活。明清时期，武术的发展再次达到繁荣。在这一时期，人们不但发展并丰富了器械技艺与拳种，民间还形成了各种武术流派。武术的艺术性与实用性在这一时期得到社会各界的广泛认可，尤其在表演、健身以及军事等领域中的价值得以充分挖掘和应用。中华人民共和国成立以来，国家高度重视武术的发展，一方面，通过制度建设与政策推动创造良好的环境条件，使武术在社会上快速普及开来；另一方面，通过开展专门的武术研究和教育工作，为武术的传承与发展创造有利条件。这要求相关研究人员在保留传统武术健身防身功能的同时，使之与时代发展相结合，成为现代体育运动的重要组成部分。

1. 武举制的首次出现

自魏晋南北朝时期起，九品中正制是朝廷选拔官员的重要政治制度。到了隋朝时期，隋文帝在了解了九品中正制在选拔官吏方面的弊端后，废除了这一制度，采纳以文取士的方法选拔人才。这标志着中国古代官员选拔方式的重大转变，为后来科举制度的诞生奠定了基础。隋朝灭亡后，唐朝沿用了隋朝的制度，继续采用科举制选拔人才。公元702年，武则天在科举制度的基础上，首创了武举制，开创了中国历史上以武艺选拔人才的先河。武举制的施行与发展不仅在很大程度上推动了武术的发展，还深刻影响了唐朝统治阶层对军事人才的选拔。唐朝武举制对武术人才的考验内容十分丰富，包括"长垛（坐射）、马射、步射、平射、筒射，又有马枪、翘关、负重、身材之选。翘关者长一丈七尺，径三寸半，凡十举，右手持关，距出处无过一尺；负重者，负米五斛，行二十步，皆为中第"。[①] 这些内容是对应试者武艺技能、身体素质、健康状况、体型等的考验，而这些都是将士应具备的素质。

唐朝武举制直至清末仍发挥其为朝廷选拔人才的重要作用，虽然其考核内容随朝代更迭不断变化，但武举制仍为其核心骨架。武举制的实施，推动了习武之风的兴起与盛行，是国家选拔武艺出众人才的重要平台。尤其对于唐朝这一中国封建社会的繁荣时期而言，在文化交流非常频繁的时代背景下，武举制的实施有效推动了武术的发展和创新。需要注意的是，唐朝的武举制不仅为国家选拔优秀的武官，也在一定程度上提高了官方与民间对武术的重视程度，增强了人们习武练武的积极性。郭子仪"以武举异等补左卫长史"，并在平定安史之乱中立下汗马功劳，便是武举制度成功选拔武艺高强人才的证明。值得一提的是，由于唐朝的开放和经济的繁荣发展，武术与多种外来文化元素融合创新，尤其武舞、弓射、摔跤等活动在外来文化的影响下，其武术形式与传统文化内涵更加丰富多元。

---

① 栾传大. 中华民族传统美德故事文库古代卷［M］. 长春：吉林文史出版社，1994.

2. 武术民间组织的发展

公元 960 年，赵匡胤发动陈桥兵变，建立宋朝，定都汴梁（今河南省开封市），五代十国的混乱局面画上句号，长达 320 年的宋代统治历史正式开始。宋朝分为北宋与南宋两个时期，其中，北宋时期即自宋朝建立至公元 1127 年金军入侵的这段时期，南宋时期则自宋朝南迁至临安（今浙江省杭州市）至宋朝统治结束的这一段时期。整个宋代时期，受中原地区与辽、金、西夏等少数民族政权长期对峙的影响，民族矛盾与阶级矛盾十分尖锐。为了强化军事力量，巩固朝廷政权，宋朝统治者将武举纳入科举体系，武举制度在这一时期得到进一步完善。宋代的武举制度为报考者制定了考试程序，一方面要通过外场测试考验报考者的武艺武技，另一方面以策论兵书为主要内容对报考者进行内场考试，以选拔真正具有军事才能的人，从而提高军队的整体作战能力。除此之外，宋代对军事的看重还体现在军事训练更加规范化、系统化，并采取统一的教法与考核标准，训练及考核所用到的兵器的形制与种类十分丰富庞杂，为武艺更多样化的发展提供了支持。

宋代商业繁荣发展，不仅市民阶层得以壮大，城市中还涌现了大量武艺结社组织，满足市民对健身娱乐的需求，同时推动了武术的普及与发展。在此基础上，为了满足市民日趋增长的娱乐需求，出现了大量以武术表演为职业的民间艺人。这时的民间武术表演涵盖角抵、使拳、踢腿、使棒、弄棍、舞刀枪、舞剑、打弹、射弩等形式的表演内容，有时艺人进行单练表演，有时表演多人对练，很大程度上推动了套子武艺向表演化的发展。

南宋时期，各类民间武艺结社组织如角抵社、相扑社以及专注于棒术练习的"英略社"等常聚集在都城临安，由此可见当时社会对武术及其多元化发展的重视。"十八般武艺"一词首次在宋代典籍中出现，具体见于（宋）华岳的《翠微南征录·北征录合集》。该书中的描述："臣闻军器三十有六，而弓为称首；武艺一十有八，而弓为第一。"[1] 虽然主要强调了弓箭在战争中的核心地位，但同时暗示了当时武器和武艺的种

---

① （宋）华岳.翠微南征录·北征录合集［M］.马君骅，点校.合肥：黄山书社，1993.

类远超十八种。在很多宋代文学作品，如诗词、曲艺、戏剧及小说中都对武术场景有频繁的描绘，而武术、武术高人也是当时人们热议的话题。尤其《杨家将》《水浒传》等以武术英雄为题材的文学作品深受人们喜爱，反映了武术当时在民间的广泛传播与深远影响。南宋灭亡后，元朝统治者为了维护统治政权，同时为了维系社会的稳定，以政策限制了武术的训练和发展。这一时期，众多武术名家隐退江湖，不再公开传授武艺，武术的发展进入低迷期。为了保存武术传统，很多民间习武组织不得不将其武术教习事业进行秘密地训练与传承。

3. 武术流派的多元化

元朝时期，中国武术在统治者的政策限制下发展受到影响。元朝末年，元朝政权被朱元璋率领的农民起义队伍推翻，明朝建立，中国武术由此步入新的发展阶段。明朝统一后，虽然国内局势相对较为安稳，但北部边疆的少数民族，尤其蒙古瓦剌部落的威胁不容明朝统治者忽视。与此同时，日本海盗对明朝沿海地区的频繁侵扰，不仅带来了巨大的经济损失，还对沿海居民的生命安全造成了威胁。为了应对种种外部威胁，明朝统治者十分重视并通过加强武术训练等手段提升军事国防能力，武术在这一期间成为增强士兵身体素质、提升军队战斗能力的重要手段。与此同时，明朝统治者一方面在全国范围内设立了武学，为军队培养和选拔优秀的武术人才，另一方面编纂并推广了多部武术经典著作，对武术技艺的系统化和理论化发展提供了重要支持。

无论从形式上看，还是从内容上看，中国武术在明朝时期的发展达到了新的高度。以拳术为例，作为武术的重要组成内容，明朝时期拳术的种类与派系越来越丰富，如长拳、猴拳、少林拳、内家拳等每种拳术都蕴含其独特的技击理念与文化，不仅展现了中华武术技艺的多样性，还反映了中华传统武术文化的博大精深。在众多武术派系中，太极拳、形意拳、八卦拳等各有千秋，其形成与发展不仅丰富了武技内容，还推动了武术从单纯战斗技巧向蕴含哲学思想、注重内在修养的综合性文化形态的转变。戚继光在其《纪效新书》中记录的"宋太祖三十二势长拳、绵张短打、温家七十二行拳、三十六合锁、山东李半天之腿、鹰爪王之拿、千跌张之跌、张伯敬之打……共十六家拳法"，体现了明朝武术种类的多样性，更展现了明代武术家对于武术技艺的不断探索和创新。

明朝初年，明太祖朱元璋深切意识到培养文武双全之士对国家发展建设的重要性，于是大力推行文武双修的政策。在这一政策的推动下，武术得到了进一步发展，武术器械也得到了创新和完善。与此同时，武术作为一种体育竞技形式，再次从军事领域传到民间，并得到更大发展。在这一期间，朱元璋倡导武官学习文化礼仪，政府官员接受武术训练，文武之间的关系越来越平衡。受此影响，武术的练习迅速推广至社会各个阶层。同时，武术器械的改进与创新，为武术技巧的提高和进一步发展创造了良好的物质条件。在明朝之前，武术的传授和训练主要依赖于身体示范和口头传授，相关的文字记载很少，而到了明朝，因朱元璋的重视，武术名家编纂了很多武术相关的书籍文献，内容通俗易懂，介绍详尽，如流传至今的经典武术著作——戚继光的《纪效新书》和俞大猷的《正气堂集》等，武术理论基础与技术体系由此极大程度地丰富起来，为后世人们研究和传播、发展武术奠定了基础。

清朝时期，统治者出于对权力稳固的考虑以及对武术快速发展可能产生的威胁的担忧，通过政治手段限制了武术的发展。然而，武术实践活动并未因此停滞，很多民间组织仍秘密传承和创新发展武术，催生出更多武术流派。受地理环境、文化差异等的影响，南、北两派形成了不同的武术风格，其中，南派以短打、硬功见长，北派的特色集中在腿法、跳跃上。少林派与武当派则集合了武术、哲学的特点，并蕴含浓厚的宗教特色，其中，少林派重视外加硬功，武当派注重道家哲学与内家柔动。这些武术流派将各自的理念与技巧融入了其所继承的传统武术中，形成了如八卦拳、太极拳、迷踪步等特色鲜明的武术形式。虽然清朝统治者限制了武术的发展，但在民间组织的探索与努力下，武术文化仍得到了良好的传承和创新发展，流派与技法日趋丰富。

4. 武术文化的成熟

清朝末期，受西方文化观念与体育观念的影响，我国社会各界开始重视包括武术在内的各类国粹体育，社会纷纷成立了众多专注于武术研究和组织武术活动的新兴组织。面对东西方思想文化碰撞的局面，中国武术开始反思，武术文化逐渐成熟。

1909 年，霍元甲在上海创立精武体操会，武术正式从乡村走向城市，这时，武术的健身价值得到了社会的广泛认可。在当时工商业界与文化界的支持下，精武体操会秉承通过武术锻造民族精神与体魄，并以此实现强国兴邦为宗旨，不仅向全国推广中国传统武术，还将海外引进的音乐、体育、文化等元素与中国传统武术进行了创新性融合，为中国武术发展注入了新的活力，精武体操会成为中国传统文化与外来文化交流融合的新平台。在精武体操会的推动下，中国武术的教育与普及推广得以加强，民族体育得到进一步发展，这对民族自信心与凝聚力的增强起到了重要作用，也对中国武术的现代化改造与推广、中国文化的现代化转型做出了贡献。

1914 年，马良看到了传统武术杂乱无章的现象，一方面收集和整理了民间散布的武术知识，另一方面采取创新的策略，借鉴西方体育理念，融合西式体操、兵操等多种体育形式，将其整合成用于集体教学和操练的系统化武术套路，编纂了《中华新武术》。《中华新武术》的问世，标志着武术教学方式从传统的师徒口授到适用于团体教学的现代教学模式的根本转变，武术学习效率由此得到了较大程度的提高，为武术后来融入学校教育体系创造了良好的条件。除此之外，武术传习所在这一时期的成立，加快了武术知识的传播和普及，为武术日后在社会各界与军队中的进一步发展奠定基础。

1915 年，在全国教育会联合会的倡议下，武术被正式作为体育课程中的必修课纳入了学校教育体系，随之而来的不仅有社会对武术价值的深刻认识，还有武术教育的正规化和体系化。教育部的要求进一步推动了武术教育方法和内容的现代化，对武术的传承和发展大有裨益。在此时期，武术教育的普及推动了武术研究的科学化、系统化发展，各类武术论著的出版，不仅代表社会各界对武术价值的认可，还反映了对武术发展意义的探索与认识。在这样的环境背景下，中国武术的理论、技艺以及文化内涵都得到了进一步发展。

1923 年 4 月，马良、唐豪、许禹生等在上海联合发起并举办了中华全国武术运动大会，这是中国体育史上首次开展武术单项运动会形式的交流表演，为传统武术到竞技体育的发展创造了重要开端。此次运动大会吸引了 20 多家单位参与，包括精武体育会（前身为精武体操会）、北京体育研究社等，还吸引了 400 多名运动员。此次运动大会的成功举办，不仅打破了以往传统武术仅限于庙会献技、街头表演的局面，通过近代体育竞赛的形式，为中国武术的发展提供了新的方向和平台，显著增强了中国武术在国内外的影响力，为中国武术的后续发展创造了良好条件。

中华人民共和国成立后，武术的传承与发展得到了前所未有的重视，不仅国家定期组织举办武术汇报表演，很多体育学院、高等师范院校还开设了武术专业，为国家与社会培养优秀的武术人才。在此期间，很多武术方面的专业人员将各家所长与其所继承的传统拳术融合创新，形成了简化太极拳、初级长拳、中组长拳以及多种器械套路，武术内容及其技术体系因此日趋丰富。随着中国对外开放程度的不断加深，中国武术作为一种特殊的体育形式走出国门，在国际舞台上展示其健身、艺术欣赏、技击等功能，并在多个国家与地区的表演和交流的过程中，凭借其独特的文化艺术魅力，大大增进了中国与世界各国之间的文化情感交流。

1999 年，国际武术联合会正式成为国际奥委会的国际体育单项联合成员，代表着我国武术发展得到了提升。基于此，中国武术作为一项具有深厚历史文化底蕴的传统体育项目，不仅其国际地位显著提升，还开辟了新的国际化发展路径。随着社会的进步，人们对健康状况越来越重视，越来越多的人将武术作为锻炼身体、艺术表现、自我防卫的日常健身方式，武术逐渐成为世界各地人们喜爱的运动形式之一。

二、中国武术相关理论概述

（一）武术的概念界定

概念的演变是人类思维深化与社会发展的一种反映。在人类历史进程中，武术这一特定文化现象的内涵不断演化。在原始社会，武术的概念围绕狩猎活动所应用的搏击技巧界定，是人类生存斗争中直接的体能表现。春秋战国时期，随着人类社会结构的日趋复杂，人际冲突不断增多，武术被赋予了技巧性与艺术性，被视为力量与技巧的结合，因此还被叫作"技击"。汉代，随着军事、政治制度的不断发展和日益完善，武术又被称作"武艺"，这时武术的概念不仅强调个体的搏斗技能，还关注武术在治国、军事方面的作用。明朝时期，随着人们对武术价值认识的更进一步，武术的概念得以进一步延伸和深化。"武"字的演变如图 1-1 所示。

图 1-1 "武"字的演变

"武术"一词首次出现在南朝梁武帝长子萧统编纂的《昭明文选》中，即"偃闭武术，阐扬文令"[1]，其中的武术具有推崇文治，企望停止军事冲突的意思，与现代所理解的武术概念大不相同。清末民初，受社会变迁的影响，社会大众所理解的"武术"被赋予了自卫、强身的含义。《汉语异文字典》解释"武"为"泛称干戈军旅之事"，与"文"相对和"勇猛"两种含义[2]。《说文解字》对"术"字的解释为"邑中道也"[3]，暗喻为达成目标的手段或方法，后演变为"技艺"。中华人民共和国成立后，被正式统称为"武术"。

关于武术的概念界定如下。

（1）国术。武术的别称。1928 年中央国术馆成立时，将武术正式命名为国术，与国画、国货、国乐、国药等术语并列，这种叫法一直沿用至中华人民共和国成立之前。虽然"国术"后来被变更为武术，但还有很多地区如香港、台湾等仍继续使用"国术"一词。另外，东南亚地区的个别国家也将武术称作国术，如新加坡光武国术团。

① 萧统.昭明文选［M］.北京：民主与建设出版社，2021.

② 陈荆长.汉语异文字典［M］.厦门：厦门大学出版社，2010.

③ 许慎.说文解字［M］.北京：北京联合出版公司，2018.

（2）1978年，上海师范大学体育系《武术》编写组在编撰《武术》一书时对武术进行了解释：武术，是我国的一项具有古老传统的体育项目。它是以踢、打、摔、拿、击、刺等攻防技术，按照一定的运动规律组成的徒手或器械的运动，主要表现为套路和对抗两种运动形式。[①]

（3）2004年出版的全国体育院校通用《中国武术教程》中，对武术的概念界定为"武术是以攻防技击为主要内容，以套路演练和搏斗对抗为运动形式，注重内外兼修的民族传统体育项目"。[②]

基于上述理论，本书认为，武术是一种综合性中华优秀传统文化形态，它集体育、技艺、哲学、美学于一体，通过拳术、对打、套路、器械等形式展示人类千百年来总结得到的攻防技巧，同时注重身体协调性，强调内外兼修，追求在力量、速度、技巧、灵活性上的提升和突破。

（二）中国武术的属性

1. 武术是传统技击术

"武术"一词的本义为通过徒手或者借助兵器进行格斗搏杀来制止对方武力行为的一种技术或方法。武术形成于古代的狩猎和战争，具有较强实用性。经长期实践的发展与经验的总结，武术的内容和形式都有了显著变化，但其定义始终围绕着"技击技术"这一核心，从这一点可以看出无论是实战格斗，还是套路练习，技击都是武术的本质属性，攻防技击是武术不能缺少的元素。武术的这一特性使其与其他的人体艺术形式（如舞蹈、杂技等）和体育项目（如体操等）区别开来，成为中国独特的传统技击术。

技击术作为凝聚人类智慧、技能与文化的一种表现，在世界各地有不同形式。技击术在人类社会中有漫长的发展史，对其发展演化历程进行研究有助于了解人类在不同历史时期对防身、竞技等的需求。角斗、拳击、泰拳、空手道、击剑、跆拳道等各种形式的技击术，不仅反映了人们对更高超身体技能的追求，还承载了较高的社会价值和深厚的文化内涵。在武术的发展历程中，人类不断揣摩和研究传统技击术，将多种

---

① 上海师范大学体育系《武术》编写组.武术［M］.上海：上海教育出版社，1978.

② 全国体育院校教材委员会审定.中国武术教程（上册）［M］.北京：人民体育出版社，2004.

民族文化元素有机融合，形成了特色鲜明的技击技术。

2. 武术是民族传统体育

作为民族传统体育，武术具有明显的体育属性，主要以身体活动为基本形式。无论是从社会功能的角度上看，还是从文化需求的角度上看，人类一直将武术视作强身健体、提高身体素质的有效手段。尤其到了近代，随着武术体育功能的增强和其在军事训练中作用的相对减弱，武术的体育属性日趋明显。随着体育全球化进程的加深，武术的发展更贴近体育的需求，融入世界体育文化的进程不断加快。中华人民共和国成立后，政府明确武术的定位为体育运动项目，大力推动武术的普及和发展，通过制定竞赛标准及相关章程法规等，使散打、套路等形式的武术日趋规范化、体育化。

武术作为体育项目，表现形式主要是套路运动和对抗运动。套路运动合理串联了技击方法，并以此为基础进行美化，强调节奏与韵律的变化，能够满足人们的审美需求。需要注意的是，基于对人体能状况的考量，运动量和运动强度的安排应合理，使武术既能通过演练过程展现出传统技击术的攻防艺术，又能满足运动者强身健体的需求。因人们持续进行的武术演练，武术的技击价值与深厚的文化传统传承下来，并不断迎合着各个历史阶段的发展需求进行创新，被赋予更大的价值与魅力。从武术被人们归为民族传统体育项目这一点上看，无论是武术的历史与文化价值，还是其体育属性都得到了人们的广泛认可。而武术所具备的强身健体与体育竞技的双重功能，为其更好地融入当代社会，成为连接传统与现代、体育与文化的桥梁发挥了重要作用。

3. 武术是我国传统文化的内容

中国武术经过数千年的历史积淀，在中华大地上绽放出闪耀的光芒，其作为国家传统文化宝库的重要内容，具有独特的文化魅力。武术的内涵并不局限于肢体动作的展示，它凝集了中华民族哲学思想、宗教信仰、军事战略、伦理道德、文学艺术、医学知识，不仅反映了人类对身体力量与搏击技巧的追求，更反映了人们对更高精神层面的重视与追求。武术文化呈现了中华民族对美学、价值观、道德、心里的独特见解，反映了中华民族深邃的人生哲学和对宇宙自然的深刻理解。

"内外兼修"是武术重要的文化属性，一方面，反映了中华民族不断突破更高层次技能技术的追求；另一方面，是区别于西方竞技体育以体能形态为主的重要特征。中国武术集哲理性、艺术性、科学性于一身，它将人体运动作为载体，蕴含中华文化的独特魅力。"内外兼修"是武术文化的精髓，武术不仅追求运动者外在形态的健美，还追求内在的精神神韵，要求运动者形神兼备，通过训练外在动作，领悟武术技能技巧动作蕴含的丰富哲理，达到内心世界的平衡与和谐。更重要的是，除对技巧训练和体能提升的关注，武术更重视运动者的内心修养，要求运动者具有崇高的武德，要求运动者对生命意义有深刻理解和对高尚人格有不懈追求。武术的"内三合"（心、意、气合一）与"外三合"（手、眼、步合一）要求运动者通过内外的和谐统一达到身心的高度一致，体现了武术对运动者身心能力的极致要求，也是武术体系理论与实践相结合的深刻体现。[①]"内外兼修"揭示了中国武术哲学基础——中庸之道。武术不仅关注技术上的精进，更重视内在品质的提升与精神层面的修养，这种和谐统一的理念，与中华文化的核心价值相符，是武术有别于西方竞技体育的根本特征。

（三）中国武术的分类

中国武术文化经过数千年的发展演变，形成了多种武术类型，无论是徒手格斗技巧，还是兵器使用技巧，都蕴含了内家拳的养生观念与哲学思想。中国武术不断吸收和融合不同时期的文化元素，形成其独特的文化体系。中国武术的分类如表 1-1 所示。

1. 套路运动形式

套路运动有多种类型和形式，包括徒手与器械使用两个方面。通过套路演练，运动者可以将踢、打、拿、击、刺等基本动作结合起来系统

①　马庆娟.高校学术研究论著丛刊（艺术体育）// 新时代武术的价值与科学发展研究［M］.北京：中国书籍出版社，2021.

练习，通过演练掌握刚柔虚实、动静疾徐、攻守进退等变化规律，展现武术的实战技巧与美学魅力。武术套路运动有单练、对练、集体演练三种演练形式。

表1-1　中国武术的分类

武术分类	详细划分	描述
套路运动形式	单练	个人独立演练套路，包含踢、打、拿、击、刺等基本动作，以及攻守、动静、刚柔等变化
	对练	两人对练，模拟实战中的攻防换位，锻炼反应速度和实战能力
	集体演练	多人协同进行的套路演练，强调队形和动作的一致性，展现武术的艺术性
技击运动形式	散打	实战化的拳击形式，强调实战技巧和对抗强度
	太极推手	太极拳中的对练形式，通过推手练习控制对手的平衡和力量
功法运动形式	短兵运动	使用短兵器（如刀、剑）的武术练习，注重器械操作技巧与身体协调性
	长兵运动	使用长兵器（如枪、棍）的武术练习，侧重于掌握武器的特性和提高身体的力量、速度

（1）单练。单练主要包括拳术与器械两大内容。拳术是一种以徒手形式展现的单练套路运动，在漫长的演变历程中发展出了多种类型。根据技术特点与流派传承，拳术可分为四大类，一是着重于引导意念和修炼内在功夫的形意拳、八卦拳；二是强调发力技巧与身体协调性的通背拳、翻子拳、八极拳、劈挂拳；三是模仿自然界动物形态与动作，追求技击与防御实用性的象形拳、地躺拳；四是注重内外兼修，具有卓越实战价值且体现了中国武术深邃哲学思想的太极拳、少林拳、传统南拳等。器械运动是一种通过手持武术兵器进行套路练习运动。武术器械自古代兵器演化而来，在实战中具有较高地位，是武术技艺与文化的重要载体之一。器械种类繁多，包括短器械、长器械、双器械、软器械。其中，短器械具有灵活多变、轻巧便捷的优势，如刀、剑等；长器械往往具有霸气外露的特点，其远攻能力非常受人重视，如枪、棍等；双器械

通常对使用者的协调性和双手操作能力有较高要求，如双枪、双剑等；软器械特别关注控制技巧和灵活性，如九节鞭、流星锤等。

（2）对练。对练有多种形式，包括拳术对练、器械对练、徒手与器械对练三大类，每种类型都具有较强的针对性。拳术对练以攻防格斗的运动规律为依托，精心编排套路，涉及拳法、腿法、摔法等技术。对打拳和对擒拿是拳术对练的主要形式，南拳与形意拳展示了拳术对练的独特风格技巧。器械对练是基于各类武器技击方法形成的一种对练形式，运动者可通过劈、砍、击、刺、缠等动作组成套路来练习，如对劈刀和对刺剑等短器械对练，三节棍等形式的长器械对练。在长短器械对练中，单刀进枪展现了器械之间的对抗与互动，而以双匕首进枪为主的单双器械对练则展现了器械运动的复杂性与多样性。徒手与器械对练是一种难度较高的练习形式，要求对练双方一方徒手，另一方手持器械进行攻防练习。徒手器械对练对运动者的基本功、协调能力及心理素质都有很高要求，其主要攻防练习形式包括徒手夺刀、对双枪或三节棍的练习。

（3）集体演练。集体演练有多种形式，主要分为多人徒手之术、器械配合之法、徒手与器械结合的演练形式。集体演练反映了中国武术的综合性和形式的丰富多彩。据《东京梦华录》记载，宋代就已经进行了集体演练的实战，参加集体演练的人数多达近百人。集体演练以武舞为基础和原形，经历代的传承与发展，武舞逐渐演变成如今多样化的集体演练形式。

2. 技击运动形式

技击运动形式指通过运动者对招式的运用和相应的身体动作进行的以攻防对抗为主要特征的武术实践活动。技击运动主要有散打和太极推手两种形式。

（1）散打。散打是一种极具特色的中国武术格斗技击形式，具有悠久的发展历程，其名称经历了相搏、手搏、白打再到散打的变迁，民间也将其称作"打擂台"。散打的技击手法综合了传统武术中的拳打脚踢、擒拿摔倒等技能，其特色在于将整套套路中的攻防动作独立出来，形成一套完整的训练与对抗系统，这一点使得散打成为一种高效的格斗技术，同时映射了武术的发展与人们的需求变化相适应。通过重新解构和创新传统武术套路，散打满足人们对更强武术实战能力的需求，其形式越来越实用。散打之所以能从众多武术形式中脱颖而出，是因为其在保留了中国武术精髓，如力量与技巧的平衡、刚柔并济的基础上，融入了现代竞技体育的科学训练方法，具有其独特的综合性和实用性，成为了一种既能满足现代人实战需求，又极具传统魅力的技击艺术。

（2）太极推手。太极推手取自于太极拳，是一种对练形式。太极推手强调以柔克刚、以静制动，要求运动者通过巧劲而非硬力，进行技击的技法练习。太极推手的核心在于"粘连黏随""不丢不顶""以柔制刚""四两拨千斤"，体现了太极拳特有的哲学思想和运动技巧。[①]在练习太极推手时，运动者双方需要在保持身体接触的前提下，在遵守太极拳练习原理的基础上，通过圆润的弧线运动将对方的攻势化解开来，寻找机会使对方失去平衡。这种练习方式不依赖力量的强大，但要求对力量的输出方向有精准的控制，对技巧的应用有恰到时机的把握，旨在控制对手的行动。与其他拳法的练习相比，太极推手的安全性优势十分显著，太极推手运动者不需要进行风险较高的打击与踢击动作训练，其在训练时受伤风险大大降低。需要说明的是，太极推手的训练对场地没有要求，即便空间较小也可以进行，太极推手因此成为广受大众喜爱的健身活动。

3. 功法运动形式

功法运动形式可分为短兵运动与长兵运动两大类别。其中，短兵运动指基于特定的比赛规则框架，参与者使用短器械的技术与战术进行对抗的竞技形式。由于如刀、剑、短棍等短器械具有长度较短的特点，短兵运动具有了可以近距离、灵活、快速进行攻防转换的优势，这就要求运动者具有较高的技术精准度、空间操作能力和反应速度等。长兵运动指使用如大刀、长枪等长器械的竞技项目。因长兵器尺寸较长，能在较远距离内发挥作用，因此，长兵运动的技巧与战术更注重力量发挥、范围控制和战术布局。

---

① 刘翔 . 中国传统武术发展及其现代转型研究［M］. 北京：北京工业大学出版社，2021.

第二节   中国武术现代化理论

一、何为现代化？

现代化一词取自"现代"一词，它的英文是 Modernization，具有从传统到现代转变的含义。Modernization 揭示了一个持续发展的过程以及其产生的新变化与新现象。Modernization 的动词形式为 Modernize，意为使（制度、方法等）现代化，表示让事物展现出现代化的特征或者使事物适应现代化发展的需求。形容词为 Modern，意为现代的、现代化的、近代的、最新的、新式的、超前的、有别于传统的等，作名词时还表示现代人、时髦人士、现代主义者等。现代与传统相对，具有代指特定历史时期的功能。从时间维度上看，现代还特指自大约公元 1500 年起至今的历史时段。这一时间界定了现代的开始时间与结束时间，赋予了"现代"持续进化的概念。由此可见，现代一词具有反映动态转化进程和表示最终状态的双重意义。[①] 基于此，本书将从两个维度理解现代化，一是向现代化特征转化的动态进程，二是该进程最终呈现的最新变化或达到的最先进水平的状态。

马崇明揭示了现代化的深刻内涵，他认为现代化不是某一特定历史时期的标签，而是一种深远的社会变革。在他看来，"化"反映的是人类理性在现代化过程中发挥的积极作用，社会发展的主体已经明确了变化的方向和必要性，从这一点来看，现代化与历史上其他社会变迁存在本质上的区别。马崇明强调，现代化的关键在于现代科学技术在人类社会，尤其在生产过程中的广泛应用，能够促进社会生产力飞速发展，从而推动经济、社会、政治结构发生根本性转变。因此，他提出："现代化就是指工业革命以来，随着科学技术在生产过程中的广泛应用，社会生产力得到巨大发展及社会结构发生根本改变的过程。"[②] 这一定义揭示

---

①   周春晖.中国武术与日本武道现代化转型的比较研究［M］.苏州：苏州大学出版社，2021.

②   马崇明.中国现代化进程［M］.北京：经济科学出版社，2003.

了现代化进程的复杂性和多维性。现代化不局限于技术的革新，还反映了涉及经济、政治、社会、文化等各个层面的全面的社会结构重构。

何传启将现代化分为经典现代化与新现代化两个阶段。经典现代化标志着人类从农业时期跨入工业时代的历史性跨越，生产方式的根本变革是这一阶段的核心，在这一阶段，人类社会经历了从依赖土地的农业经济转向以机械化生产为特征的工业经济。在这一转变过程中，不仅人类社会的经济结构发生了改变，社会结构、政治制度、文化观念也发生了深刻变革，由此可见，经典现代化反映的是人类社会从传统社会向现代社会的过渡。新现代化以经典现代化为基础，随着知识和信息技术的飞速发展，人类社会从工业时代迈向知识时代。在新现代化阶段，经济增长为知识创新与信息技术的应用提供了动力，而经济活动中的主导力量也由物质资本转向知识资本。在新现代化阶段，社会结构与文化观念发生了相应变革，知识与信息的自由流通促进了社会的开放性与包容性，进一步推动了全球化进程。[①] 何传启对两个现代化阶段的阐述，为人们理解人类社会在过去几个世纪的发展提供了框架，同时为人们把握社会在当前全球化背景下的变迁提供了可靠的分析工具。通过何传启的阐述可以了解到，现代化不是一个单一的、线性的过程，而是一个具有明显阶段性、包含多重维度的复杂进程。

（一）现代化是综合性概念

现代化反映了人类社会进步和转型的复杂过程，是一种综合性概念，它不仅涉及经济领域的发展和技术的革新，还涉及社会、政治、文化等多个维度的变迁。因此，对现代化的本质的分析和了解，可围绕多学科、多维度进行综合分析。

立足经济学的角度，现代化强调经济体制的创新与产业结构的优化升级；立足政治学的角度，现代化关注政治体质的法治化、民主化进程；立足社会学的角度，现代化可从社会结构的转型、社会关系的重构等方面审视；立足历史学的角度，可从时代发展更迭的纵向视角，对现代化进程中的历史连续性和断裂进行分析。需要注意的是，仅从单一学科角

---

① 何传启. 东方复兴：现代化的三条道路 [M]. 北京：商务印书馆，2003.

度对现代化进行解读，容易受到狭隘视野的局限，如"盲人摸象"一样，如果仅从单一视角认识现代化，那么就难以观其全貌。因此，跨学科、多角度对现代化进行综合分析十分有必要。综合多学科视角，不仅能围绕多个维度对现代化的特征进行较为全面的观察，还有助于人们理解各领域间的相互作用与影响，从而了解现代化的内在逻辑，并在对现代化的整体发展趋势有更全面把握的基础上，为现代化的理论研究与实践操作提供更加精准、科学的指导。

（二）现代化与工业化

现代化与工业化之间有着复杂而微妙的关系。虽然"现代化不等同于工业化"[①]，但工业化无疑为社会的现代化转型提供了关键力量。随着工业化进程的深入，社会、政治、经济等多个方面发生了明显变革，工业化凭借其在调整社会结构、提高生产力、促进技术创新方面发挥的显著作用，为现代社会的形成与发展提供了良好的物质基础及充足的动力。

在工业革命之前，人类社会的发展具有连续性且变化缓慢的特点。农业生产作为人类社会的主要经济活动，与当时社会生产力的发展速度、社会变革程度密切相关。工业革命的到来，从根本上推动了生产方式与社会结构的转变，进一步提升了生产效率，推动了社会组织形式的变革，加快了市场经济的发展，推进了城市化进程，对经济、政治、文化等多个领域产生了显著影响，为社会从传统向现代的转型提供了强大支持。在工业化过程中，科技的进步与生产力的飞跃发展，提高了生产效率，从而提高了社会物质财富总值，为现代化发展奠定了坚实的物质基础。与此同时，工业化发展促进了全球范围内资本、资源、人口等要素的重新分配和流动，推动了世界历史的发展进程，全球化成为现代化发展的重要特征。由此可以认定，工业化虽然是导致现代化的重要因素，但并不等同于现代化。在工业化的推动下，社会结构、经济增长模式、文化理念等得以发生从传统向现代化的转变，为现代社会的构建与发展提供支持。

---

① 路日亮. 现代化理论与中国现代化 [M]. 银川：宁夏人民出版社，2007.

（三）传统与现代

在探讨现代化的过程中，难以避免提及传统与现代的关系。现代化不是简单叠加现代因素，其深处还存在着传统元素。这一观点有别于人们一直以来将现代与传统对立的观念，引导人们对两者之间的复杂关系进行重新审视。

在现代化研究中，二分法通过对比分析现代社会与传统社会的特征，试图对人类社会从传统向现代转变的复杂过程进行揭示。然而，这种方法在一定程度上忽视了现代与传统之间的流动性与二者的相互渗透。实际上，现代与传统并非完全相互对立，它们在互动中发展共存。传统社会中蕴含一定的现代元素，现代社会中也留存一定的传统因素，这点证实了上述二者的复杂关系。现代社会与传统社会间的过渡是一个充满挑战和复杂性的动态过程，在这一过程中，传统因素为适应现代化发展的需要而发生改变，并被赋予新的意义，与现代因素相结合，产生新的社会结构与文化形态。

认识到传统与现代的关系不是简单的排斥关系，而是一种复杂的互动和融合，对于理解现代化具有重要意义。这种认知可以帮助人们看到，现代化不仅有利于技术进步与经济增长，还影响了社会层面与文化层面对传统的重新评价与利用。从一定角度上看，现代化是一种文化选择过程，现代与传统两种因素的相互作用，促成了独特的社会发展路径。

（四）现代性与现代化

在现代化进程中，社会各领域都发生了深刻变革，旨在实现现代性的理想状态。现代性是现代化进程达到的阶段性成果，其反映的是社会结构、生活方式、思想观念的根本转变。现代化与现代性之间既具有先后顺序的关系，也具有手段和目标的内在联系。

现代化的推进，代表经济发展、技术革新、政治民主与文化多元等方面的持续进步，其核心在于通过丰富的社会实践，逐步赋予各个领域、各个方面现代性特征。现代化过程不是一蹴而就的，它需要经过长期的积累和努力。在现代化过程中，现代性主要体现在社会的制度安排、价值认同和生活方式逐渐趋于稳定，即社会在根本上从传统状态转变为现代状态。对发展中国家而言，现代性不仅是其发展政治经济等的目标，更是其衡量自身发展水平和影响其国际地位的重要指标。这意味着在现代化过程中，发展中国家既要关注经济结构的优化升级，又要重视政治体制的完善、文化的繁荣与创新、社会的公平公正、环境的均衡与可持续发展。①现代化与现代性的关系不仅体现为动态变革与静态成果之间的互动，还揭示了实现构建理想化的现代社会的长期性与复杂性。

二、中国武术现代化理论阐释

（一）武术现代化的概念辨析

不同学者基于不同研究视角，对武术现代化的概念作出了不同界定。欧阳友金和龙佩林立足东西方文化差异的视角，基于文化形态学原理，深入分析武术现代化的概念后认为，受文化发展时间的差异的影响，传统武术必须接纳现代工业文明，并与其特征有机融合，通过应用现代科学的原理与方法，进行适当的改造与创新，从而实现在物质层面与精神文化层面的转型与现代化。他们对文化适应和应用科学原理与方法的必要性做出了强调。②毛明春立足传统型与时代性结合的视角，对武术现代化的概念进行了界定，他提倡在推进武术现代化的过程中，既要对传统武术的精髓进行"挖掘整理"，也要"推陈出新"，将当代先进文化元素与传统武术相融合，实现武术的科学化发展。同时，毛明春还强调了在教育领域普及武术的重要性，旨在通过教育，让更多人理解和接受武术的现代化成果。③

郭志禹在分析武术现代化的概念时强调，科技进步在武术发展的过程中发挥了决定性作用，在从农业经济时代走向现代化的过程中，先进的科学技术为武术的发展演变提供了重要支持。他认为，从传统到现在

---

① 吴忠民．现代化进程中的妥协与社会矛盾［J］．中国人民大学学报，2016（6）：95-106.

② 欧阳友金，龙佩林．东西方文化的时间差与传统武术的现代化［J］．体育文化导刊，2007（3）：3.

③ 毛明春．中国武术的传统性与现代化的理论思考［J］．山西高等学校社会科学学报，2004（6）：120-122.

的观念转变，推动了武术拳种流派从粗放走向精细化，从保守封闭到开放创新的环境转变，有助于武术的传播发展与都市化需求相适应，从而深化人们对武术的本质理解。与此同时，信息化也在武术现代化过程中扮演了核心角色。通过应用现代信息技术，武术得以呈现更清晰的现代化形象。[1] 罗香玉和安彪从不同角度审视武术现代化过程中的挑战，指出以竞技为核心的现代化策略影响了武术的全面发展，学校教育中武术的边缘化，奥运战略的失策，以及在现代化过程中传统文化特色的弱化，都是亟待解决的问题。[2] 陈青认为，武术的传播是其发展的前提，有效利用现代化传播手段是克服发展障碍、推动武术进一步发展的关键。[3] 胡玉玺和任津橘基于系统发展原理，对传统武术现代化的发展进行了全面的思考，认为政策、理论与技术、传播、人才、资金五大要素是武术可持续发展的基础。如何发挥这些要素的作用，协调好它们之间的关系，成为推动传统武术走向现代化的关键。[4]

刘涛强调，武术应走一条传统与现代特性相结合的道路，实现和谐发展的多元化、多层面化，从而深刻揭示了武术发展的复杂性与丰富性，强调了传统精神与现代创新的重要性。[5] 朱月明将武术现代化与社会现代化联系起来，认为在现代化进程中，创新是武术可持续发展的关键。强调了武术与社会发展的紧密关联，认为武术的现代化是社会现代化大潮中的一个组成部分，通过创新实现与时俱进。[6] 杨旭峰从社会变迁的角度分析武术的发展，指出在重大社会变革面前，武术作为文化现象之一，必须适应时代的变化以求生存与发展。他的观点凸显了武术在社会历史进程中的动态性，认为武术必须顺应时代潮流进行自我更

---

① 郭志禹.论观念转变与信息化促进武术现代化［J］.北京体育大学学报，2005（10）：3.

② 罗香玉，安彪.二十世纪武术百年近现代化发展的成就与不足［J］.科技信息，2010（13）：2.

③ 陈青.武术传播手段的现代化［J］.武术研究，2010（12）：1–2.

④ 胡玉玺，任津橘.传统武术现代化发展的理性思考［J］.人民论坛，2010（2）：106–107.

⑤ 刘涛.论中国武术现代化之变迁［J］.西南民族大学学报：人文社会科学版，2009（10）：4.

⑥ 朱月明.武术现代化与社会现代化之间的互动关系研究［J］.湖北经济学院学报：人文社会科学版，2008（11）：3.

新。① 薛宇从文化的角度出发，认为武术是中华民族数千年文化积淀的结果，其现代化具有独特性，与一般体育运动的现代化有所不同。这种观点强调了武术的文化属性和价值，认为武术现代化是对传统文化的传承与创新。② 洪浩指出，传统武术的现代化转变是在内外双重压力下的必然选择。这一转变既是外部压力下的自我革新与重建，也是文化自觉后的选择。洪浩的分析强调了传统武术在全球化体系中重新建立自我身份的重要性，以及重新构建自己的文化空间的必要性。③

基于上述理论，本书认为，中国武术现代化是武术的原有属性基于传统与现代交汇的时代背景下的延伸与深化。这一过程并不是简单的形式变迁，而是武术在充分吸收现代社会特征的基础上导致的其体育属性与文化属性的双重融合，武术由此得到了更全面、更多元的发展。作为一种深植于中华大地上的传统体育形式，其现代化与一般体育形式的现代化有很大不同，不仅武术的技术与规则越来越现代化，武术的内涵与外延也获得了现代化属性。武术现代化涉及多个方面，群众武术普及、竞技武术国际化、武术融入学校教育体系、武术产业发展、武术管理、信息传播、科技在武术相关方面的创新应用等，都是武术现代化过程的重要内容。在武术现代化过程中，武术的发展方向与方式会受到信息技术、管理模式、价值观念等影响。在与现代社会互动过程中，武术独特的文化内涵会展现出独特的现代性，主要体现在武术的形式与技术创新以及武术文化内涵与社会价值的现代转化，是传统武术文化与现代社会需求相适应的体现。

（二）中国武术现代化的内容划分

武术现代化一方面促进了传统文化的传承与发展，另一方面能更好地满足现代社会的需求，是从传统平滑过渡到现代的表现，对中国武术在新时代的传播与创新发展具有重要意义。中国武术现代化的内容划分如图1-2所示。

---

① 杨旭峰.武术现代化转型研究［J］.体育文化导刊，2011（6）：4.

② 薛宇.现代科技视野下中国武术的现代化发展［J］.武术研究，2012（11）：8-10.

③ 洪浩.论中国传统武术现代化走向［J］.成都体育学院学报，2012（7）：5.

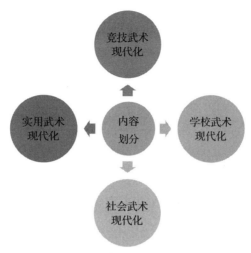

图 1-2　中国武术现代化的内容划分

1. 竞技武术现代化

竞技武术是现代武术运动的重要组成部分，兴起于 20 世纪 50 年代末，现如今已经在全球范围内产生深刻影响。竞技武术具有高水平竞技、专业化、职业化特征，其发展符合武术运动现代化的趋势。竞技武术包括竞技套路和散打两大模块，在国际上传播广泛，已然成为国际武术交流的重要载体。

竞技武术的现代化发展与国家现代化步伐密切相关，它关注运动项目的个性化、多样化与创新化发展。竞技武术目前已在包括世界锦标赛、各国锦标赛在内的一系列高水平赛事中出现，通过这些竞赛平台，不仅竞技武术水平日益提升，武术文化在国际上的交流与传播也日趋频繁和广泛。从技术层面上看，竞技武术套路的演化反映了人们对更高技术水平和套路创新的追求，这同时推动了竞技武术技术表现的体操化发展，越来越多运动者将"高、难、美、新"作为练习目标。散打作为竞技武术的重要组成部分，十分关注体能的重要性与技法的多样性，这与现代武术对个性化和实战化的要求相适应。散打的技术方法与国际拳击等搏击运动相似，要求运动者既要保持现代竞技特点，又要融合传统武术精神，以确保更好地传承和发展武术文化。推动奥运会纳入竞技武术项目是武术国际化战略的重要内容，对竞技武术现代化发展具有重要影响，这不仅有助于提升武术在国际上的影响力，还能推动武术文化的全球传播。

2. 学校武术现代化

学校武术现代化指推进武术现代化在学校教育体系，尤其高等教育中的普及与发展，促进武术与文化教育进一步融合，从而为社会培养出具有民族精神和现代素养的武术人才。在学校武术现代化发展过程中，武术不仅是一项体育活动，更是一种传承传统武术文化、塑造民族精神的重要载体。学校开展武术教育不仅能增强学生体质，提高学生自我防护能力，还能通过武术的练习与相关理念的传授，培养学生较强的文化认同与民族自豪感。武术蕴含的历史文化、哲学思想与道德规范，能在一定程度上提高学生综合素质，提高学生对传统文化的尊重与学习兴趣。

3. 社会武术现代化

社会武术现代化涵盖武术的创新发展与传承两个过程，武术段位制的推行是社会武术现代化的重要环节。段位制明确划分了武术学习等级，该制度的推行有利于激发运动者的积极性，有助于运动者武术技能的逐步提升。段位制与激励机制并行，可以吸引更多武术爱好者参与练习，形成良好的训练氛围。一方面，武术的标准化建设要求有统一的训练标准、竞赛规则和评价体系，这有利于更好地传承和发展武术技艺，还对武术的国际交流具有重要意义。另一方面，推进武术的标准化建设，可以提升武术教学的效率与质量，增强武术作为体育运动的社会认可度。在武术现代化过程中，社会化发展是必然的一环。在社会武术现代化过程中，建设和不断完善单项拳种社团组织，有助于调动基层组织参与武术现代化建设的积极性，对武术的交流与传播具有推动作用。建设活跃的社团组织，不仅可以为广大武术爱好者提供交流与学习的平台，还能通过组织各类武术活动，提高武术的社会影响力，推动武术运动的全民化发展。

4. 实用武术现代化

随着科技的进步与人们对武术实战需求的变化，实用武术为了适应更加多样化、复杂化的战场环境，在现代化进程中不断进行调整改进。

在军警实战训练中，实用武术的应用主要有以下特征：第一，技术动作简化。实用武术摒弃了传统武术中过于繁复的动作，倾向于应用更简洁、高效、直接的技术，以便在高强度、高压力的实战训练中做出敏捷的反应和更快、更有效的施展动作。第二，实用武术的对抗性提高了训练的实战性。军警实战训练经常通过模拟实战进行对抗训练，这能有效增强军警人员的心理承受能力和应急反应能力，使其在面对突发状况时能保持冷静并理智、快速做出正确的判断和反应。第三，实用武术现代化有丰富的技术组合。在综合各种实战技巧的基础上，通过对其进行科学的组合与应用，可以有效提高技术的灵活性与适应性，满足军警人员在不同实战环境中的需求。

第三节　中国武术的文化精神

一、中国文化基本精神与武术精神基本元素

中国文化博大精深，源远流长，是经过漫长历史岁月的洗练积淀出独特的文化精神。中国武术被赋予了崇高的理想境界、价值观念、道德尺度和积极乐观的人生态度，展现出了自身的特色与魅力。

（一）中国文化基本精神

"精神"体现的是物质的最高形态，它揭示人类思维、意识活动与心理状态的丰富性与复杂性。文化精神进一步细化为民族文化的内在表征，其所映射的是中华民族这一特定群体的思维模式与价值观念。"精神"的概念不局限于表层的物质成果或者文化符号，它与民族精神深处的核心内涵，即那些根植于民族历史、传统与环境中，经世代传承不断重塑的思想观念和心理结构密切相关。[1] 文化精神的重要性在于它密切关联着中华民族生存生活的方方面面，包括思维方式、行为习惯、日常交往、艺术创作等，文化精神在其中发挥着指导作用。总的来说，文化精神既是一个民族独特性的体现，也是该民族跨文化交流时必不可少的身份标识和桥梁。

---

[1]　肖贵清，赵同良 . 试论当代中国的文化精神 ［J］. 社会主义研究，2001（3）：20-23.

中国文化的精髓深植于中华民族独特的文化精神之中，这种精神是民族智慧与追求的体现，它激励着一代代中华儿女不断前行。文化精神蕴含着一个民族的思想观念、行为模式、思维方式、心理结构等，展现的是一个民族的精神面貌。张岱年指出，民族精神的形成与发展，离不开那些深受尊崇的思想观念，这些观念作为生活行动的最高指导原则，不仅激励着人心，更在民族精神的演进中扮演了不可或缺的角色。[①] 在众多文化元素构成的中国文化中，刚健有为、和与中、崇德利用、天人协调四大思想构成了基本思想体系，映射出中国文化的核心价值观。[②] 其中，刚健有为反映的是中国文化倡导的敢于拼搏、坚韧不拔的精神品质；和与中体现的是中国文化对和谐与平衡的追求，强调在多元对立中寻求中庸之道；崇德利用不仅反映了中国文化对道德的高要求，还反映了中国文化对实用主义的重视，要求人们通过利用自然与社会资源达到人与自然和谐共生；天人协调强调人的活动应顺应自然规律，以达到天人合一的境界，反映的是中国文化中人与自然和谐相处的哲学思想。这四大核心思想反映的是中国文化的传统价值取向，它们相互补充，共同构成中国文化的基本思想骨架，为中华民族的生活与行为提供指导，激励着中华儿女不断前行。

（二）武术精神基本元素

中国武术精神深受天人合一、道法自然等哲学思想的影响，形成了独特的精神体系。中国武术精神要求运动者做到内外兼修，不仅要追求高超的技艺，还要具备高尚的道德品质。

武术精神强调内外兼修，倡导内外的和谐统一。在武术精神的指导下，运动者不仅要通过武术练习强身健体，还要注重心性的修养，达到外在技巧与内在素质的双重提升，实现人的全面发展。武术精神中刚柔并济、阴阳相生的包容精神，反映了武术注重在刚与柔、力与美之间寻求平衡，追求多元对立中的和谐统一，对于运动者而言，要追求自我与社会、自然的和谐共生。武术精神中的厚德载物、自强不息的进取精

---

① 张岱年.文化传统与民族精神［J］.学术月刊，1986（12）：3.

② 林伯原.武术理论基础［M］.北京：北京体育学院出版社，1993.

神，提倡运动者通过不懈的努力不断提升个人能力与道德品质，勇于承担社会责任，将个人价值与社会进步联系起来，实现自我、超越自我。武术精神中的刚健有为、精忠报国的爱国精神，要求运动者深刻认同本民族文化，有坚定的国家观念，能够为民族的尊严与国家的安全奋斗。武术精神强调明礼守法、重诺诚信等，要求运动者遵守道德规范，在强身健体的同时，形成良好的道德品质。武术精神所体现的天人合一、道法自然等哲学思想内核，要求运动者不局限于个人能力与品质的修养，还要形成与自然和谐共处的智慧。中国武术精神对上述多种优秀价值品质的追求，体现了中华文化丰富的人文精神、深厚的哲学底蕴以及对人与自然和谐共处的重要精神指导。

二、中国武术文化的核心精神

中国武术精神以民族精神为依托，激励人们前进，促进社会发展，影响广泛。本书认为，中国武术文化的核心精神主要体现在四个方面，分别为"内外兼修，讲究和谐的人文精神""刚柔相济，阴阳相生的包容精神""自强不息，厚德载物的进取精神""刚健有为，精忠报国的爱国精神"。[①]

（一）内外兼修，讲究和谐的人文精神

中国武术文化追求个体的身心和谐。"心者神之主，身者心之躯"[②]，揭示了武术文化对人体生命整体性的认识，中国武术文化认为人体与心灵是不可分割的统一体，强调通过身体运动实现身心和谐。"心身交益须修身"[③]则是指通过外练养形，促进内在精气的流通，达到气血充盈的状态。这种从外到内的修炼过程，有益于运动者身体健康，提升了武术运动者的精神状态。"欲修其身，先正其心"[③]，反映的是武术文化将心、神、意的调养置于重要地位，通过协调武术运动者的精、

① 申国卿，邓方华.中国武术导论［M］.重庆：重庆大学出版社，2016.

②③ 潘晓波，黄强，王维，等.中国武术文化与旅游［M］.武汉：华中科技大学出版社，2021..

④ 颜邦逸，陈进，戴晓悲，等.中国传统观人术精要　知人知面要知心［M］.大连：大连出版社，1993.

气、神，推动形神的双重提升。虽然各流派练习武术技术的原则和方法各异，但最终都归于对身心和谐的追求上。长拳以"手眼身法步，精神气力功"① 为八法，形意拳的"易筋、易骨、易髓"②，南拳的"以形为拳，以意为神"③，太极拳的"心静体松，身心合修"④，都体现了武术文化对心灵哲学的深刻理解和对身心和谐的高度追求。

中国武术文化自古遵循师法自然的准则，从万物生长变化的自然规律中汲取灵感，以人与自然和谐相处为根本追求。观察各流派的武术可以发现，武术中很多种拳术的动作形式模仿了飞禽走兽的动作和形态，这不仅使技击技巧得到了丰富，还体现了习武者对自然界的尊崇与探索。例如，东汉华佗借鉴了虎、鹿、熊、猿、鸟这些动物的特性，创造了五禽戏；少林拳与形意拳等对龙、虎、豹、蛇、鹤等动物的攻防动作进行模仿提炼，总结出了既能强身健体，又能修炼内在精神的拳术。武术这种从自然界中汲取灵感，从自然物象中总结学习技巧经验的方法，既是对自然美的模仿，又体现了习武者对自然法则的尊重和对生命力的赞扬。通过练习武术，运动者可以更清楚地感受到生命与自然的联系，从而对生命本质进行更深刻的思考与认识，更崇敬自然。

（二）刚柔相济，阴阳相生的包容精神

武术讲究刚与柔、力与美的和谐统一。一直以来，武术技法不追求纯粹的刚或柔，要求运动者通过动与静的协调配合、阴和阳的相互转化，达到更高的技术水平。武术的这一理念是其理解并顺应自然法则的体现，反映了其对宇宙万物运行规律的哲学思考。此外，习武者还将刚柔并济、阴阳相生的包容精神融入了待人接物上，习武者在生活中常常表现出有礼有节、不卑不亢的高尚品德。尤其江湖中的镖师，他们在与社会各阶层如官府、百姓、绿林等交往时，常展现出谦让、和气、礼敬的态度，这是因为习武者都具备较为深厚的人文精神和强烈的社会责任

① 罗名花，李万斌 . 图示小花拳——小花拳械系列小套路之二 [J]. 搏击，2013（6）：2.

② 王锦泉 . 王锦泉武学实录 [M]. 太原：山西科学技术出版社，2015.

③ 胡金焕，孙崇雄，等 . 鹤拳　福建南拳 [M]. 福州：福建人民出版社，1982.

④ 黄玉根 . 谈太极拳之心静与体松 [J]. 少林与太极，2018（9）：2.

感。这种以礼相待、以和为贵的行为准则，不仅体现了习武者良好的品德修养，更反映了武术文化中的包容和谐。面临危险与挑战时，习武者总能在关键时刻勇往直前，表现出正义勇敢、不畏艰难的精神面貌，他们总能在关键时刻将自身安危置于更紧急、更重要的事情后面，甘于奉献甚至牺牲，这也是一种重要的中国传统美德。

中国武术的包容精神，不只代表技术上的兼容并蓄，还代表对异质文化的开放包容。在全球化的今天，在各民族不同文化的交流和碰撞中，中国的武术文化依旧以"海纳百川，有容乃大"的格局，以开放包容的心态与强烈的文化自信展现中华民族文化的博大精深。正是这种包容一切，寻求平衡与发展的精神态度，为武术在国际舞台上的交流、传播与发展提供了强大的支持。

（三）自强不息，厚德载物的进取精神

自古以来，中华民族就遵循"自强不息""厚德载物"的精神。"天行健，君子以自强不息""地势坤，君子以厚德载物"更成为中国人尤其是广大习武者对自身的要求和中国武术文化精神的重要象征，这对武术运动者的精神面貌与武术的发展轨迹都有深刻影响。[1]

武术领域中多个方面都体现了"自强不息"的精神。春秋战国时期，武术作为一种技击艺术，为个体提升武艺水平、国家提升军事实力提供了重要手段。武术实践要求运动者身体力行，具备"冬练三九，夏练三伏"的苦练精神，在身体、武艺、精神等多个层面上不断超越自我。从"尚武之风"到"武侠之风"的习武风气变化，反映了武术在中华民族的生活中始终占据重要地位，也反映了中华儿女坚持通过武术强健身心、磨炼意志、自强不息的精神。

在古代，人们将武术作为一种展现身体技能的方式，并通过习武提升道德修养和传承文化。通过孔子"勇而无礼则乱""射者仁之道"的教导，可以看出早在春秋时期，人们就用"礼"与"仁"将武术与道德修养联系起来。经过数千年的发展演变，以武会友、以武修德的理念深深根植于中华民族的文化土壤中，成为指导武术发展的核心价值观。在

---

[1]　曲文军.中国传统文化与现代化［M］.济南：山东人民出版社，2011.

两宋时期，受社会发展变革的影响，武术实践对"德艺双修"更为注重，武术家不仅追求技术的创新和完善，还通过制定武德条目，要求习武者通过武术修养心性、提高道德品质、增强责任感，武术由此逐渐成为两宋时期道德教育的重要手段。明清时期，武术的发展达到了新的高度，习武者不仅通过武术展示技艺的高超，更通过武术弘扬中华民族"自强不息""厚德载物"精神面貌。

武术精神集中体现为习武者对武德的崇尚，这也是中国武术文化深厚内涵的重要内容。综观历代经典的武术著作，都以"仁"作为核心的武德精神与习武者应具备的最高品质。例如，《手臂录》中有这样一句话："不知者不与言，不仁者不与传"①，这句话强调了传授武艺的前提是具有仁爱之心。《谈剑录》中的"强横不义者不传，强横则为乱，无义则负恩"②，体现了以仁慈、忠厚、善良的态度对待他人的武德要求。在武术实践中，追求武德并不是一道空洞的道德训诫，它是具体的、通过武术训练实现的一种生活哲学。武术不仅是一系列的格斗动作，还是习武者达到"德艺双修"的重要途径。习武者通过练习武术强身健体，形成不畏困难、勇于拼搏的良好精神品质，还通过武德的塑造，理解和谐相处的重要性，从而在日常生活中表现出崇高的精神品质与人格魅力。"未曾学艺先学礼""未曾习武先习德"③的传统武术谚语，凸显了礼仪教育与道德修养在武术文化中的重要地位，这些谚语不仅反映了当时习武者对自身行为设定的规范，还反映其对塑造精神风貌的重视。对习武者而言，"技高德劭""德技双馨"不仅是对习武者的要求，也是习武者对自身武艺与道德的要求，这是武术独特魅力的体现，对武术的发展传承具有深远影响，并在武术发展传承的过程中，不断激励人们自强不息、努力拼搏、积极进取。

（四）刚健有为，精忠报国的爱国精神

中国武术文化深深根植于中华大地上，从民族精神中汲取养分，展

---

① 吴殳.手臂录［M］.太原：山西科学技术出版社，2006.

② 罗立群.谈剑录［M］.上海：百家出版社，2001.

③ 代璐遥，韩刚，何悦.中国雅俗文化［M］.武汉：武汉大学出版社，2015.

现出刚健有为的特质与自强不息的追求。生命不息，奋斗不止，历代习武者以切实行动诠释了武术的精神特质，展现了武术的力量和坚韧。一直以来，爱国主义精神也是武术重要的精神内核之一，它要求每个习武者身体力行保家卫国，尤其在国家安全受到外敌威胁时，习武者应挺身而出，以刚健有为的行动践行保卫家园、精忠报国的高尚品质。

中国武术文化有悠久的历史和深厚的底蕴。从古至今，武术领域涌现出众多满腔热血、胸有家国的爱国武林人士，他们在中华民族受到外来侵袭时挺身而出，以凡人之躯保卫家园，保护同胞，用满腔爱国热血浇灌脚下的中华大地。无论是抗倭平乱时期，还是其他民族危亡之际，都有无数武林人士以身许国，以行动护卫祖国，这不仅反映了武林人士的英勇无畏，更彰显了其浓厚的爱国主义精神。百姓群体中不乏爱国之人，在三元里人民抗英斗争中，很多妇女也投身战场，英勇抗敌，向世人展示中华儿女无论男女老少，皆有保家卫国的勇气和决心。除了广大百姓，习武者通过英勇抗争保卫家国的事迹也很多，如明代少林武僧协助抗倭将领戚继光保卫国土，抵御倭寇侵略；习武者通过义和团运动抗争并最终粉碎了帝国主义列强瓜分中国的狂妄计划；霍元甲带领精武体育会不断修习自身的体魄、武艺、心性、品德、意志，在敌强我弱时坚决捍卫民族尊严，勇敢抵御外来挑衅；许世友将军带领部队抗击越南侵略者等，都体现了中华儿女，尤其是习武者在逆境中的坚韧与不屈。此外，历史上还有很多武术家，他们屡次击败外国拳手，振兴国威，不仅在国际舞台上展现了高超的技艺，更展现了中华民族在面对各种境遇时不变的坚强不屈和大国风范。

健身篇

第二章　中国武术健身价值的现代审视

第一节　中国武术健身的现代价值体现

一、中国武术在生理健康方面的价值体现

（一）中国武术对个体生理机能的作用

中国武术经历数千年发展演变，积淀了深厚的文化底蕴。它作为一种民族传统体育活动，为人们提供了增强身体机能、促进身心健康的渠道。在中国武术发展过程中，其古代的技击手段与现代的体育运动所蕴含的健身价值得到社会广泛的认可和重视。

武术有多种练习形式，包括套路练习、对抗练习等，可以对人体各部位进行针对性训练，使人体机能得到全面提升。套路练习包括拳术与各种器械的使用，对动作的准确性和协调性有较高要求。通过套路练习，人体的灵活性和敏捷性能明显提高。对抗练习包括单人练习和对打练习等。进行对抗练习时，运动者需要通过模拟实战情况来提升自身的应变能力与反应速度。武术练习的多样性不仅可以通过其形式体现出来，还体现在其内容上。从内容上看，武术包含多个拳种和流派，而每个拳种或流派具有不同的特点，能对人体起到不同的锻炼效果。例如，长拳注重拳法的延展性，要求运动者伸展身体，能有效促进运动者的血液循环，增强其心肺功能；太极拳讲究缓慢、柔和有韵律的动作，要求运动者以深呼吸配合缓慢拳法动作，可以调节运动者的神经系统，增强其身体的平衡能力。武术练习的"搏刺强士体"理念说明了武术强身健体的积极作用。武术作为一种有目的的身体运动，可以增强运动者的肌肉力量和耐力，提高运动者的身体灵活性，还能调整和优化运动者的身

体机能，加强运动者的生理功能。可见，无论何种形式、内容的武术锻炼，都能在一定程度上增强运动者的体质与生理机能。

现代武术训练中的动作幅度不大，强度适中，但要求运动者达到内外合一的境界，这需要运动者调动全身的骨骼、肌肉、神经系统及内脏器官等身体各部分同步参与。这种机体全面参与的运动方式，能有效提升运动者的灵敏度、反应速度、柔韧性，增强运动者的协调能力与力量等。武术练习作为一种肢体运动，能促进运动者身体与心理的深度交流，锻炼意志，集中精神，改善精神状态，促进身心健康。另外，很多武术动作对运动者有"一动无有不动、一静无有不静"的要求，这种全身参与、动静结合的联系方式，能帮助运动者调节和优化身体的内部环境，使气血更加畅通，从而增强其内脏功能，对其身心健康产生积极影响。多样的武术训练为不同体质基础的运动者提供了多种选择，运动者可结合自身需要与偏好选择适合自身练习的项目，从而有效实现改善生理机能、增强体质、促进身心健康的目的。与此同时，不同风格与套路的武术可以对身体的不同部位进行针对性锻炼，也满足了不同人群维护身体健康的需求。

1. 对神经系统的影响

神经系统在人体活动中发挥指挥中心的作用，其功能的高效执行对人体健康至关重要。而练习武术，进行一系列专业的动作和呼吸技巧练习，能有效刺激人体的神经系统，增强其调节能力与兴奋性。

武术实践的"以意导动""以意运气，以气运身"等原则，在具体的动作实践中，需将意念集中于动作的发力点，用意念引导动作，实现对身体各部分的精确控制。这种方法有助于神经系统中感觉器官和执行器官之间进行更准确、更迅速地传递信息，从而有效提高运动者的反应速度和身体协调性。神经系统的活动需要依靠神经突触传递中枢内的兴奋实现，而武术运动要求运动者集中意念，反复练习能减少神经突触传递中枢内的兴奋的次数，缩短反应实践，从而实现神经系统兴奋性和人体应变能力的有效增强。

除了直接影响神经系统，武术还能增强运动者的气血循环，从而间接维护神经系统的健康。人脑是中枢神经系统的最高指挥，有极大的活动强度，同时伴随很大的能量消耗，这些能量主要依靠血液供应。练习武术中的内功拳种，能够调节人体的呼吸和动作，从而促进气血运行，增强运动者的心脏功能，增强对脑部的血液供应，为脑部活动提供充沛的能量。练习武术既能使运动者强身健体，又能增强运动者神经系统的功能，提高运动者的整体生理机能，这与中医"形神兼修"的理念相符，即通过锻炼身体实现人体生理机能的提高和精神状态的改善。

2. 对心肺功能的影响

人体循环系统是供能系统的基础，循环系统的效率对全身各器官的功能状态有直接影响。心脏作为循环系统的核心，其功能强弱对血液循环效率的高低有决定性影响，对人体能量供给与废物排出有重要影响。练习武术对人体的心肺功能有积极作用。

第一，武术运动属于规律性的体力活动，适当练习能减少运动者的心肌耗氧量，提高心肌的工作效率，从而节省心脏泵血时对能量的消耗，有效提高心脏的功能状态，并降低罹患心血管病的风险。

第二，练习武术时经常用到的腹式呼吸法能有效提高肺部功能。腹式呼吸法强调细缓而深长的呼吸节奏，经常使用这种呼吸方式能增加人体肺活量，提高肺部吸收氧气排放二氧化碳的效率。通过腹式呼吸法，膈肌的活动范围逐步增大，肺的通气量逐渐增加，机体可由此获得更优越的供氧和代谢条件。

第三，练习武术能优化血液成分，在红细胞数量不变的前提下，血红蛋白量显著增加。血红蛋白在血液中承担运输氧气的重要任务，其含量的增加代表着血液输送氧气能力的增强，这有利于增强机体的耐受能力和运动能力。与此同时，通过武术运动优化红细胞与血红蛋白的比例，有助于降低运动者的血液粘稠度，可以有效减轻心脏负担，维持血压稳定。

第四，练习武术有利于增强免疫功能。常规武术练习能增强淋巴细胞中 T 细胞与 B 细胞的适应能力，从而提高细胞免疫和体液免疫能力，增强机体的抗疾病能力，维护身体健康。

3. 对运动系统的影响

人体肌肉的构成复杂，肌肉的功能与效能，一方面依赖肌肉本身的物理属性；另一方面与肌纤维的质量、肌肉与骨骼的相互作用机制、中枢神经系统的调节能力有很大联系。

武术中的长拳套路与散手运动练习，需要运动者进行高强度的身体活动，肌肉群基于这一条件下协调工作，肌力与耐力都能得到有效提升。通过这种高强度的身体运动，运动者的身体机能得以动态训练，肌肉纤维的新陈代谢由此加速，肌肉的工作效率由此提高。在武术训练过程中，通过练习特定的姿势和动作，运动者肌肉对骨骼的作用力能得到优化，其肌肉收缩前后的初长度得到有效改善，对增强肌肉的运动性能与收缩力具有重要作用。武术中的气功与太极拳的练习方式比较独特，这类练习要求运动者保持呼吸与动作的和谐统一，以此保障营养物质与氧气供给充足，从而使肌肉处于有效的有氧代谢状态中。气功与太极拳的练习，一方面能提高肌纤维的兴奋性，使更多肌纤维参与运动中，从而达到增强肌力的效果；另一方面能使中枢神经系统适度兴奋，从而提高神经协调和控制肌肉活动的能力。通过长期的武术练习，运动者骨骼肌的工作能力得以有效提升，肌肉的耐力、速度、力量、灵活性等有所增强。武术对肌肉的全方位训练，不仅改善了肌肉本身的功能状态，还调整和优化了人体骨骼的结构与功能，包括提高骨密度、强化骨骼的力学性能、增强骨骼抵抗外力的能力等。

（二）各类武术对个体生理健康的影响

1. 太极拳类武术的现代健身价值

随着太极拳传承至今，其独特的健身价值已得到社会的广泛认可与关注。太极拳的练习要求运动者通过一系列连贯、圆润、缓慢的动作，达到全面调养身心的健身效果。

太极拳的练习遵循"以意导气，以气运身"的原则，要求运动者的身体动作与意念相统一。在练习过程中，需要通过意念引导动作，使自身气血顺畅循环，进而从整体上增强机体的血液循环与能量流动。从动作特点上看，太极拳强调弧形、螺旋式的伸缩旋转，这种运动形式能增强全身肌肉群与关节的活动，从而提高身体柔韧性与协调性。太极拳的练习十分注重内劲的养成。内劲以丹田作为发源地，以脊柱为轴心，通过体内的力量转换来实现内劲的运用，对运动者全身的器官与肌肉群有积极的影响。这种以丹田为核心，通过协调运转身体各部分的运动，能有效增强人体肌肉群的弹性与力量，同时增强人体内脏器官的功能，从而达到强身健体的效果。

太极拳的练习要求运动者关注呼吸的调控和运用。使用与动作相配合的呼吸技巧，可以将动作与呼吸协调起来，从而增强对内脏的锻炼，并加强气血的流通，保持稳定的情绪。恰当的呼吸方法能让运动者在练习太极拳时达到身心合一的状态，感受到精神层面的平静和放松。太极拳的练习通常要求将动作、呼吸、意识完美结合起来，通过整体上的练习达到强身健体和提高生活质量的目的。在练习太极拳时，需要掌握正确的气息控制方式和力量运用方法，达到外表平和、内在力量丰盈的状态，在不知不觉中达到身体与精神的和谐统一，这也是练习太极拳的独特价值所在。

2. 长拳类武术的健身价值

长拳类武术通常有深厚的文化底蕴和丰富的动作内容，在全球范围有大量受众。在动作设计上，长拳类武术中常见跳跃、屈伸、翻腾、平衡等动作形式，能够调动全身各个部位参与运动，对机体的多个系统具有积极影响。在长拳类武术的受众人群中，尤其青少年群体经常锻炼，不仅有利于身体健康，还能促进其生长发育，提高新陈代谢。

（1）心脏血管系统。练习长拳类武术对心脏血管系统主要有两个方面的影响：第一，长期坚持练习长拳类武术可以减缓运动者在安静时的脉搏跳动，这种脉搏徐缓的现象是心脏功能增强的直接反映。具体而言，脉搏徐缓指单位时间内心脏的收缩次数减少，说明心脏的每次跳动都能为机体提供更充盈的泵血量，血液循环更加高效，身体进行各项生理活动的养分供给更有保障，同时，心脏本身也因负荷降低而得到充分休息。第二，经常练习长拳类武术的人通常呈现收缩压和舒张压较低的特点，说明其血管运动的神经调节功能经运动得到有效改善。在运动生理学中，低血压现象说明血管适应性调节能力增强，这一现象的发生说明运动者的血管调节机制得到了优化，血管壁更有弹性。

（2）呼吸机能方面。长拳类武术的套路练习包含较为频繁且强度较大的静力性工作，常常会为人体带来高达 70%~80% 氧债。这种由高强度的体能消耗带来的氧债通常需要 8~9 分钟才能完全消除，呼吸系统的机能也会在此期间有效增强。长拳的练习有特定的运动模式，可以有效提高肺活量，增强心肺功能，促进其血液循环，还能从整体上有效提高其呼吸系统性能。经常做长拳类武术练习的人，相对代谢率可达到15.9~19.5，这一数值相当于跑步 5 千米的代谢率，可见该运动能显著增强人体呼吸系统的功能。运动者经常进行规律的长拳练习，不仅其呼吸深度和频率能有效增强，其机体对氧气的利用效率、肺部换气能力都能得到显著的提高与增强。长拳类武术强调"六合"的理念，即内外协调一致，在这一理念的指导下，长期练习长拳类武术后，其神经系统对运动器官的支配能力也会显著增强，其内脏器官与运动器官的配合将越来越协调。长此以往，运动者身体各系统之间的联系将加强并日趋协调，尤其呼吸系统机能将得到显著增强，机体整体健康水平也因此得到有效保障。

（3）中枢神经方面。从动作设计上看，长拳类武术的动作将速度与力量的练习和运用巧妙结合，对锻炼中枢神经系统的协调功能具有极强的针对性。长拳类武术强调"动迅静定"原则，即执行运动动作时要做到交替表现极静与极速，以此展现力量的爆发和对力量的控制。长拳类武术要求动作如雷霆般迅速、敏捷，需要运动者的中枢神经迅速响应，瞬间释放肌肉力量；长拳类武术要求动作如山岳一般沉稳，运动者需要具有极强的神经控制能力，能够控制肌肉即时放松。长拳的练习还应掌握"寸劲"的发力技巧，即在极短距离内爆发出巨大力量，随即迅速恢复到完全放松的状态。所以说，长期进行系统性的长拳类武术练习，可以增强中枢神经系统的功能，包括提高神经传导速度、增强神经系统对机体复杂动作的控制协调能力、提高神经快速切换不同状态的灵活性等。

3. 南拳类武术的健身价值

南拳是众多中国武术流派中的一个大类，具有独特的风格和运动技巧，在长江以南地区传播广泛。南拳的特点在于其多样性的手法、紧凑刚健的动作、稳固的步法和刚柔并济、快慢结合的动作，南拳具有独到的技击和健身价值。

　　从技术特点上看，南拳讲究"多短拳""刚中带柔""气沉丹田"等，其技术特点突出了其作为技击术的实用性，长期、系统性练习南拳可以显著提升运动者的身体素质。快速和力量结合是南拳类武术运动的一大特点，长期练习有助于运动者反应速度的提高和爆发力的增强。动作紧凑且刚健也是南拳类武术的特点，长期练习可以帮助运动者提高骨骼的稳定性，增强肌肉力量。南拳训练有其专门的呼吸方法，主要为蓄劲闭气与发劲开声的技巧，练习这种呼吸方法能有效增强内脏器官尤其是心血管、消化器官、呼吸系统的功能。南拳的这种呼吸方法属于腹式呼吸法，因此它与其他腹式呼吸法一样具有增强氧气与营养物质供给、增强体内循环、增强机体新陈代谢的积极作用。练习南拳可以提高运动者的身体素质，其独特的训练方法，即身法的整体运动和气与力的结合使用，能显著提高运动者的自我意识和增强对身体的整体控制能力。此外，南拳这类全身性的运动对运动者身体灵活性与协调性的增强具有积极作用。

　　4. 对抗类武术的健身价值

　　对抗类武术具有独特的身体对抗和碰撞特点，在提升体能与强身健体方面具有较高价值。对抗类武术对身体素质有较高要求，尤其需要运动者具有较高的爆发力、速度等，需要运动者以全身的肌肉和器官积极响应每个动作，从而实现身体素质的全面提升。

　　对抗类武术训练通常会在短时间内进行高强度的活动，消耗大量能量，有心肌代谢加强、收缩压升高的效果，对运动者的心脏活力有较大刺激，血流量和张力得到一定程度的增强，运动者的心脏也会因此进行更有力的收缩。对抗类武术对运动者的生理影响，能有效增强其心脏功能，改善心血管系统的健康状态。与此同时，练习对抗类武术时，运动者会有很大的氧气消耗，能有效提高运动者的肺部通气功能以及肺泡的活性，从而增强其心肺功能。对抗类武术训练对提升呼吸系统效率也有积极作用，长期进行系统性练习，血氧携带能力会增强，其机体对氧气的利用率也会得到提高，并且肌肉结构与功能会因此得到显著改善，如肌纤维增粗、肌肉结缔组织的弹性增强、肌腱的弹性与韧性提高等，练习对抗类武术可以全方位锻炼运动者的肌肉系统，从而使肌肉更加发达、具有更大力量，体格的健壮程度会因此有效提高。

二、中国武术在心理健康方面的价值体现

（一）有效地调节情绪状态，增强个体自信心

能否有效调节情绪状态，是衡量个体心理健康的重要指标。而情绪状态可以通过练习武术来改善。通常情况下，练习 15 分钟武术运动后，其烦躁、紧张等不良情绪会明显减轻，导致这一生理变化的原理是进行武术运动可以增强人体脑部的血液流量，促进内啡肽的释放。内啡肽是一种能使人体产生愉悦感的神经递质，它的释放能有效缓解人的不良情绪。长期坚持武术练习，可以缓解一时的不良情绪，通过锻炼积累运动者的满意度，从而使人逐渐形成长期、稳定的积极情绪。坚持进行体育锻炼并从中获得满意与快乐的感受，可以帮助运动者长期保持积极情绪，增强自信心，促进运动者真正达到身心健康的状态。

（二）提高个体反应力、记忆力和想象力水平

武术套路练习需要高度集中注意力和迅速的反应能力，以精确执行套路动作。在练习过程中，反应速度与思维的敏捷性会得到反复练习，从而使其神经系统功能、大脑处理信息的能力显著增强。在对抗性练习中，需要集中精神预判和应对对手的动作，能有效训练快速思考能力和即时反应能力，从而提高运动者的反应速度，缩短其面对突发状况的反应时间，同时对运动者形成稳定的情绪与开朗的性格有积极影响。需要说明的是，改善和提升这些非智力因素，能够正面促进智力发展。例如，长期坚持武术训练，运动者的血液循环能力与呼吸功能会得到有效改善，可以为脑部活动提供充分的营养与氧气，在为复杂脑部活动提供保障的同时提高记忆力与想象力，从而增强大脑功能和提高脑部健康水平。

（三）促进坚强意志品质的形成

武术可以说是一项非常辛苦的体育运动。武术运动不仅需要运动者克服身体方面的各种困难，对运动者的意志力也有极大考验。正如武术界的谚语所说："拳不离手，曲不离口 [①]""一日练，一日功；一日不练，

---

① 张英沛 . 汉语成语词典 ［M］. 呼和浩特：内蒙古大学出版社，2002.

十日空 [①]"，持续训练对每个武术运动者而言都非常重要，对每个运动者来说都是对其意志力的重大考验。运动者只有依靠超乎常人的意志力和不懈追求，日复一日地坚持训练，才能在武术道路上达到一定高度。然而，在这一过程中，任何对辛苦与痛苦的畏惧，都可能导致失败的后果。所以说，武术不仅考验运动者的身体能力，更考验运动者的心理承受能力。在练习武术的过程中，锲而不舍、自强不息的精神十分宝贵和重要，运动者只有坚持进行身体训练和心理调适，才能在困难和挑战面前不轻言放弃，以坚定的意志精进自身武术水平。

第二节　中国武术与现代健身理念的融合

一、全民健身理念

从理念上讲，全民健身是一种需要全社会共同参与的体育活动，其形成及发展与国家的政策调整和社会变迁息息相关。全民健身的形成反映了国家对提高民族整体身体素质和健康水平的重视，也反映了社会主义现代化建设中人民群众对更高水平生活质量的追求。

中华人民共和国成立初期，毛泽东提出了"发展体育运动，增强人民体质"，为后续全民健身理念的确立奠定了基础。随后，随着改革开放的不断深入，邓小平提出"把体育运动普及到广大群众中去"，体育运动的普及和体育事业的发展得到了进一步推动。江泽民基于对历史经验的总结与对未来发展趋势的判断，提出"全民健身，利国利民，功在当代，利在千秋"，全民健身理念的战略高度与实践深度由此全面提升。全民健身理念的实质是在国家领导、社会支持与全民参与的框架下，通过制定具体的目标、任务与措施，促进体育与国民经济、社会事业的协调发展。全民健身理念的提出，不仅为提高国民体质提供了可靠方向，还对人民生活质量的整体提高与社会的全面进步具有重要意义。

全民健身计划对国民健康与体育活动之间的密切关系以及体育与社

---

① 王锦泉.岳氏八翻手拳法［M］.太原：山西人民出版社，1986.

会事业协调发展的必要性做出了强调，推广和普及中国武术，能很好地响应这一理念。国民通过练习武术，既能增强体质，又能增强防身能力，还能对中华优秀传统文化产生更深层次的理解和认同。因此，我国应充分利用武术资源来推动全民健身计划的实施，为不同身体条件、不同年龄段人群开发设计适合的武术健身项目，满足不同受众群体的健身需求。

二、终身体育理念

终身体育理念是全民健身理念的重要观点，强调个体持续进行体育锻炼的重要性。终身体育理念呼吁人们广泛参与丰富多彩的体育活动，并注重持续提升体育实践的质量和深度，旨在通过体育活动促进人们全面发展，从而从整体上推动社会进步。中国武术作为一项具有代表性的传统体育项目，其深厚的文化内涵与科学的训练体系为终身体育理念的实践奠定了坚实基础。武术强调"内外兼修"，要求运动者全面锻炼自身的体魄与精神意志，从而达到既增强体质又提升精神境界的双重目的，这与终身体育的目标高度契合。

终身体育理念以人体发展变化的自然规律和长期系统性锻炼身体的积极作用为依据。武术训练同样基于对人体发展变化规律的深刻理解，通过系统训练各类拳术、器械或者养生功法来满足人们在不同生命阶段的身心需求，提高人们身心健康水平。无论是现代社会的快速发展，还是人们日益增强的生活压力，都需要个体具备强健的体魄与强大的心理素质。而长期系统性练习武术这一综合性体育运动，恰恰可以帮助个体有效提高身体素质和心理素质，增强个体应对生活压力与社会挑战的能力，对人在现代社会的全面发展具有重要意义。终身教育理念也强调了终身体育活动的重要性。武术作为一种传承数千年的传统体育形式，传承下来的不只有技术、功法等，还有其宝贵的教育经验与方法，武术训练不仅关注对个体的技巧训练和个体体能的增强，更注重培养运动者完善的人格与崇高的武德。终身参与武术训练的人不仅其自身体育技能、身体素质能得到持续提升，其道德、情感、智慧等也能得到全面的发展。由此可见，将终身体育理念贯穿于中国武术的教育与训练中，代表了体育实践活动的融合，这种融合以人的全面发展为核心，以文化传承为支撑，有益于个体实现身心和谐发展、全面发展，还对社会的和谐进步有重要意义，更展现了中国传统体育项目在现代社会的活力与价值。

三、生物—心理—社会立体健身

生物—心理—社会立体健身理念与现代社会对健康的定义及需求相对应，强调均衡发展运动者的身体、心理与社会三个方面。中国武术与这一健身理念相契合，它不仅能锻炼人的身体，还是提高人心理素质、增强人社会适应能力的有效途径。

从身体健康方面看，中国武术中的各类拳术、器械等练习形式，可以锻炼人的身体技能，增强人的肌肉力量，提高人体的协调性与柔韧性，从整体上增强人的机体性能。中国武术的训练内容十分丰富，不仅能对人的力量、速度、耐力进行综合训练，还能对人的特定身体部位进行有针对性的锻炼，从而满足不同人群的健身需求。从心理健康方面看，中国武术强调"意气相合"，即运动者在练习武术时需要关注意念的引导和气的调节，利用冥想、呼吸法等达到心态平和、情绪稳定的状态。练习武术不仅能培养人的耐力、毅力和自律性，还能有效增强运动者的自我认知能力和自我调适能力，帮助运动者缓解心理压力，维持其身心健康。从社会健康方面看，中国武术所提倡的武德精神，对勇、智、仁、义、礼、诚等品质的培养十分重视，要求运动者在社会生活中建立良好的人际关系，有较强的社会适应能力。学习和交流武术不仅能帮助运动者在复杂的社会环境中获得认同感与归属感，还能通过武术竞技、表演等活动增进运动者与他人的交流互动，使运动者与他人和谐共处。基于此，将生理—心理—社会立体健身理念与中国武术相结合，不仅能充分发挥中国武术在增强运动者体魄、提高运动者心理素质、增强运动者社会适应能力等方面的作用，还能培养运动者形成高尚的武德，实现运动者的全面发展，更对社会的和谐统一具有重要意义。

四、娱乐健身理念

随着现代社会人们生活节奏的加快，越来越多的人选择通过娱乐健身的方式追求身心健康。娱乐健身是一种新型的健身方式，它将娱乐性质融入健身活动中，大大提高了健身活动的趣味性，使更多人愿意参与其中。在众多娱乐健身形式中，中国武术的融入为其注入了新的活力与内涵。

练习中国武术，运动者既能掌握一定的自我防护技巧，又能实现对身体与心理的双重锻炼，还能在享受运动乐趣的同时，形成坚韧不拔的意志和从容不迫的气质。在众多中国武术形式中，有多种拳术如形意拳、太极拳等，因其动静结合、以柔克刚的独特属性和缓慢、圆润的动作特点深受广大人民群众喜爱。不同年龄层次的人选择并练习适合自身的武术形式，既能实现对身体各部位的锻炼，又能有效地调节心理状态，达到身心和谐的境界。娱乐健身强调轻松愉悦的健身氛围，这类运动具有娱乐和健身两大属性。与传统健身方式相比，娱乐健身更注重参与者的主观体验，提倡参与者在愉悦、充满趣味性、互动性的氛围和环境里锻炼身体，达到身体与精神需求的双重满足。可以看出，中国武术与娱乐健身理念不谋而合。练习中国武术，运动者可以在体验中华传统文化的独特魅力的同时，在愉悦轻松的氛围里获得身体层面与精神层面的双重满足。

第三章 中国武术健身理论与方法

第一节 中国武术健身基本原理

一、新陈代谢理论

新陈代谢是自然界绝大部分生物生命活动的必需过程，它发生在人类的每个生存阶段中。新陈代谢可以帮助生物实现自身与外界的物质和能量交换，为生物体与环境相互作用搭建桥梁。对新陈代谢的原理和过程进行深入探讨，有助于人们更好地理解生命活动的本质与人体维持健康的原理和过程。

新陈代谢包括物质代谢与能量代谢两个基本方向。物质代谢指包括蛋白质、碳水化合物、脂肪等在内的各种营养物质在生物体内部的转化过程。从宏观层面上看，这些营养物质的分解与合成为生物体的成长和日常活动提供了必需的能量；从微观层面上看，这些营养物质的合成与分解为细胞的生长、修复和分裂提供了物质基础。能量代谢指能量在生物体内部的产生、转化和利用过程。生物生命的生长、活动都离不开能量的支持，能量的获取与利用需要依靠能量代谢完成。新陈代谢涉及同化作用与异化作用两种相互对立又相互依存的生理过程。同化作用能将生物体从外界摄取的营养物质转化为自身生长与活动所需的能量；异化作用指生物体分解内部物质，产生能量并排出废物的过程，虽然在这一过程中会产生一定的物质能量损耗，但能去除生物体中的有害物质，维持生物体内环境的稳定。维持新陈代谢的平衡对生物体发挥机体正常功能和开展各种生命活动十分重要。

武术运动能够科学有效地锻炼运动者的身体，还能够调节运动者的生理机能，促进运动者的新陈代谢。运动者长期进行武术运动健身，能够平衡体内的同化作用过程与异化作用过程。积极参与武术运动健身活动有助于维持这两种作用的平衡，从而增强运动者的体质。以下几种措施可以有效促进机体的同化作用：

第一，保持良好的身心状态。健康的心理状态能促进身体各项机能协调运行，有益于生理上的健康，而健康的身体状态则代表体内新陈代谢的顺利进行。

第二，营养的全面供给为同化作用的正常进行提供保障。营养物质的全面供给指同时在营养总量和营养种类两个方面满足机体需要。科学且适量的摄入丰富的营养，不仅能为人体正常进行同化作用提供保障，还能满足人体正常进行异化作用时的能量消耗。

第三，适当消耗体力，避免过度劳累，确保新陈代谢平衡。过度消耗体力会导致异化作用的过度进行，从而影响同化作用的正常进行，损害人体健康。

第四，在运动间隙适当休息有利于机体同化作用的正常进行。运动者在运动的间隙适当休息，一方面可以避免体力的过度消耗，及时恢复体能；另一方面能为新陈代谢的正常运行及时补充必要的能量，从而保障机体同化作用的正常进行。

二、身心互制原理

身心互制原理揭示了人体心理与生理之间密切的内在联系，要求运动者在运动时不仅要追求身体的健康状态，还要关注心理上的健康。随着社会的发展与科学的进步，人们对健康有了更深层次的理解，不再将其定义为物理层面的身体无疾病的状态，而从心理层面、生理层面、社会适应能力等方面对健康进行了系统性、综合性的考虑。

中医武术养生理论注重身心的协调和统一，现代健身观念同样要求身心统一。传统意义上的身心统一指内外平衡、情绪与精神相协调，注重内在精神状态与身体健康的和谐统一。现代的身心统一理念同样重视人在心理层面与生理层面的协调和全面发展。美国医学委员会以及《体育运动国际宪章》认为，参加体育运动不仅要追求身体素质的增强，还要关注心理上的健康与幸福，使人平衡发展。武术体育运动对人体机能有积极影响，与此同时，积极健康的心理状态也具有调节和改善生理状态的作用。基于此，有效结合运动者的生理条件与心理特点，找出两者之间的平衡点，并充分利用，是增强体质、强化运动效果、达到身心健康目的的关键。在武术运动中应用身心互制原理，要求运动者不仅关注体能与技术的提升，还要兼顾心理调适与情绪管理，有助于从整体层面提高个体的健康水平。在身心互制原理的指导下，健身运动将向更深层次的方向发展，兼顾身体健康与心理健康两大需求，在真正意义上实现运动者的身心健康。

三、人体发展的阶段性特征

人类在生命的各个阶段会呈现特定的生理功能特征，人的发展具有阶段性规律。无论婴儿期、青春期、成年时期还是老年时期，人类都会在其生命的不同阶段展现出独特的生理与心理特点。例如，儿童时期通常有较快的生长速度，在青春期会经历性成熟，进入老年期生理功能会逐渐衰弱。虽然人在不同时期展现出不同的特点，但人的生长发育具有连续性，每个阶段的发展都不是孤立的，后一阶段的发展建立在前一阶段的基础之上。例如，青春期形成的复杂思维能力是基于儿童期的认知发展能力而形成的。

（一）波浪性和阶段性特征

人体的生长发育过程具有波浪性和阶段性特点，这与生物学发展的非线性特点相符。人体在不同的生命阶段有不同的生长速度，且具有较大差异。人的生长是按照一定规律进行的，会经历加速与减速的交替周期。这表明人的生长发育是在内部因素与外部因素共同调控下进行的。其中，外部因素主要指营养供给、体育锻炼、生活习惯、生长环境、个人卫生等。这些外部因素对个体的生长发育速率和健康状况具有决定性作用。波浪性和阶段性特征如图 3-1 所示。

（二）非等比性特征

人体的生长发育过程具有非等比性特征，这是生物体发展多样性与复杂性的重要表现。在个体生理需求和遗传因素的共同作用下，个体的各个器官与系统会在不同生命阶段遵循不同的速率和模式发展。例如，人体在儿童时期发展速率最快的是脑部；青春期，人的性腺和肌肉组织

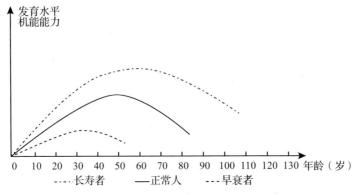

图 3-1　波浪性和阶段性特征

会快速增长。遗传因素、环境因素、生活习惯、营养状况等会共同影响人体各部分的生长时间和生长速度，因此，人类没有固定的发育模式，也不遵循单一的比例规律。人类的生长常常表现出明显的非线性特征和高度的个体差异，这种非等比性的生长发育机制，不仅能帮助人们适应多变的环境，还能保障人体在各种环境中保持良好的机体功能，由此可见生命过程的复杂性和灵活性。

（三）性别差异特征

男性与女性在生长发育的过程中表现出显著的差异。尤其到了青春期，这些差异越来越显著，并且对个体的体格和体型均有影响。到了青春期，男女之间的性别差异尤为明显。通常情况下，女性青春期的开始时间较男性早一年左右，结束时间比男性早约两年。这种时间上的差异深刻影响着男女生理与心理的发展过程。在体格发展方面，无论是生长发育的峰值，还是波动幅度，男性与女性之间都存在较大差异：通常情况下，男性的生长峰值更高、波动幅度更大，具体表现为男性的体格更加健壮，身高、肌肉质量和骨骼密度等也产生了很大差异。在体型发展方面，男性与女性的差异集中表现在生长的部位和生长速度上，青春期男性上半身的围度和宽度有明显增长，所以从青春期开始，绝大部分男性会逐渐形成上体宽广，下肢相对较细的体型。青春期女性下半身的发育较为明显，尤其下肢的围度和宽度会明显增长，从而逐渐形成上体相对较窄，下肢较粗的体型。

四、超量恢复原理

苏联的雅姆波斯卡娅针对能量物质在运动过程及运动后休息阶段中的消耗与恢复机制提出了超量恢复理论，也叫作超量代偿理论。该理论指出，人体在体育活动中产生的能量消耗是暂时性的，这种能量消耗会在运动结束后逐渐补充回原先水平，甚至超过原先水平。造成这一现象的关键在于人体在体育锻炼后的自我修复与能力提升潜力的激发。

在进行武术锻炼时，人体内部器官的工作状态会随之发生变化。通过对人体运动过程的全面观察与分析，这一变化可分为初始的能力下降阶段、运动末期的逐步恢复阶段、休息后的能力提升阶段三个阶段。在人体刚开始进行体育锻炼时，锻炼时间的延长会增大人体各器官承受的负担，导致各器官的工作能力有不同程度的下降。运动结束并休息一段时间后，这些器官的功能不仅会恢复到原先水平，甚至还能在一定条件下达到比之前更高的工作效率，这就是超量恢复。人体对运动负荷的适应性调整机制是造成超量恢复的主要原因。在人的体能迅速消耗后得到了适当的休息和恢复时，不仅人体失去的能量可以补偿回来，人体生理机制的自我优化还能提高其适应未来应对更大运动负荷的能力，这一优化过程需要神经系统、代谢系统、肌肉系统等在内的人体的多个生理系统协同工作。人体在运动全过程的状态变化如图 3-2 所示。

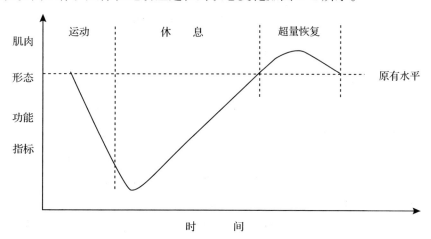

图 3-2　人体在运动全过程的状态变化

超量恢复原理目前已广泛应用于现代体育科学领域，尤其受武术训练计划制定人员的重视，将超量恢复原理应用于武术训练中有助于通过适当的运动负荷提高运动者的体能上限。适当的运动负荷能够增加运动者的肌肉活动量，加大能量消耗，在这一过程中，运动者体能的有效恢复有助于优化运动效果。在体能训练中，只有合理安排运动负荷，才能实现超量恢复。运动负荷的类型与大小对运动者能量消耗的速率、恢复时间的长短具有决定性影响。因此，优化训练效果，预防运动损伤的关键在于训练计划制定人员对运动量的准确评估与调控。通常情况下，相同时间内的运动负荷越大，机体对运动刺激的适应性更强，机体对能量的利用与再生更高效，超量恢复的效果越明显，但必须遵守运动负荷在运动者承受范围内这一前提，否则将可能导致过度训练、运动伤害等。因此，制订运动计划前，必须对运动者的身体状态和能力进行全面评估，以制订适合运动者的运动计划，避免造成不必要的身体损害。

人体在不同类型运动中会产生不同的能量消耗和恢复速率，意味着不同运动对应的训练间歇与恢复时间不同。根据各类运动的能量消耗与恢复需求安排合理的休息时间，对优化训练效果、实现超量恢复非常重要。除此之外，摄入丰富均衡的营养也能促进运动者的超量恢复。充分的营养供应能对运动中的能量消耗做出及时补充，对机体受损组织的修复与肌肉的增长也有很大作用，对运动者体能的增强同样具有重要作用。

五、运动负荷价值阈规律

运动者承受的运动负荷可通过运动强度和运动量两个指标衡量，运动强度反映了运动对机体的冲击程度，运动量代表对机体的刺激量。适当安排运动负荷能有效增强身体机能，但负荷不足或者负荷过度都可能导致不良后果。在制定武术健身计划时，教练员对运动量的计算要严谨，避免对训练的效能和安全性造成影响。运动量过大可能造成身体过度疲劳甚至损伤身体，运动量过小则难以实现超量恢复，从而影响健身效果。因此，根据运动者的实际条件科学安排运动量非常重要。另外，运动强度需要结合运动者的实际条件如年龄、身体条件、心理状态、体质等科学安排，面向年长者可安排强度和频率都较低的运动计划，避免对其造成负担；面向年轻人或身体素质较好的个体时，可以适当安排强度较高的训练，从而全面提高其身体机能。

在体育活动中，运动强度可以衡量个体承受的物理负荷量的程度，运动密度、运动间歇时间、每组运动的次数对这一指标有较大影响，而这些影响因素间关系密切，任何单一因素的变化都会引起整体运动强度的变化。因此，运动强度不仅能反映运动者的运动量，还能反映运动负荷对机体的刺激程度。在参与健身活动时，应根据自身实际条件，如身体承受能力、心率区间标准等条件选择运动强度，有助于提升运动者的健身效果，提高其身体素质。这种根据个体差异和心率标准调整的运动负荷范围被称为运动负荷价值阈，合理确定运动者在武术运动中的运动负荷价值阈，能在提升其身体素质的同时，避免过度负荷带来的伤害。

由于不同个体具有不同的身体素质，所以在制订具体的运动计划时，要综合考虑每个个体的运动能力、身体状况、健身目标等因素。结合运动者的这些因素进行综合性评估，可以为运动者制定出既符合其自身特点，又能满足其健身需求的运动计划。运动负荷价值阈对个性化运动计划的重要性做出了强调，提倡结合个体实际情况安排运动强度，以达到最佳的健身效果。需要注意的是，运动负荷价值阈的确定要科学，从而准确控制运动强度，增强身体素质（见图3-3）。

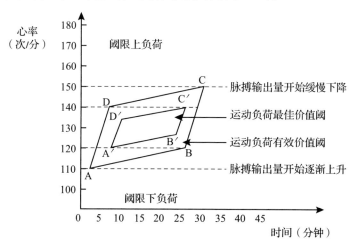

图3-3　运动负荷价值阈

　　研究运动负荷价值阈的概念及原理可以发现，当运动者心率达到120~140次/分钟的区间时，心脏泵血量达到最高，能够为身体各器官供应充分的血液，此时人体的新陈代谢达到最佳状态，能有效增强体质。反之，当心率低于120次/分钟时，心脏功能会受损，从而影响运动效果。在训练过程中，维持心率在140次/分钟能有效避免过度训练。如果训练时运动者的心率超过特定标准，达到140次/分钟以上，则需要通过增加心跳频率来提高血液输出量，但这种情况对能量供应速度有较大要求。运动负荷价值阈规矩为武术健身的合理安排提供了科学的指导，既包括运动前为制定适合运动者的健身计划而对运动者年龄、体质、身体素质、心理素质的综合考量，又包括在训练过程中为避免过度运动而对运动者心率的控制，还要求教练员在运动者运动的过程中及时调整外界的不可控因素。这种个性化、科学、精细的训练方案，能确保每位运动者都能找到最适合自身的锻炼方式，并安全有效地达到提高体质的目的。

第二节　中国武术健身理论基础

一、中国武术健身的生理学基础

（一）中国武术健身与物质代谢

　　在物质资源丰富的现代社会中，人类主要通过吸收和分解食物中的蛋白质、糖类、维生素和水中的无机盐等营养物质获取能量，以供应人体生命活动的需要。在武术运动过程中，糖分经过人体的代谢活动会转化为能量，为肌肉活动提供支持。脂肪经过代谢过程可以释放能量，满足人体长时间进行武术运动的需要。水盐代谢是维持运动者体内电解质平衡和生理功能正常运行的重要途径。蛋白质代谢则能够为运动者提供身体必需的氨基酸，并帮助运动者修复和生成肌肉纤维。这些营养物质的代谢共同为运动者进行高强度的武术训练提供保障，代谢活动的正常进行不仅使运动者体内的能量得以有效利用，还为其身体素质的提高提供了物质基础。

1. 糖代谢

　　糖类是一种高效的能量物质，糖分的分解可以为生物的生命活动提供能量，这一过程对氧气的消耗较低，糖类因此成为为大脑与肌肉活动提供能量的优质来源，糖类相较于其他营养物质具有能量转换更快速、更高效的优势，因此成为人们进行高强度活动时的主要选择之一。

　　长时间进行武术活动会降低运动者的血糖水平，同时可能导致运动能力的降低。在运动间隙适当补充糖类物质可以有效避免这类现象的发生。通常情况下，健身前的半小时至两小时是补充糖类的最佳时机，这样做可以使糖类物质直接被运输到肌肉组织中，或者经过合成转化成为糖原，从而为运动中的运动者及时补充能量，维持机体的血糖水平。在武术运动中，运动者可以每隔半小时引用一次低浓度的含糖饮料，及时为机体补充糖分，维持能量供应，为训练的持续进行和获得良好健身效果提供保障。这种补给不仅能维持运动者体内血糖水平的稳定，还有助于运动者长时间训练的机体耐受性和总体表现。糖酵解的流程如图3-4所示。

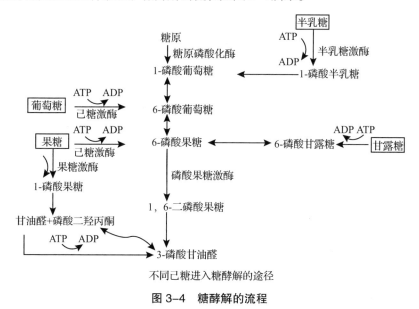

不同己糖进入糖酵解的途径

图3-4　糖酵解的流程

　2. 脂肪代谢

　　脂肪是为生命体活动提供能量的主要物质之一。人类可以从动物脂肪中获取脂肪，获得的脂肪可以通过有氧代谢产生能量提供给机体。脂肪的代谢需要较多氧气参与，即有氧运动。运动者在进行武术运动时，运动时间越长，脂肪为人体提供的能量越多，且脂肪供应能量的比例逐渐增大。这一现象表明，身体对脂肪的消耗会随着有氧运动的持续进行而增大，这为有氧运动在减肥、体重管理中的应用提供了支持。有氧运动可以有效提高脂肪的代谢率，减少人体的脂肪含量，对运动者维持身体健康具有重要作用。

3. 水盐代谢

（1）健身运动与水代谢。人体中水的含量为总体重的 60% ~ 70%，水是细胞和体液的主要成分，人体的一切生命活动都离不开水的参与。人体中的水不仅负责将营养物质与氧气输送至身体的各器官，还负责将体内代谢活动产生的废物和有害物质排出体外。另外，人体中的水分还具有调节体温的作用，水的特性使其能很好地帮助人体抵御外界温度变化的影响，从而保持体温的稳定。在处于温度较高的环境中时，人体可通过蒸发汗液散热，从而将体温控制在正常范围内，避免过热。体内水分的平衡对运动者也十分重要。在武术运动过程中，肌肉运动量的增加会加快能量消耗，产生大量热量而升高体温，及时补充水分能加强身体的排汗效果。在这一过程中，汗液的蒸发会带走大量热量达到降温效果。因此，在运动中及时补充水分是维持体温稳定、保证生理功能正常运行的关键。反过来看，如果运动者在锻炼时没有及时补充水分，其体温长时间偏高，不仅会对其心血管系统健康造成影响，还会降低其运动表现和身体的反应能力。

（2）健身运动与无机盐代谢。无机盐是维护人体健康的重要物质。无机盐包括钙、钾、钠等多种人体必需的矿物质元素，人体的生长发育与生理功能的维持，离不开这些矿物质元素。尤其对青少年来说，骨骼的健康发育离不开如钙等无机盐的参与。在进行体育运动时，人体代谢活动对无机盐有更大的需求。在运动过程中，汗液的排出会带走体内的无机盐，如果不及时补充，将会对人体的代谢功能产生影响，从而影响身体健康。运动者适当补充无机盐，可以维持内分泌的平衡，为骨骼的生长和血细胞的生成提供保障，并加快人体组织的修复和再生。

4. 蛋白质代谢

蛋白质在人体内具有支持细胞结构的构建、催化生化反应、作为介导传递信号的作用。除脂肪和碳水化合物外，蛋白质也是人体主要的能量来源。蛋白质可以在特定条件下进行分解释放能量，满足机体的能量需求。蛋白质的代谢过程涉及蛋白质的合成与分解两大环节。在蛋白质的合成过程中，氨基酸脱水缩合形成肽键并连接成多肽链，多肽链折叠成为具有特定功能的蛋白质。这一过程逆转过来就是蛋白质的分解过程，蛋白质一部分分解成氨基酸，其中部分氨基酸重新参与蛋白质的合成，另一部分则经过脱氨基作用转变为化合物参与能量代谢。维持蛋白质代谢的平衡有助于维持人体的生命活动，能为生物体生理功能的正常运行提供保障。此外，蛋白质的代谢过程对维持能量在人体中供应与消耗的平衡至关重要，这离不开生物体内精确而复杂的调控机制。蛋白质代谢的整个过程如图 3-5 所示。

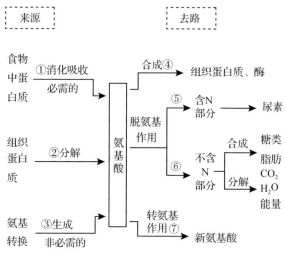

图 3-5　蛋白质代谢的整个过程

（二）中国武术健身与能量代谢

　　能量代谢是生命活动的基本特征之一，这一过程涉及人体与环境间的能量交换，即外界环境中的水、无机盐、脂肪、蛋白质等通过特定的生化反应转化为人体需要的能量，这些能量既能维持机体生理机能的正常运行，又能满足人们日常生活的能量消耗。能量代谢与物质代谢密切相关，二者共同为生物体的能量供需平衡提供保障。在武术健身运动中，适当的体能训练可以促进运动者的能量代谢，提高运动者机体转化能量物质的效率。进行长期、系统性的武术训练，既能优化运动者体内的代谢路径，又能提高其对能量的利用效率，从而为运动者进行更高效的体能活动提供支持。武术健身运动具有改善心血管、增强肌肉力量的功能，可以间接促进人体的能量代谢与物质代谢，这反映出身体机能与代谢活动之间的密切关联。

1. 磷酸原供能

贮存于肌细胞中的磷酸肌酸（CP）是一种高能磷化合物，它与ATP密切相关，在机体高强度运动和肌肉收缩过程中发挥了重要作用。在高强度运动或者肌肉收缩的过程中，人体会迫切需要分解ATP，此时机体会迅速分解CP以补充必要的能量。CP的迅速分解和供能为肌肉收缩需要的即时能量供应提供了保障，维持了肌肉活动的效率。而这一过程中产生的能量会直接参与ATP的再生，为肌肉在短时间内进行高效率的能量转换与利用提供保障，还为肌肉的快速响应和持续运动提供可靠支持。

2. 糖酵解供能

糖酵解是一种在细胞内部分解葡萄糖而产生能量的过程，这一过程需要多步酶促反应完成。糖酵解的过程可分为两个阶段：第一阶段，在无氧条件下，葡萄糖经过一系列反应转化为两分子磷酸丙糖，磷酸丙糖又被转化为丙酮酸，同时生成ATP；第二阶段，在有氧条件下，丙酮酸经氧化形成二氧化碳和水，并释放出大量能量。糖酵解过程是细胞生命活动的重要过程，也是人们理解细胞能量代谢的关键途径。

3. 有氧代谢供能

有氧代谢供能指在氧气充足的前提下，生物体通过对糖类、脂肪、蛋白质的完全氧化作用释放能量的生化过程。有氧代谢过程是维持生命活动的基本过程，也是评估人体健康与运动效能的重要指标，有氧代谢的效率对运动者在运动过程中的运动持续性和恢复能力有直接影响。

研究有氧代谢过程可以发现，人体对氧气的获取和利用对机体的能量供应效率具有关键影响。呼吸系统的功能状态，如呼吸的深度与频率对机体能够吸入多少氧气具有决定性影响。当运动者持续进行健身运动时，其机体对氧气的需求量增大，这时运动者可通过增加呼吸深度和加快呼吸频率来获取充足的氧气，提高营养代谢效率。人体有氧代谢的能力，在一定程度上受血红蛋白含量的影响。血红蛋白是血液中负责携带和输送氧气的重要成分。如果运动者的血红蛋白含量较低，那么其机体输送氧气到肌肉的能力会受到限制，这会影响运动者的有氧代谢功能效率。因此，对于长期进行健身运动的人而言，经常监测体内血红蛋白水平对维护身体机能、增强运动效果具有重要意义。人体的有氧代谢效率还受心脏泵血功能的影响。心脏泵出的血量对机体的氧气输送能力和血液循环状态具有决定性影响。提高运动者的心脏泵血能力，可以增强其血液循环速率，帮助其将运动需要的氧气和营养物质输送到对应的肌肉组织，增强新陈代谢作用，促进废物的排出，从而增强整体运动表现。

二、中国武术健身的运动学基础

掌握和精炼运动技能是武术健身运动的运动学基础。在体育活动中，个体对动作的控制与执行，如平衡、协调、力量运用、灵活性等可通过各种运动技能表现出来。技能水平提升是运动表现提高的有效途径，反映在身体上表现为运动者对肌肉的精准控制和使用效率。高级别运动技能在实践中具体表现运动者对复杂动作的精细把控，经常练习高级别技能有助于运动效果的最大化。由此而言，对运动学基础深入理解并合理应用是提高武术健身效果的关键。

（一）运动技能的生理本质

1. 形成运动条件反射与运动技能

在接触外部世界时，人体各感觉器官会接收各种刺激，这些刺激会作用到心理层面产生兴奋信号，在中枢神经系统的调控下，兴奋信号会传递到肌肉组织，触发肌肉活动，形成具体动作。这就是形成运动条件反射的全过程，其中涵盖从感知到生成动作的全面机制，涉及生理与心理复杂的相互作用。

站在学习运动技能的角度看，建立在神经系统中的暂时性神经联系为随意动作的进行奠定生理基础，其中的神经联系以运动条件反射的形式出现，这说明，人的大脑皮层会在特定刺激下产生相应的生理反应，促进神经系统建立临时关联。大脑皮质活动在其中具有关键性作用，由此可以看出，学习运动技能的本质是建立相应的运动条件反射。在建立运动条件反射的过程中，人体对外界信息的接收与处理对运动响应的启动十分关键。反复练习可以巩固这些暂时的神经联系，并将其转化成长期性的神经反射，从而实现运动技能的自动化。人建立运动条件反射的过程受大脑皮层与感官的共同作用，人在长期生活实践中积累经验形成的复杂动作模式也属于运动条件反射。当人反复练习某种动作后，会在触发条件反射时准确、快速、无意识地执行这一动作。随着练习的不断重复和日益熟练，这些动作技能的表现会更精确，运动者由此实现了对复杂运动技能的高效掌握。

人体形成运动条件反射的过程需要大脑及多个器官的共同作用，这一过程并非一蹴而就，它需要数次非条件反射集成而来。运动条件反射的形成代表生物体对外部环境刺激的适应，这是生理发展的重要方面。而运动技能的获取反映了神经系统的高度整合能力及其复杂性。与简单的运动条件反射不同，运动技能的形成依赖于多个神经中枢对多种感觉输入与运动输出的精细而复杂的协作。运动过程中的不同环节间存在密切关联，这为技能的连锁性与执行的流动性奠定了基础。本体感受性对技能形成过程中感觉输入的重要性做出了强调，尤其肌肉、关节等部位形成的感觉反馈为中枢神经调节和优化运动提供了必要信息，也为运动者学习和掌握运动技能创造了条件。

2. 运动技能的信息传递与处理

当外部或内部刺激作用到人体时，大脑会发挥其信息处理中心的作用，对这些刺激进行接收、处理并指挥身体做出相应的反应。这一过程包括感知刺激、评估刺激、制定决策和执行动作，涵盖从知觉到动作的完整路径。由此可见，运动者对运动技能的优化，包括快速识别刺激、快速作出反应、动作更加准确等，代表其信息处理能力的提高。

体外信息主要来源于外界环境，可以被人的听觉器官、视觉器官等接收。在体育锻炼中，教练员的动作示范与动作指令就是来自外界环境的体外信息，运动者通过视觉与听觉接收和分析这些信息，并将其内化为动作知识，为自身执行具体动作提供指导。体内信息主要来源于大脑皮质的一般解释区，主要包括肌肉紧张度、关节位置感等，这些信息与人体对运动的反馈与调控密切相关。内部信息经感觉器官传递给大脑皮质，经大脑运动区域处理后为运动的调整和控制提供指导。

（二）运动技能的分类

1. 闭式技能

闭式技能指运动者在特定条件下独立完成的一系列动作，运动者一般不受外部因素影响。闭式技能有相对稳定、可控的执行条件，运动者可以集中精神精准复现动作。对闭式技能训练而言，重复的动作和一致性的环境是两项关键因素。在尽可能减少外部干扰的情况下，运动者可以专注于动作的重复练习，从而精准掌握该特定动作。闭式技能适用于太极拳等个人运动项目，运动者可以在相对封闭、稳定的环境中独立、反复练习，从而提高练习效率，加快技能的内化速度。

2. 开式技能

开式技能与闭式技能相对，特点是运动者需要根据外部环境变化适当调整动作。在不确定的环境中，运动者必须具备敏捷的反应和应对能力，在面对不稳定因素时能迅速做出有利判断并调整动作以适应环境。开式技能需要多种感官共同参与，视觉尤为重要。视觉是人接受外界信息的主要渠道，外界信息经视觉快速传递到大脑皮层，由大脑分析和指挥人体做出恰当反应。开式技能在武术中的应用十分广泛，武术不仅要求运动者掌握各种技巧，还要具备较强的对抗能力和应变能力，能灵活调整动作技巧、迅速制定运动策略，以应对对手不可预测的行为动作。

（三）形成运动技能的阶段划分

运动技能的形成符合从简单到复杂的规律。在人体生理发展中，运动技能的形成分为泛化、分化、巩固三个阶段，之后就会实现动作的自动化，如图3-6所示。在泛化阶段，运动者初次接触和学习新动作，动作生疏不精确。在分化阶段，个体对动作有所了解，在一定程度上对具体动作细节进行调整和控制。在巩固阶段，经过大量重复的练习，个体能娴熟、精确地做出动作。在动作自动化发展阶段，这些动作在运动者体内形成稳定的运动条件反射，运动者不经思考就能做出该动作。动作的复杂程度、个体差异都是导致不同阶段需要时间不同的重要因素。通常情况下，学习简单动作需要的时间较短，学习复杂动作需要的时间较长。

图 3-6　形成运动技能的阶段划分

1. 泛化阶段

教练员的示范与讲解对运动者掌握运动技能非常关键。经过泛化阶段的学习，运动者初步了解运动技能，并通过观看、模仿形成基础的感性认知，为其后续初步掌握该运动技能奠定基础。需要说明的是，此阶段运动者对运动技能的了解较为浅显，对其内在规律的了解并不全面，运动者只有在后续阶段反复多次记忆和练习，才能真正掌握该技能。人体通过大脑传感器接收外界刺激并将信息传递到大脑皮质层，引发对应区域细胞的兴奋来响应刺激。对运动者而言，需要其通过反复训练提高大脑皮质中相关细胞的兴奋性，形成稳定的条件反射，加深运动者对动作的理解和掌握，从而实现对复杂运动技能的精确执行。这种重复训练、反复建立条件反射的学习方式旨在通过增强运动者对运动技能内在规律的认识和理解，从而使其高效、准确地执行运动技能。

在泛化阶段，运动者开始学习某个运动技能时，经常出现动作僵硬、不协调的现象，这是个别肌肉没有在正确的时间里有效执行收缩功能或舒张作用，导致运动过程中个别动作的多余或缺失。这是大脑皮质细胞兴奋扩散造成的，常见于初学者学习新动作的阶段。针对运动者在这一阶段的特点，教练员可重复演示正确动作，帮助运动者加深对动作的理解，并根据运动者在运动过程中出现的具体问题，提供针对性的纠正和指导。在武术健身运动学习的起始阶段，即泛化阶段，运动者仅需对基本运动框架有所了解即可，无需掌握动作细节。泛化阶段运动教学的侧重点在于帮助运动者构建起对动作的整体结构认知，为后续精细化学习奠定基础，以便运动者循序渐进地掌握更复杂、更精确的武术健身动作，从而提升其整体技能水平。

2. 分化阶段

运动技能学习的分化阶段是从初级技能学习到高级技能学习的过渡阶段，这一阶段要求运动者对动作有较深入的理解并能顺利执行动作。经过泛化阶段，运动者已经初步了解了动作的含义，且对细节有整体性的把握，能识别并纠正不协调的动作。分化阶段，运动者大脑皮质中的运动中枢神经系统会更加兴奋，抑制过程会逐渐增强，运动者对肢体的把控随之增强，动作会越来越正确和熟练。在分化阶段，运动者能形成正确的动作模式，并通过反复练习与细致的调整，使肢体形成较为稳定的运动条件反射。需要说明的是，运动者对动作定型并未在该阶段完全固化，新刺激仍可能导致错误动作的出现。对此，教练员应在此阶段细致观察运动者的动作执行，并在其做出错误动作时提供针对性的指导，帮其纠正。错误动作的早期纠正非常关键，否则错误动作形成稳定模式将难以再次更正。教练员在指导的过程中应设置明确的运动目标，并为运动者提供明确的反馈，不仅要及时帮运动者识别并纠正错误动作，还要鼓励运动者重复练习正确动作，从而增强动作的正确性。在这种训练模式下，运动者可在分化阶段形成更加精确和高效的动作模式。

3. 巩固阶段

到了巩固阶段，运动者因对运动技能的反复练习，已形成了相对稳定的运动条件反射，此时，对运动者进行特定的刺激，如反射弧的存在会使其大脑做出更迅速、更精确的反应。相较于前两个阶段，运动者在此阶段中做出的动作更加优美和流畅，运动者接收指令后下意识的动作标志着其实现了运动技能的自动化，代表运动者已经稳定掌握动作技术，且不易受到外部刺激和环境条件变化的影响。运动者执行动作时，内脏器官与肢体间的协调配合，是巩固阶段的一大特点，这种协调配合不仅能提高运动效率，还能使练习过程更加顺畅。巩固阶段需要运动者经过长期系统性的训练才能达到，在这一过程中，运动者的身体与大脑之间相互作用和适应，最终形成相对稳定的运动技能状态。巩固阶段的到来，不仅证明了学习运动技能的复杂性，还反映了人体具备在长期调整与适应中逐渐掌握并优化运动机能的能力。

4. 动作自动化发展阶段

动作自动化指运动者在不经过大脑思考的情况下就能完成复杂的动作，是运动者掌握特定技能后达到的更高层次的境界。在动作自动化发展阶段，运动者对动作的执行更加流畅和自然，且执行过程中不需要有意识地思考每个动作细节。在这一阶段，无论运动者对运动技术的整体执行，还是单一的动作环节，能在不用意识控制的情况下在极短的时间内完成，具有明显的流畅性。随着运动技能的全面巩固，第一信号系统与第二信号系统共同形成一种稳定的动力定型体系。在该体系中，第一信号系统可通过特定方式将兴奋信号传递到第二信号系统，进而达到运动者在无意识条件下完整执行动作的效果。通过这一过程，运动者可以了解自身对动作执行的自然性、流畅性，从而对自身动作做出有效评估，并进一步优化技能表现。动作自动化发展阶段的到来减少了运动者执行运动技能时的认知负荷，使运动者对动作的执行更加高效，有效增强了运动者在高强度训练与比赛中执行技能的稳定性和可靠性。

三、中国武术健身的营养学基础

（一）运动强力营养素

营养素通过机体的新陈代谢参与生物体的生命活动，以及调节机体的生理功能，能为武术运动者提供必要的物质和能量。运动强力营养素能促进运动者的肌肉生长和修复，减少运动者的疲劳感，帮助运动者在训练过程中快速恢复到最佳状态，并提高运动表现。营养素的类别如图 3-7 所示。

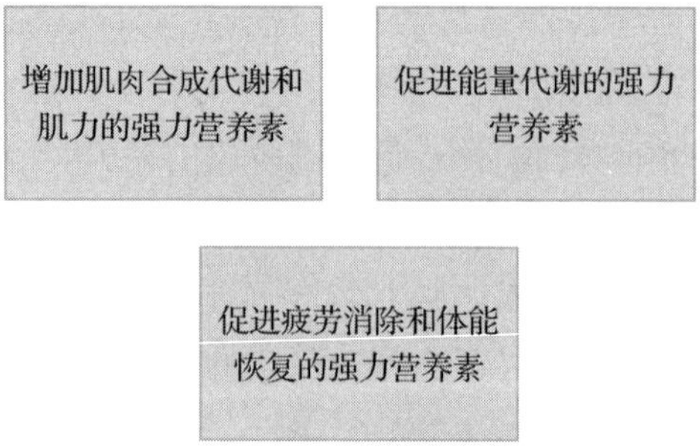

增加肌肉合成代谢和肌力的强力营养素

促进能量代谢的强力营养素

促进疲劳消除和体能恢复的强力营养素

图 3-7　营养素的类别

1. 增加肌肉合成代谢和肌力的强力营养素

肌肉体积和力量的增加，不仅需要良好的蛋白质合成环境，还需要为机体提供高生物活性的优质蛋白质和氨基酸。蛋白质可用来修复和增长肌肉细胞，而蛋白质的合成需要多种原料。优质的蛋白质对机体合成肌肉细胞有直接影响，不仅能加快肌肉的增长速度，还能提高肌肉力量。蛋白质的合成原料如图 3-8 所示。

乳清蛋白	大豆蛋白	支链氨基酸	HMβ
乳清蛋白是在牛奶中提取的。乳清蛋白富含各种游离氨基酸及易于吸收的蛋白质，其生物价为100，是所有蛋白质中最高的。在乳清蛋白中脂肪含量很少，富含支链氨基酸、谷氨酰胺	大豆蛋白是运动界流行的另一类蛋白粉。经过浓缩加工的大豆蛋白粉其蛋白质含量较高，有些大豆蛋白粉产品的蛋白质含量可高达80%以上	支链氨基酸包括亮氨酸、异亮氨酸和缬氨酸。其中以亮氨酸的实用性最高。支链氨基酸是运动者经常服用的氨基酸，有助于改善中枢神经系统的兴奋，促进肌肉力量的增长，同时还能够提高机体免疫能力	HMβ是β-羟-β-甲基丁酸盐的简称。补充HMβ可以增加肌肉的体积，提高力量；促进脂肪分解代谢，利于脂肪燃烧，增加去脂体重；维护细胞膜完整性，降低大负荷强度运动时骨骼肌的受损程度

图 3-8　蛋白质的合成原料

合理摄入营养素是促进肌肉合成代谢和增强肌力的关键。很多营养品如肌酸、精氨酸、鸟氨酸、甘氨酸、铬、硼、维生素 C、锌以及中药制剂等都具有促进肌肉与血红蛋白合成，增加机体生长激素与睾酮的分泌、增强机体的有氧能力与抗缺氧能力、提高机体的运动兴奋性、调节神经系统、增强机体免疫力的作用，在这些营养物质对合成肌肉的激素环境的共同作用下，运动者的机体激素水平得到优化，其生长激素、胰岛素、睾酮等激素的稳定分泌和相互作用，为机体的肌肉生长创造了良好的生物环境。适当补充营养素，可以有效促进肌肉合成并增长肌肉力量。

2. 促进能量代谢的强力营养素

（1）基础营养常用的强化补品。基础营养素的强化补品种类繁多，健身饮、威创系列运动饮料、磷酸果糖胶囊以及1，6-二磷酸果糖注射液是健身运动者常用的几种营养素，如图3-9所示。

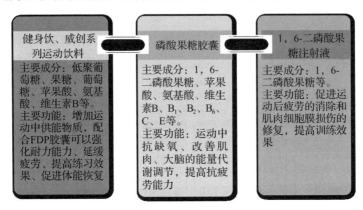

图3-9　基础营养常用的强化补品种类

（2）糖的补充。及时、适当补充糖分可以有效缓解运动者中枢神经与代谢系统在运动后期的疲劳感，同时为高强度有氧运动的持续进行提供支持。适当补充糖分能缓解运动导致的免疫抑制，减少蛋白质与肝糖原的消耗，同时降低血尿素的水平。运动者维持健康的血糖水平还有助于维持磷酸肌酸（CP）与糖类物质的供能速率。

运动者可以在运动前、运动中和运动后三个阶段适当补糖。运动者在运动前补糖可以为机体参与运动提供初始能量，使运动者以最佳状态开始运动。运动者在运动中补糖能有效降低中枢神经与代谢系统在运动过程中的疲劳感，持续的能量供应有助于运动者保持运动表现。运动者在运动后补糖是为了快速恢复体能，加速肝糖原的恢复并减少蛋白质的消耗，维持机体各器官与各系统的正常功能。补糖的方法如图3-10所示。

3. 促进疲劳消除和体能恢复的强力营养素

运动者在进行武术健身运动后，机体不仅会消耗大量能量，还会产生大量自由基，对细胞造成损伤，引发身体疲劳。及时补充胡萝卜素、维生素E、维生素C、硒、番茄红素等抗氧化剂等有效清除体内的自由基，减轻细胞损伤，减轻机体的疲劳感。除此之外，中药保健品中也含有多种能促进新陈代谢，增强身体恢复能力的生物活性成分。很多营养保健品都具有一定的恢复体能和降低疲劳的作用。其中，胡萝卜素和

运动前补糖方法	运动前2小时内补糖，尽管会暂时提升血浆胰岛素浓度，但该代谢反应短暂，无显著生理影响，反而能增强持续2小时以上中等强度的运动能力。对于上午健身的运动者，早晨摄入快速消化吸收的高糖快餐或饮料为适宜选择，有助于维持运动表现
运动中补糖方法	宜选用含葡萄糖、果糖、低聚糖的复合糖液。补充含果糖、葡萄糖的复合液，其吸收率要比单纯葡萄糖高20%之多，但果糖的使用量不宜超过35克/升。低聚糖分子量大，其渗透压低于葡萄糖，甜度小吸收也快，适合在运动中加量使用
运动后补糖方法	运动后补糖的作用是发挥糖原合成速度快的优势，促进糖原恢复。运动后即刻、头2小时以及每隔1~2小时连续补糖，在6小时以内补糖效果好。运动后即刻应以补充运动饮料为主。有利于运动后糖原贮备的恢复，40分钟以后以膳食为主要糖的来源，促进糖原恢复

图 3-10　补糖的方法

番茄红素能增强运动者的免疫系统功能，提高机体抗压能力；维生素 E 和维生素 C 有较强的抗氧化能力，能有效降低自由基对细胞膜的损害；硒作为一种人体必不可少的微量元素，在维持机体抗氧化酶系统的正常运行上发挥了重要作用。运动者合理补充这些营养物质，不仅能在武术锻炼后快速恢复体能和消除疲劳，还有助于身体健康水平的提高与训练效果的增强。两类作用不同的营养强力剂如图 3-11 所示。

加强免疫系统恢复的强力营养素	抗氧化剂类营养素
伟特摘金者（乳清蛋白、牛奶分离蛋白、α-白蛋白、谷氨酰肽）、各种特异蛋白（如免疫球蛋白、谷胱甘肽等）、谷氨酰胺胶囊、谷氨酰胺肽、大蒜素、维生素E、番茄红素等天然物质以及黄芪、人参等中药制剂	谷氨酰胺、维生素E、维生素C、维生素EC复合剂、番茄红素等。其中抗氧化效果最为理想的是维生素E、番茄红素，其主要存在番茄中

图 3-11　作用不同的营养强力剂

（二）武术健身运动中的各种营养链

1. 促进武术健身耐力增长的营养链

武术健身运动具有精准运动技巧与高强度身体活动相结合的特点，对运动者的能量供给与身体素质提出了较高要求。在进行武术健身运动的过程中，运动者进行针对性的营养补充有助于提升自身运动表现。磷酸果糖、糖类、苹果酸、肌酸以及辅酶 Q 等营养物质，可通过不同的生理途径促进运动者的体能快速恢复。

磷酸果糖具有增强心肌功能、增强骨骼肌代谢与抗酸能力的作用，可以为运动者持续进行武术健身运动提供持久的能量。磷酸果糖还能增强红细胞对氧气的携带与运输能力，对运动效率的提高具有显著影响。糖类作为生物体生命活动的直接能量来源，能快速增强中枢神经系统与红细胞的功能，为运动者持续进行高强度的武术健身运动提供能量支持。苹果酸是机体有氧代谢过程中的重要物质，它不仅能加速有氧供能效率，还能提高能量产出效率，苹果酸对长时间进行高强度武术健身运动的运动者至关重要，它关系到运动者运动表现的提升和疲劳感的推迟。适量补充肌酸，能够加快 ATP 在肌原纤维旁的转运，促进机体的代谢调节作用。与此同时，补充肌酸能提高能量转换效率，从而提升运动者的瞬间爆发力和短时间高强度运动的表现。适量补充辅酶 Q，能增强机体有氧供能能力，提高机体肌肉对氧气的利用效率，保障运动者运动的持久性和提高其运动效率。

2. 抗酸化促进速度耐力的营养链

在速度耐力训练中，抗酸化物质的应用可通过训练前后营养的差异性安排体现出来。训练前，运动者需要摄入富含抗氧化成分的水果和蔬菜，促进体液碱化，提高机体对碱的储备量，并激活代谢酶的活性，使运动者机体对缺氧环境有更强的适应能力。FDP（果糖 –1，6– 二磷酸）的补充则能优化机体的能量代谢过程，为运动者接受速度与耐力训练提供必要的生化基础。训练后，运动者摄入新鲜蔬菜和水果等碱性食物，有助于消除训练产生的代谢酸负荷，促进机体快速恢复。适当补充苹果酸盐可以加快乳酸的有氧代谢，缓解肌肉疲劳，加快机体恢复。碱性饮料为机体调节和维持酸碱平衡提供支持，还提高了运动者运动后的恢复效率。

3. 提高武术健身运动效果的营养补充

制订科学的营养补充方案，有助于增强武术健身运动效果。营养补充方案的设计应遵循促合成、抗分解的原则，通过合理配置营养物质，增强运动效果。

适合武术健身运动者使用常见的营养组方有三种。营养组方一，将肌酸作为主要的营养补充物，搭配糖类、维生素 E、维生素 C 和牛磺酸等养分，为机体细胞代谢、抗氧化提供支持。补充肌酸能增强运动者的短时高强度运动表现，肌肉细胞内磷酸肌酸含量的增高，能促进 ATP 的迅速再生。而糖类作为直接能量来源，与肌酸搭配使用，有助于为机体快速补充能量。该营养组方中添加的维生素 E、维生素 C 和牛磺酸等，能有效减少自由基对细胞的损伤，从而促进运动恢复。营养组方二，注重为运动者补充有机铬和钒，搭配糖类与蛋白质使用。铬和钒这两种人体所需的微量元素，对胰岛素敏感性的提高与机体代谢调节能力的增强都具有关键作用。它们能促进机体释放胰岛素，增强胰岛素效应，加快细胞内对肌酸、氨基酸等营养物质的转化与利用，从而为肌肉的合成提供有力支持。该营养组方能显著提升运动者运动的耐力与力量。营养组方三，重视补充人体必需脂肪酸和 HMβ。机体需要必需脂肪酸来维持细胞膜的完整性和流动性，补充必需脂肪酸能提高运动者体内细胞的功能状态，增强人体进行对抗运动时细胞的应激反应。HMβ 能有效抑制蛋白质的分解，增强肌肉的耐力和力量，增强细胞的抗氧化能力，减少运动导致的细胞损伤。

第三节　中国武术健身原则方法

一、中国武术健身的原则

无论是现代中国武术健身，还是其他体育运动，只有遵循科学的原则才能保证练习效果与练习质量。中国武术健身运动的练习需要将武术健身的特有要求与体育锻炼的普遍规律结合起来，形成一套既富有特色，又有普遍性的科学的原则方法体系。

（一）渐进性原则

渐进性原则遵循科学训练的基本规律，要求运动者结合自身实际情况，在保证安全的基础上逐步加大武术健身训练的强度，循序渐进地调整运动负荷强度的安排，使身体顺利适应武术健身训练，从而达到预期锻炼效果。在渐进性原则的指导下，运动者的运动能力将获得持续性改善和提升，并且能有效避免训练强度不当或过大造成的身体伤害。

现代武术健身计划的制定需要从性别、年龄、身体状况等方面考虑运动者的实际情况与不同个体之间的差异，确保训练计划的合理性与个性化。渐进性原则要求运动者遵循从易到难、从简单到复杂的规律，逐步提高训练的强度和难度，同时在充分考虑自身适应能力与机体恢复能力的基础上调整运动负荷的安排，还要避免训练强度、训练难度与运动负荷在短时间内的剧烈变化而造成身体上的损伤。在现代武术健身过程中，渐进性原则要求科学安排训练的内容和方法。这需要教练员根据个体发展阶段选择适当的技术动作与训练方法，从而帮助运动者有效掌握运动技能和提高身体素质。需要注意的是，应适时评估和调整训练计划，确保训练目标、训练内容和训练方法与运动者自身条件相匹配，为运动者科学有效的健身提供保障。渐进性原则不仅为现代武术健身训练计划的制定提供了指导，还是保证训练效果和安全的关键。科学合理地制定训练计划，有助于运动者在身体健康与安全得到保障的前提下，实现自身运动技术水平与身体素质的有效提升。对于广大武术健身运动爱好者来说，无论是初学者，还是有一定基础的运动者，在进行武术健身运动时，都应遵循渐进性原则，逐步推进训练进度，以达到最理想的运动效果。

在运动过程中，为了实现体能的均衡发展，运动者锻炼难度、频率、内容以及运动负荷的逐步加大都要遵循渐进性原则。运动者在安排运动的时间与频率时，可先安排较短时长的锻炼，待身体适应后再逐步延长锻炼时间和逐步增加运动次数。遵循渐进性原则锻炼身体，不仅有助于身体逐渐适应高强度的训练，还能避免训练计划不合理而损害身体健康。通常情况下，现代武术健身要求运动者从基础动作开始练习，熟练后按照从简单到复杂的顺序提高训练强度和难度，这种训练方式能同时兼顾运动者对锻炼的有效性与安全性要求。在内容规划方面，渐进性原则建议运动者先学习较为简单、基础的动作，熟练后逐渐提高动作的难度和复杂程度，以便提高运动者对运动技能的掌握程度和动作精准度。在安排运动负荷时，渐进性原则要求在充分考虑运动者身体承受能力、适应能力和恢复能力的基础上作出合理安排，既要避免负荷不足难以满足健身需求，又要避免负荷过大造成身体损伤。

（二）全面性原则

现代武术健身运动是一种综合性的体育运动，对运动者的身心素质具有全面提升的作用，尤其适合正处于生长发育关键时期的青少年人群。现代武术健身运动的全面性原则要求运动者锻炼身体的各个部位，以保证身体得到均衡、全面的发展。人类有复杂的生理结构，身体各部位分布多种器官、系统和组织，它们之间相互作用、相互制约，关系密切，在身体内部共同服务于人的生命活动。对此，运动者应尽可能让体内的每个组织器官都参与到武术健身运动中，保证锻炼的全面性，避免出现不协调、不均衡的现象。

现代武术健身运动兼顾了运动者提高运动技能水平、提高身体外在表现、增强身体素质、强化机体内在机能（如耐力、柔韧性、心肺功能等）、提高心理健康水平、增强意志力与自我控制能力的多样化需求，是运动者实现身心和谐统一的重要途径。与此同时，现代武术健身运动要求运动者通过全面的训练满足多样化需求。全面性原则的核心在于指导运动者通过合理运动实现速度、力量、柔韧性、耐力等方面的均衡发展。如果运动者偏重于某个单一方面的练习，如只注重肌肉力量的增强，却没有发展肌肉的耐力、能量供应、体能恢复、反应速度等，那么训练效果会非常有限，还可能对身体的均衡发展产生不利影响。为了实现武术健身训练的全面性，运动者在训练时，首先，要重视动力性与静力性的结合，促进大肌群与小肌群协调发展；其次，运动者应关注多样化的训练形式，对身体各个系统、器官进行全方位锻炼，从整体上提高增强机体性能；最后，运动者应将主动性训练与被动性训练结合起来，使体内有氧运动与无氧运动作用互补，以此确保身体素质得到全面性增强。全面性原则在现代武术健身运动中的应用，要求教练员与运动者充分重视对身体的全面锻炼，避免训练不均衡导致身体发展存在偏颇甚至出现畸形。尤其对年长运动者而言，运动的重点应放在强化身体薄弱环节上，以确保身体获得均衡性发展，为整体健康水平的提升提供保障。

（三）区别对待原则

区别对待原则指教练员需要清楚了解不同运动者间的个体差异，并结合每个运动者的实际情况与需求特点制定有针对性的健身计划，尤其要结合每个运动者不同的身体条件安排适当的训练内容、训练方法和运动负荷。每个人都是与众不同的个体，对运动者来说，这些不同可能源自身体的根本条件，如年龄、性别、适应能力、健康状况、运动基础等，也可能受外部因素影响，如兴趣、运动风格偏好、营养物质补充等。因此，在制定具体的健身计划时，教练员应对这些因素做出综合考量，为运动者选择合适的训练方式、训练内容等，为其制定具有针对性的、个性化的健身方案。

在武术健身训练内容和方式的选择上，区别对待原则要求教练员根据运动者的健身目的、个人偏好、健康水平等做出个性化选择，避免采取统一化的做法。例如，老年运动者群体适合选择运动量较小的太极剑、太极拳等；青少年运动者群体可能更倾向于具有较高竞技性的武术健身项目。即使处于同一年龄层次，不同运动者个体在个人兴趣、身体状况、职业背景等方面具有明显差异，这些差异的存在需要运动者根据自身实际情况，在安排武术健身项目的运动量与运动负荷时进行个性化调整。

（四）经常性原则

经常性原则是运动者增强体质，提高身体机能的关键因素。经常性原则要求运动者按照其设定的短期与长期目标，进行有计划、持续性地健身锻炼。据"用进废退"[1]学说，运动者每周进行体育锻炼的次数应不少于两次，较为理想的状态是个体每日进行规律性锻炼，从而全面提升身体素质。持续进行有规律的锻炼能产生明显的健身效果和显著增强身体的健康水平。身体机能的优化与提高并不能在短时间内实现，而需要依靠运动者进行长期有序的锻炼实现。除此之外，运动者在进行现代武术健身运动时，还需要克服生理上的惰性，坚决抵抗外部环境的干扰，通过各个阶段的练习形成稳定的条件反射，从而获

---

① 李又琴.体育健身指导［M］.昆明：云南大学出版社，1996.

得理想的健身效果。目前，现代武术健身运动已成为当代人们提升身体素质和身体健康水平的重要途径。人们在运动时应关注练习的科学性与规律性，遵循经常性原则，采用适合自身的健身计划，有效增强身体的各项机能，从而实现增强体质、提升健康水平的目的。

（五）目的性原则

经常参与现代武术健身运动，有助于运动者积极接受运动负荷的刺激，增强身体素质，缓解心理压力，促进身心健康。武术健身实践的长久坚持离不开各阶段短期运动目标与长期运动目标的合理设定以及运动者实现目标的坚定意识。现代武术健身运动的目的性原则要求运动者深入理解并认可武术健身运动的价值，将健身需求与目的转化为动力，激励自己克服困难坚持锻炼。运动者缺乏明确目标时，往往会缺乏坚持运动的动力，尤其会因为有困难与疲劳就半途而废。对此，设立明确、具体的健身目标是坚持完成健身任务、达到理想健身效果的关键。武术健身运动的目标可以是增强身体素质、掌握自我防卫技能或者促进身心健康等。明确具体的目标能充分调动运动者的内在动力，激励运动者在健身运动过程中自觉努力、不断坚持，从而有效提升武术健身运动的效率和效果。

（六）自觉积极性原则

在现代武术健身活动中，自觉积极性原则的应用能帮助运动者保持持续进步并最终达成训练目标。在武术健身运动中，自觉积极性原则关注运动者的内在动力和自我驱动能力，要求运动者在没有外部监督的情况下，积极参与和坚持进行健身运动。不同于学校体育课程的教学与训练，现代武术健身运动对运动者的主动参与和自我约束十分依赖，这一点可以通过武术健身运动灵活的组织形式、运动场所、锻炼时间等方面体现出来。尤其对于中老年武术健身运动爱好者来说，对健康的重视、较强的自控力等为其坚持进行武术健身运动提供了强大的驱动力。

坚持进行现代武术健身运动，不仅是对身体的锻炼，还是对毅力与意志的考验。武术健身运动的长期实践需要运动者有较强的自我约束力，能不断克服困难直至坚持完成健身计划。在系统化的武术健身训练过程中，运动者需要重复练习如屈伸腾挪、跑跳攀爬等各种运动，以此提高运动技能水平和增强身体素质。练习过程中的每个环节、每个动作都需要运动者积极自觉地练习。除此之外，参与现代武术健身运动的运动者必须意识到，通过健身运动来增强健身效果、提高身体素质的过程是一个缓慢的积累过程，无法一蹴而就，长时间、持续性的练习非常关键。随着生活节奏的加快，很多人被困于繁重的工作与学习任务中，没有充足的时间进行健身训练。在这种情况下，运动者更要保持自觉积极的态度，充分利用碎片化时间安排健身训练活动，满足自身对健身运动的需求。

（七）合理安排负荷原则

现代武术健身运动是一种在传统体育运动的基础上，融合了现代健身理念的体育运动，经常锻炼有助于运动者增强身体素质、提高身体的灵活性和协调性。为了确保健身锻炼的安全性和有效性，合理安排运动负荷十分关键，该原则要求运动者科学安排和调整运动负荷，在避免负荷不当造成运动损伤的前提下提高身体机能。

教练员应从运动时间、运动频率、运动强度三个方面安排运动者的运动负荷。其中，运动时间指每次锻炼持续的时长，运动频率指周期内锻炼的次数，运动强度代表运动者每次锻炼需要的努力程度。在安排运动负荷时，教练员应尊重个体差异，根据运动者的年龄、性别、身体条件、体质水平等对这三个方面进行科学安排和合理调整。武术健身运动的初学者可以从短时间、低强度的动作开始练习，随着身体适应能力的增强，逐步增加运动时间、运动频率和运动强度。

在进行现代武术健身运动时，教练员需要根据每个运动者的实际身体状况，对运动负荷进行个体化、动态的调整。个体化只针对运动者的具体情况制定适合的运动计划，不统一安排。在体质、体能等方面，男性与女性、老年人与年轻人之间都存在差异，运动负荷的安排应考虑这些差异。动态调整要求教练员根据运动者体能的不断提升和身体适应性的不断增强，适当增加和及时调整运动负荷，以此保证持续获得理想的运动效果。安排运动负荷时还应考虑运动者的运动量，将二者科学组合。通常情况下，运动负荷较大时，健身效果比较明显，但过度负荷容易造成身体上的损伤；运动负荷偏小时，运动者虽然能快速恢复身体状态并维持一定的健康水平，但难以实现质的飞跃。只有安排介于二者之间的适中的运动负荷，才能既达到有效提高身体素质，又能保障安全不损伤身体的效果，由此可见，合理安排运动负荷的重要性。

二、中国武术健身的方法

现代武术健身运动具有实用性与个性化相结合的特点。通过长期、系统性的武术健身运动，运动者不仅身体的灵活性与协调性能得到提高，身体素质与体能也能显著增强，其精神品质也将得到培养，能形成较强的自我控制能力和坚韧不拔的意志力，从而促进身心和谐统一。选择适合自身的现代武术健身运动，对运动者实现健身目标具有重要意义。

（一）变换练习法

变换练习法是一种能对训练环境、训练内容及训练强度进行优化的方法，该方法可明显提高运动者神经系统的灵活性，增强其对环境的适应能力与身体的协调能力，还能激励运动者积极参与健身运动，对健身计划的科学调整和顺利进行具有重要意义。

在现代武术健身运动中采用变换练习法的前提是，运动者需要有长期、科学可行的训练计划。变换练习法要求将运动者的实际情况与健身需求作为出发点，在渐进性原则的指导下做出逐步增加运动强度的训练计划，以此确保持续获得良好的训练效果。变换练习法要求运动者具备随机应变的能力，能敏锐感知自身的训练状态，面对突发状况时迅速做出反应。对健身计划进行适时、合理地调整并及时总结训练结果，可为后续健身运动计划的制定提供可靠依据，为后续训练效果提供保障。总的来看，变换练习法能通过调整训练环境、训练内容与运动负荷，激发运动者运动兴趣，这一特点使其在武术健身运动实践中得以重视和广泛应用，同时有助于运动者身体各项机能的均衡、全面发展，能有效增强运动者的适应能力和心理素质，大幅度减少运动者在训练时的枯燥感，增强训练活动的趣味性，使运动者能全身心参与运动中，从而从整体上提高训练效果。

变换练习法关注运动者的常规训练。通常情况下，采取变换练习法进行武术健身运动会显著提高运动内容带给运动者的新鲜感和多样性。但应注意，不能频繁更换或过度依赖现行运动计划与训练内容，以免破坏整体健身方案的系统性和连贯性，从而影响健身效果。变换练习法实施的关键是有明确的运动目标，尽管在变换练习法的影响下健身训练更具趣味性，但提高身体素质和技能水平依然是武术健身运动的目标，每次变换都是为了获得更理想的健身效果并最终实现运动目标，运动者不能为了追求变化忽略训练的根本目的。现代武术健身运动强调采用具有科学性和时效性的方法，正确运用变换练习法可以使运动者在灵活多变且富有挑战性的训练模式下，提高对武术健身运动的兴趣，而科学规划健身目标与健身计划，可以有效促进身体机能的全面发展和身体能力的均衡增强。

（二）间歇练习法

间歇练习法指在练习组间设定特定休息时间，使运动者在身体功能尚未完全恢复时继续下一轮训练，从而激发身体潜能，提高运动能力。间歇练习法适用于青少年健身运动者，其原理是当青少年运动者消耗一定体力后，在身体机能尚未完全恢复时继续进行健身练习，能有效增强其身体的适应能力和运动性能。

间歇练习的间隔时间应参考运动者的身体机能状况制定。对于身体素质一般的运动者，可以适当延长其间歇时间；对于身体素质较好的运动者，可以适当缩短其间歇时间。调整间歇时间是为了保证运动者的心率维持在约 120 次 / 分钟的水平上，这样有助于达到最佳的训练效果。在间歇阶段，运动者可以通过深呼吸、慢跑等方式放松身体，促进体内血液循环，增加氧气供应量，优化训练效果。间歇时间的设定必须尊重运动者的实际情况，要避免过度透支运动者的运动能力，导致后续健身运动的无效进行，甚至损害运动者的身体健康。

（三）重复练习法

重复练习法指运动者在运动环境等各项条件不变的情况下，反复练习同一动作，从而熟练掌握运动技能。重复练习法适用于时长较短或运动负荷相对较小的武术健身运动。采用重复练习法进行健身训练时，运动者要注意适当休息，避免因身体疲劳影响训练效果。对于休息时长，运动者可综合考虑自身的练习强度、训练频率、身体状况、运动时间等因素合理设置休息时间。

在采用重复练习法进行锻炼时，运动者应保证每次训练的质量达标，而非无目的的重复动作，即在每次练习后都有所收获，以此保障训练的有效性。在应用重复练习法的过程中，运动者需要关注和合理调控运动的时间、强度、频率、次数，根据身体的实际状况与环境条件，合理设置运动量，以便达到理想的健身效果。实现运动健身目标的关键因素是运动者良好的心理状态。长期重复练习同一（组）动作容易使运动者产生枯燥乏味的情绪，进而形成情绪压力，对此，培养运动者良好的心理素质与强大的意志力至关重要，这能帮助运动者克服心理障碍，激励运动者积极坚持完成武术健身计划的全部阶段，从而真正提高其技能水平和增强其身体素质。

（四）循环练习法

循环练习法指按照一定顺序对具有不同运动效果的武术健身项目进行人为排列，设计与运动者实际条件和健身需求相匹配的健身计划并反复执行，以促进运动者全面发展。循环练习法要求教练员搭配运动项目时遵循全面性原则，以便于运动者身体各部位得到均衡、协调的发展，从而实现身体机能与各项素质的全面提升。循环练习法非常重视对运动项目的科学选择和搭配。据实践经验得知，选取6~12项运动者已掌握的运动项目进行循环训练，在安全得到保障的前提下，既能提升运动技能水平，又能起到明显的健身效果。教练员在搭配运动项目时应注意平衡上肢与下肢的力量训练，合理组合静力动作与剧烈跑跳练习。这种为运动者量身打造的循环练习方案，能够帮助运动者快速在不同形式的运动项目之间找到平衡点，利用不同运动的相互补充实现自身机体各项功能的全面增强。需要注意的是，循环练习法通常建议运动者按照其最大运动负荷的1/3~1/2安排负荷强度，这样的负荷强度安排方式比较适合新手运动者和随训练水平逐步增加负荷强度的运动者。随着运动者锻炼进程的深入，其运动技能与体能得到了一定程度的增强，在此阶段，教练员可以结合个体的实际情况逐渐增加循环练习的运动强度与次数，以便达到最大化的运动效果，同时避免过度训练对身体造成伤害。

（五）持续练习法

持续练习法以持续不间断的训练实践为核心，旨在通过维持运动负荷在一定水平而获得良好的健身效果。持续练习法要求运动者避免仅依靠重复和间歇进行健身运动，运动者应通过不断练习而提高运动的连贯性和流畅性。在持续练习法的实际应用中，教练员应将运动的连续性、重复和间歇协调起来，充分发挥每个环节的作用，并根据运动者的有效运动负荷范围对训练时长做出合理设定，保证运动者的各个器官在训练过程中获得足够的血氧供应，从而实现运动者有氧代谢能力的全面增强。

在现代武术健身运动中，持续练习法要求运动者采取适合自身的训练模式，以此全面提升身体素质与技能水平。持续练习法强调对训练计划的细致规划，关注动作的流畅与精确，要求运动者通过持续不断地练习，提升身体机能至理想状态。在实践中应用持续练习法时，教练员应在充分了解和尊重运动者个体差异的前提下，对其运动频率与负荷做出动态调整，保证其在安全锻炼的同时实现身体机能的有效增强。另外，教练员需要对运动者的训练周期和恢复时间进行合理设置，以避免过度运动，保障运动者健康。

第四章　中国武术健身指导与动作

第一节　中国武术的健身指导

一、中国武术健身指导的要点

（一）侧重基本功的习练

具有深厚文化底蕴与丰富内容的传统武术传承至今，融合了当代人的生活方式和运动需求，并在此基础上进行了适当的改良与创新，形成了现代武术健身运动。现代武术健身要求运动者重视对基本功学习与练习，从而形成良好的运动基础，这对后续通过健身提高运动技能和增强健身效果都很关键。

现代武术的基本功不仅包括手型、步型、手法、步法、腿法以及肩功、臂功、腰功等多种元素，还包括平衡、跳跃、跌扑、滚翻等运动技能。练习这些基本功能有效增强应用者身体的柔韧性、协调性和平衡性，增强其肌肉控制能力，提高其整体运动技能水平。现代武术健身指导要求围绕武术的基本功开展系统化和多样化训练，以满足不同运动者多元的运动需求。

在制定现代武术健身指导计划时，教练员需要充分考虑实际环境与运动者的个体差异，在对运动者的心理需求与身体条件进行了深入了解和准确判断后，教练员应按照由浅及深、由易到难、由简单到复杂的规律制定个性化的武术健身计划，并采用灵活多变的指导策略对训练的内容和难度进行及时、精准的调整。这种训练方法要求运动者随着训练的逐步推进，不断提高自身学习效率和增强动作掌握能力，同时避免受到运动伤害。练习基本功既是掌握武术健身运动技能的要求，又与强身健体、促进心理健康的理念相符。现代武术健身要求教练员在整个训练过程中穿插基本功练习，通过反复练习和精细调整，夯实运动者的基本功，提高其运动技能水平，增强其耐心、毅力与专注力。

（二）强化直观健身指导

传统武术具有多样性和复杂性特点，这些特点在现代武术中也有所体现。现代武术套路中含有丰富的动作，这些动作有极为复杂的路线和方向变化，需要运动者具有较高的身体协调能力。在运动者练习过程中，教练员的示范为其提供了关键的指导。

现代武术套路中含有丰富的动作，涵盖不同风格流派中各不相同的拳术与器械动作，不同动作对应不同的表现方式，极少出现重复动作和对称动作，这意味着运动者需要面对较大挑战。运动者在练习现代武术健身运动时，必须要对每个动作的具体要求有清晰、深入的了解，并通过不断练习提高记忆和表现动作的能力。从套路动作的路线与方向变化的角度看，人体方位与方向的多变、动作起止点的连续变换导致了现代武术的复杂性。而这些复杂多变动作方向与路线对运动者的身体控制能力与空间感都提出了较高要求。武术健身指导中的一个核心问题是如何提高运动者的身体协调性，提高运动者对肢体的掌控能力，使动作准确流畅。在武术运动套路中，每个动作的顺利执行都要求运动者协调手、眼、身、步，将呼吸、意识、精神等内在要素融合在一起，做到内外结合，从而增强动作的准确性与流畅性，保证每个动作都达到标准。对此，直观的健身指导可以发挥关键作用，教练员通过亲身示范，向运动者直观地展示出每个动作的正确表现，尤其动作的细节之处，可帮助运动者对具体动作有更全面、深入地了解并真正掌握。与此同时，教练员的动作示范也能帮助运动者更准确地领悟运动传达的精神和意识要求，从而增强运动效果。

（三）注重动作规格

现代武术健身强调动作规格的重要性，要求运动者在练习过程中，尤其在初步学习和掌握运动技能的阶段要养成正确表现运动技能的好习惯。正确运动技能对动作的领悟、习练和恰当表现都具有重要意义。在武术运动中，不同风格、不同拳种等有不同的运动规格，其表现形式与要求也各不相同，运动规格因此成为评估武术健身指导成果的重要指标。教练员在进行武术运动教学时，可通过重复性示范和重点强调的方式向运动者展示难度较高的武术动作，通过演示动作的发力时间、发力节奏、运动方向和运动路线等细节，帮助运动者全面认识整体动作和掌握运动要领，尤其是腿法、脚法、身法方面需要额外注意和练习，通过不断练习使自身动作越来越规范。运动规格是武术健身指导的重要标准，是武术习练与表现的重要基础，是运动者正确掌握运动技能的关键，是增强运动效果实现健身目的的保证。

（四）突出劲力和精神的表现

劲力与精神的表现是现代武术健身指导的核心要素。在运动过程中，适当调整劲力的运用和运动者的精神状态是现代武术健身有别于其他运动项目的重要特征。

正确运用劲力有利于提高现代武术健身技巧水平。不同拳种的不同动作，对劲力有不同要求，这体现了劲力在现代武术运动中的多样性。为了保证运动者有效发挥出劲力，教练员需要帮助运动者学会控制劲力运用力度，不能过刚或者过柔，要做到刚柔并济。劲力的传导应遵循从后到前的顺序，使动作流畅协调。

在健身过程中，运动者需要保持高度专注和精神饱满的状态，对教练员的攻防动作进行细致观察和模仿，以此达到理解和掌握运动技巧的目的。良好的精神表现，不仅包括高度专注与精神饱满的状态，还有将运动者的情绪和意识融入每个攻防动作中，从而达到内外兼修的效果。

（五）结合攻防特点讲解示范

在指导现代武术健身运动时，教练员应对套路动作蕴含的攻防原理有深刻理解，将这些运动技巧与动作的变化密切结合起来，从而确保训练的有效性和实用性。

经过数千年时间的演变，现代武术中的动作虽然与古代军事训练中的动作形式已有很大不同，但其基本的攻击和防守技巧仍然保留了下来。这些技巧既具有武术运动的美学特点，又具有实用性。在健身指导中，教练员应对每个动作的攻防意图和使用技巧进行细致讲解，并通过示范的方式帮助运动者加深对动作的理解和掌握，包括如何运用踢、打技巧，攻防转换时动作的灵活性，如何在对抗中找到合适的时机，并进行摔、拿、击、刺等动作。在对武术运动的技击特点进行分析时，教练员应注重动作的连贯性与协调性，把控动作的力度与节奏。与此同时，教练员应对不同套路动作技巧和器械使用技巧进行全面分析，为运动者全面理解武术运动并能精确完成每个运动技巧提供支持。

二、中国武术健身指导的步骤

（一）传统武术课堂健身指导步骤

1. 讲解

讲解法作为现代武术健身指导中的关键环节，对运动者深入理解武术运动的理论和动作有重要作用。通过教练员对武术动作的名称、术语、技术特点以及运动过程专业、细致的讲解，运动者能够正确认识和理解武术动作，从而在运动实践中将所学运动准确复现出来。清晰、准确的语言表达是讲解的关键，教练员在讲解时应做到语言精确、简洁有力，能够用通俗易懂的语言清楚地讲解重要或复杂的内容，确保运动者能完全理解和掌握。教练员可以结合示范法进行动作的讲解，帮助运动者更直观地学习运动细节和各种武术技巧。教练员在讲解和演示的过程中，应将理论与实践结合起来，围绕动作的技术特点进行细致讲解，促进运动者全面进步；也可以带入相关谚语典故进行讲解，增加趣味性，使运动者更积极投入对运动技巧的学习和训练中；还可以将提问、评估、表扬等手段与讲解结合应用，激励运动者积极学习运动技能以及其他相关知识。

2. 示范

示范是运动教学中至关重要的手段。教练员通过示范向运动者展示具体的武术动作，有助于运动者通过直接观察后建立对动作的初步认识，从而进行正确的模仿练习。教练员在示范过程中应注意教学方法的正确性和动作的准确性，以严谨认真的态度完成对动作的演示。示范适用于武术技术动作教学的多个方面，如完整动作的演示、重点动作的强调、技术动作的分解、正误动作的对比以及典型示范等。其中，完整动作的演示能帮助运动者快速构建动态的、完整的动作模型，从而对该组

（系列）动作的流程形成清晰的认识；对重点动作的强调性示范能帮助运动者正确掌握关键的技术要领、复杂或难度较高的运动细节，有利于提高运动者的习练效率；在分解示范时，教练员将整组运动技巧拆分成多个部分，将复杂的动作组合分成多个简单、基础的动作，不仅有助于运动者快速掌握运动要领，还能帮助运动者对该组动作构建系统性的框架，从而对习练内容形成全面的认识和了解；正误对比示范能够帮助运动者直观了解正确动作与错误动作的差别，从而纠正自身的错误，提高技术水平；典型示范是对理想动作状态的一种演示，教练员可以通过典型示范的方式为运动者建立正确的运动模型和提供模仿范例，帮助运动者规范动作，从而实现有效健身。

3. 领做

在指导现代武术健身的过程中，教练员可以通过领做的方式帮助运动者提高学习效率。领做即教练员按动作步骤带领运动者逐步学习运动技巧，运动者需要一边观察教练员对武术动作的直观展示，一边逐步跟做模仿。这种指导教学的方式可以帮助运动者更清晰地理解和吸收技术要点。在领做的过程中，教练员的站位非常关键。正确的站位能够为运动者提供最佳角度来观察教练员的示范动作，便于运动者进行准确的模仿。教练员利用口令与领做互相配合，引导运动者集中注意，确保运动者准确掌握运动技巧。领做的形式主要有正常动作的背面领做和镜面领做两种，其中，背面领做便于运动者跟随教练员的动作进行模仿，运动者跟做时动作方向与教练员保持一致即可；镜面领做指教练员与运动者面对面，前者以镜像的方式让后者跟做，这种方法有助于教练员时刻观察运动者对动作的掌握情况。两种方法各有优势，都能有效提高运动者的技能水平。

4. 指挥

在进行现代武术健身指导时，教练员主要依靠口令进行指挥。口令可以用来传递动作含义的信息，是教练员与运动者沟通的重要手段。目前有很多种口令可用于现代武术健身实践指挥，每种口令都有特定功能和目的。例如，体操口令常用来组织运动者列队报数，使队伍快速整合起来并保持队伍整齐划一；分解口令常用来将复杂的动作分解成简单动作，便于运动者逐步学习和熟练掌握；队列口令可用来保持队伍的基本纪律，该口令通常用来传递站立、休息、队形变换等信息；提示口令与综合性口令一般包含指挥运动者进行走、跳、跑、旋转等的动作信息。教练员合理运用这些口令能帮助运动者有效掌握各种运动技巧从而实现体能的显著增强。

教练员具备一定的专业知识与良好的语言表达能力是其能正确使用口令的前提。口令是一种具有威严性的指挥性语言，口令的发出必须要做到声音洪亮有力、字音清晰、语调与语气铿锵有力；口令还具有一定的艺术性，口令在发出后应能精确、生动地传达动作要求，使运动者能够在最短的时间内理解并准确执行。在现代武术健身环境中，教练员可能需要同时面对数十名甚至数百名运动者，有效的口令可以确保每位运动者都可以听清指令并按口令执行动作，从而保证健身训练的有效进行。除此之外，口令的节奏感也非常重要。教练员喊出的口令应是鲜明有节奏的，能够向运动者清晰传递执行或过渡到不同动作的信息，培养运动者良好的节奏感。良好的节奏感有助于训练效率的提高，在教练员有节奏感的口令的指挥下，队伍具有更强的整体性和凝聚力。

（二）套路健身指导的步骤

套路训练是现代武术健身指导中的核心环节之一。套路既包含单一动作，也包含动作之间的衔接。在套路训练中，教练员需要按照健身指导要求的特定原则，帮助运动者有效且全面地掌握各项技能。为此，教练员需要时刻关注运动者的练习进度，在运动者有需要时为其详细解释和示范套路中的每个动作及其衔接。

1. 基本功练习

武术套路的练习通常需要初学者具备一定的基本功。扎实的基本功能为运动者快速掌握各种动作技巧、有效提高技能水平提供强大支持。初学者通常可通过训练如增强身体的力量、速度、柔韧性、协调性等练习基本功，扎实的基本功是运动者掌握高质量武术技能的基础。对运动者进行系统的基本功训练，有助于其逐步掌握武术的核心技术，为其后续学习更加复杂的武术套路与动作提供支持。现代武术训练对基本功的科学化和系统化练习非常重视，要求运动者从基础开始，先练好基本功，再逐步提升技能水平。而对于基本功的从零开始，需要教练员根据运动者的实际情况，制定个性化的训练计划和提供专业的健身指导，使用恰当的训练方法，关注训练细节，避免训练方式不当造成运动者的身体伤害。

2. 基本动作学习

现代武术健身训练中的套路动作练习，对技术精度有较高要求，且具有一定的复杂性，学习难度较大。套路动作以单一基本动作为基础构成元素，多个单一动作按照不同秩序组合起来形成不同的套路，因此，掌握这些基础动作是运动者学习套路的前提。在武术健身指导的初期阶段，教练员应将基本动作的习练作为重点。在具体指导实践时，教练员需要对套路进行分解，将其还原为单一动作，以便于运动者逐步学习和掌握。在运动者熟悉甚至基本掌握这些单一动作后，教练员可以根据套路的不同风格与要求，将这些基本动作组合起来形成完整的套路，指导运动者学习和训练。

3. 组合动作学习

教练员可以在运动者对这些基本动作熟悉到一定程度后，指导运动者重新组合这些动作，帮助运动者提高自身技能水平和身体协调性。套路作为多个单一动作的有序综合，对组合动作准确性、流畅性、创新性都有较大考验。教练员可以按照手法、腿法、腰法及跳跃等分类组合动作，为运动者提供有针对性的强化训练，这样有助于运动者在实践中的灵活多变。学习套路时，运动者应保持放松的心态，灵活尝试动作的重组与分解，逐步构建起完整的套路，并在此过程中增进自身对各单一动作的理解和掌握，从而有效提升其现代武术技能水平，达到增强其健身效果的目标。

4. 套路健身指导

打好基本功后，运动者需要进行武术套路的学习和训练。运动者需要明确的一点是，套路动作并非将一系列简单的动作串联起来，套路的学习需要运动者深入了解各武术流派与各类套路的技术特色和差别。教练员在进行套路健身指导时，不仅要保证运动者的动作准确无误，更要关注运动者的动作是否协调和流畅，要确保运动者真正了解和掌握了套路动作。学习现代武术套路需要运动者保证动作执行的精确性与动作衔接的流畅性，这对运动者提升技能水平和身体协调性十分关键。套路练习中的每个动作都不是独立元素，运动者需要在整体流程中找到动作与动作间的内在联系，做好动作的衔接，以符合动作规范，有效提升技能水平。

（三）攻防技术健身指导的步骤

1. 基本动作学习

手法、步法、摔法、拿法是现代武术攻防技术基础动作的核心，将这些元素有效组合，可以形成更加复杂的组合动作和复合动作。要想掌握这些动作，运动者首先需要学习基本动作。在武术攻防技术健身指导中，教练员应引导运动者反复练习基本动作，使其达到熟练掌握的程度，组合这些基本动作，逐步了解和掌握复杂的动作技巧，从而使运动者面对实战情景时，能灵活运用所学技能应对各种情况。

2. 基本素质练习

实战技击类武术强调对抗的实用性，学习这类武术可以使运动者在受到攻击时有效防御并快速反击，在对抗中占据优势地位。需要说明的是，仅凭借高超的武术技巧并不能达到这一效果，良好的身体素质才是运动者在实战中取胜的关键。运动者技术动作的发挥在很大程度上受身体素质的影响，良好的身体素质能为运动者持续、稳定进行高强度动作提供可靠支持。因此，在实战技击类武术健身指导过程中，教练员不仅要关注对运动者运动技能的培养，还要重视对运动者身体素质的培养，增强运动者的力量、耐力、速度、灵敏度、柔韧性等，强大的力量是强力攻击与稳固防守的关键；良好的耐力为运动者在长期对抗中维持稳定的战斗力提供了保障；敏捷的速度对运动者先发制人和在对抗中迅速进行攻防转换具有决定性作用；灵敏度和柔韧性不仅能确保动作的准确执行，还能帮助运动者避免在对抗中受伤。这种全面提升身体各项素质的健身指导能有效增强运动者的目标实现能力、反应能力和适应能力，对运动者在对抗中取得优势有重要意义。

3. 攻防技术组合学习

为了在实战中取得胜利，运动者仅掌握单一技能是不够的，还需要在实战中灵活运用各种技术进行有效攻防。技术组合不是将不同动作简单地拼凑到一起，而要结合对战的实际情况，对组合方式科学选择，从而制敌取胜。教练员在健身指导过程中，应对运动者的身体素质、生理与心理特征进行综合考虑，帮助运动者挑选出既与其能力相符，又能有效提升其战斗能力的运动训练计划。除此之外，教练员在健身指导时还应该重点培养运动者对不同动作的衔接组合和协调能力，保证这些技术组合能被运动者灵活运用到具体实战中，形成连贯的攻防体系。

现代武术实战要求运动者有良好的反应能力和较快的反应速度，能在变幻莫测的战斗环境中迅速找到有效的对敌方法，使用最合适的技术组合进行战斗。攻防技术组合指导训练不仅能有效提高运动者的技能水平，还能提高其战斗思维，增强策略运用能力。在教练员的指导下，运动者通过不断进行日常练习与实战模拟，在对战中具有快速分析形式和灵活调整策略的能力。与此同时，运动者还能找到合适的技术组合控制战斗节奏，从而提高自身的战斗效率和胜算。

4. 模拟实战练习

模拟实战练习是一种能迅速提高运动者技能水平与增强战斗能力的练习形式。在模拟实战练习中，教练员通常会创造与实战相似的对抗环境来帮助运动者实现对运动技术的灵活掌握和应用，这种方法能快速增强运动者的武术实战能力。在练习指导过程中，教练员需要结合运动者的切身情况，对训练内容精心设计，在保证运动者安全的前提下，模拟真实的战斗场景引导运动者练习武术技能。在模拟实战练习过程中，运动者能熟练掌握并灵活应用原本没有完全掌握且不熟练的技术与战术，并形成在对抗中快速反应、捕捉战机、技术运用、战术应变等至关重要的能力。教练员在指导运动者进行模拟实战练习时，应循序渐进地增加练习的难度和复杂度，使运动者能够逐渐适应和增强战斗能力。需要说明的是，教练员模拟的实战情景应以现代武术中可能遇到的各种场景为依托，从而真正增强运动者在实际战斗中的适应能力与灵活应变能力。在模拟实战练习指导时，教练员具体、建设性的指导与反馈对运动者至关重要，教练员不仅要指出运动者在实战模拟中的不足，还要提供改进的建议帮助其进步。

三、中国武术健身指导的方法

（一）语言法

语言法是现代武术健身指导常采用的方法，即教练员通过口头指令和解释向运动者传授动作技巧与知识。在此过程中，教练员应对动作要领详细讲解，确保运动者对动作的正确理解和准确执行。语言法强调动作的标准化，注重动作细节的准确传达，要求教练员与运动者间通过有效的沟通，使后者快速掌握技巧，提高练习效率。

1. 讲解法

讲解法要求教练员在进行练习指导时，必须明确说明练习目的，并根据运动者的具体需求与实际情况选择适当的练习内容。这要求教练员深入了解现代武术的理论和技巧，能够对运动者作出细致的观察与准确的分析判断，以确保讲解内容具有较强针对性和实用性。在指导过程中，教练员必须确保其向运动者讲解内容的正确性。在整个练习过程，运动者需要通过教练员的语言讲解与动作示范来学习现代武术健身的各项知识与技能，教练员使用恰当的表达方式，通过对内容进行准确讲解与示范，确保知识信息的有效传递。教练员可以结合运动者感兴趣的内容进行讲解，提高其学习的积极性，从而实现教学成果的最大化。在讲解时，教练员应结合运动者的学习基础与理解能力选择适当的讲解内容与方式，合理设置讲解的深度和广度。讲解过于深奥，可能使运动者难以理解感到困惑和挫败，从而打击其学习的积极性；而讲解过于浅显，不仅无法满足运动者提高技能水平的需求，还会使运动者逐渐丧失练习的动力。因此，教练员的讲解应考虑到不同运动者的接收水平，做到深入浅出，理论与实践相结合，使不同基础的运动者都能领悟讲解内容。教练员可使用生动形象且简明扼要的讲解方式，将特点鲜明的武术运动技术生动地讲解出来，使运动者更好地理解和掌握。教练员还可以借助日常生活中常见的事物进行类比，帮助运动者更形象地理解抽象的运动技术，从而提高指导效率。

2. 口令和指示

语言是人类重要的沟通方式，口令与指示是教练员向运动者传达动作指挥信息与反馈信息的重要方式，口令和指示的及时性、准确性以及表达力度对运动者对动作的理解和执行有直接影响。因此，教练员必须使用清晰、易于运动者理解的语言，使运动者在接收到口令和指示后，能立即做出正确的反应和动作。教练员应选择简洁明了、易于理解的书面词汇用作口令和指示，避免用语不当而导致不必要的误会。教练员应精心设计每个口令和指示，引导运动者准确、高效地完成每个动作。例如，教练员可以通过"收腹""转体"等具体口令，帮助运动者通过适当调整身体姿势与发力强度而完成动作。

3. 口头评价

口头评价是现代武术健身指导的重要教学方式，正面的口头评价如鼓励、激励等能提高运动者的积极性，增强其学习的自信心。教练员通过口头评价的方式肯定运动者在训练过程中取得的阶段性成果，可以增强运动者的练习动力，使其更愿意投入训练中。对于表现不理想的情况，教练员可以适当批评，但要注意在充分考虑运动者心理承受能力的前提下，注意语气、语调、表达方式等，用没有贬低性质的引导性语言帮助运动者找出并解决问题和纠正动作，督促运动者进步。

4. 默念与自我暗示

默念是一种心理对话过程，该过程不产生物理层面的声音。运动者在进行现代武术健身训练之前，可以通过反复默念动作特点的方式预先认识和准备要练习的动作。训练之前进行适当的默念有助于运动者为随后进行训练活动做好心理准备，有利于其在训练开始后更专注于动作的执行，从而准确、流畅地做出相应动作并减少错误动作，达到事半功倍的效果。自我暗示是运动者在健身训练时，通过内心默念动作指令，对自己进行正面引导和鼓励，从而增强自己的心理韧性与训练动力。在训练时自我暗示能及时、随时调节运动者的心理状态，能增强运动者在面对困难与挑战时的勇气与积极性，促进运动者身体素质全面发展。

（二）直观法

直观法指教练员采用动作示范、模型展示、多媒体演示等方式，帮助运动者直观了解动作技术，使其感觉器官产生直接的感觉反应的一种武术健身指导方法。

1. 动作示范

动作示范是一种直接和有效的健身指导方式，指由教练员或指定的运动者展示具体动作，供其他运动者模仿学习的教学方式。动作示范不仅限于简单动作的展示，还致力于使运动者直观理解并真正掌握运动技巧和练习方法，这种健身指导方式具有简单灵活、真实感强的特点，对运动者提升武术技能水平有很大帮助。

（1）动作示范法要求动作示范具有准确性且能达到一定效果。准确性是动作示范的基本要求，准确且熟练的动作示范有利于运动者做出准确的动作。该方法要求教练员必须按照现代武术健身指导的相关要求进行动作演示，动作技术要做到准确、流畅、标准，同时教练员应观察运动者的模仿，一旦运动者出现错误，教练员需要立即纠正，并通过正误动作对比示范的方式，帮助运动者理解和掌握正确动作技巧。

（2）动作示范法要求有明确的训练目的。教练员在进行动作示范之前，必须确定明确的训练目标，使运动者明确训练的目的和重点，从而提高训练的针对性。与此同时，健身指导应在充分考虑运动者身心发展情况的基础上进行，以确保训练内容在运动者的承受范围内且能满足其运动需求，从而实现运动者的全面发展。

（3）动作示范法要求动作示范与讲解相结合。在健身指导过程中，教练员应充分了解运动者的个体差异，科学制定训练目标，将示范与讲解的方式相结合，为运动者带来全面指导。示范与讲解可以同时进行，也可以先后进行（无论哪个环节先进行），都应以提高运动者对动作技巧的理解和掌握程度为目的。这种灵活的运动教学方法能有效提高教练员健身指导的有效性和适用性。

2. 直观教具与模型演示

教练员运用直观教具与模型动作技巧，可以帮助运动者清晰地了解运动细节并全面掌握运动技术。这种直观的教学方法将运动教学变得具体化，在视觉上带给运动者直观的感受，对运动者快速理解和全面掌握运动技能有很大帮助。不仅如此，直观的教学方式还能在一定程度上提高运动者对武术的兴趣，提高其学习热情，从而提高运动者的学习效率。通过这些直观教具与模型，教练员能够将技术要领精确地传达给运动者，避免运动者因模糊的口头解释做出错误动作，从而提高运动者动作的准确性。

3. 多媒体演示

教练员借助电影、电视录像等多媒体工具，向运动者展示清晰的现代武术技术动作，为运动者的直观观察、模仿学习提供丰富的学习资料。在播放内容的选择上，教练员应结合健身指导目标，结合武术技术动作的教学需求选择恰当的教学材料，并通过视频演示与直接讲解结合的方式，提高运动者练习的积极性，帮助其快速、准确掌握运动技能。

（三）完整法与分解法

1. 完整法

完整法教学适用于动作结构相对简单且对运动者身体协调性不做较高要求的动作，该方法旨在帮助运动者快速掌握基础技能，为运动者后续学习难度更高的运动技能奠定基础。完整法教学能帮助运动者快速理解和掌握动作简单但动作之间联系密切的武术动作。通过完整法教学，运动者可以在保证动作达到标准的基础上，提高动作的连贯性与流畅性。对于学习能力、运动能力较强且有一定武术基础的运动者，完整法教学能有效提升其对复杂武术动作的学习效果，尤其能有效提高其动作的连续性与流畅性，从而提高其运动技术水平，增强其体能与协调能力。完整法教学具有增强运动者快速掌握各种复杂度动作的优势，对提高运动者动作的连贯性与流畅性有不可忽视的作用。需要注意的是，完整法教学在实际应用中存在一定的局限性，如果仅靠该方法进行难度较大的武术动作教学，可能加大运动者的学习难度，从而使其无法快速、准确地掌握该运动技能。因此，教练员应根据运动者的实际情况，对教学方法进行灵活调整，以确保运动者在保持较高学习兴趣的同时有效提高技术水平和健身效果。

2. 分解法

分解法指将复杂的动作分解成简单的基础性动作，供运动者逐步学习，有利于运动者掌握完整的动作技能。在武术健身指导过程中使用分解法可以增强运动者的学习信心，有利于其逐渐掌握技术动作。在健身指导时，教练员应根据训练内容的难度适当分解技术动作，带领运动者进行分段式练习，并引导运动者将更多注意力投入对细节动作的学习上，而运动者通过反复练习各个基础动作，逐渐形成对动作的整体认识，这有利于提高技术动作的准确性和流畅性。

在武术健身指导中，分解法虽然具有一定的优势，但其不利于运动者从整体层面理解技术动作的缺点。通常情况下，被分解的动作需要按照一定秩序重新组合，才能成为连贯的整体，组合不当则会导致动作之间不协调、不连贯，为了避免这一点，教练员需要在进行分解法教学时帮助运动者理解各个动作在整体动作中的顺序、位置及其发挥的作用，以便运动者合理地组合和运用。除此之外，教练员应在不破坏技术动作结构的前提下，引导运动者观察和了解单一动作之间的有机联系，并正确应用分解法和动作组成方法，帮助运动者逐步掌握复杂的武术技术动作。

（四）预防与纠正错误法

在武术健身运动过程中，运动者经常做出各种错误动作，对此，教练员可采取有效手段进行预防和纠正。在运动者没做出错误动作时，教练员应凭借其丰富的指导经验，对运动者在训练过程中可能遇到的常见问题进行观察和分析，并提前干预，避免运动者做出错误动作。在运动者已经做出错误动作时，教练员需要迅速找出运动者出现错误的原因，并使用科学的方法加以指导，从而帮助运动者改正错误，优化动作技巧。

1. 强化概念法

强化概念法指通过教练员对运动概念的讲解，在运动者大脑皮层中建立正确的动作表现，使运动者深刻理解武术动作的核心概念，从而精准掌握运动技术。强化概念法的作用原理是通过人体精确的反馈机制，帮助运动者进一步认识和理解动作细节，从而避免运动者做出错误动作，并帮助运动者有效纠正其不当动作。

2. 转移法

在武术健身运动中，运动者经常会受到一些不可抗拒的外界因素影响，如不良动作习惯与焦躁情绪等。为了有效应对这些影响因素，教练员可以采用转移法，引导运动者将注意力从干扰因素转移到其他内容上，从而帮助其有效掌握正确动作，提高学习效率。合理运用转移法，能减少外界干扰对运动者的负面影响，不仅有助于优化训练环境，还能促进运动者技能水平的快速提升。在健身指导时，教练员应精心设计注意力转移活动，如引用新的练习内容或通过调整训练节奏来提高运动者的学习兴趣，避免运动习惯的固化和错误的产生。

3. 降低难度法

降低难度法即通过简化动作，有效减轻运动者的体力消耗和心理负担，增强运动者练习武术健身运动的信心和积极性。降低难度法要求教练员对运动者的实际能力及其即将面临的挑战做出精准评估，从而有针对性地调整训练难度，确保运动者在安全的环境中有效练习。在健身指导过程中，教练员可使用降低难度法将复杂的动作逐渐转变为简单的动作，帮助运动者快速掌握运动技能，促进其技能水平稳步提高。

第二节　中国武术健身基本功与基本动作

一、中国武术健身基本功

（一）手的基本功

1. 掌

掌部动作要领主要为伸直五指，大拇指压向内侧，如图 4-1 所示。

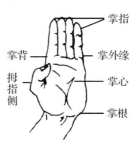

图 4-1　掌示意

手指间的不同造型可以延伸出多种掌型，如八字掌、俯掌、仰掌、直立掌、侧立掌、柳叶掌等，如表4-1所示。

表4-1   不同造型的掌型

掌型类型	动作要领描述
八字掌	手的四指并拢伸直，拇指外展开
俯掌	手的四指并拢伸直，手心向下直掌
仰掌	手的四指并拢伸直，手心向上直掌
直立掌	大拇指向掌心一侧屈扣，其余四指并拢后张
侧立掌	掌立于胸前或腋前为侧掌；掌心向异侧方向，或倒立于两侧腰间，掌心向前
柳叶掌	拇指侧在上、拇指紧扣于虎口，小指一侧在下，小臂与掌在同一直线

2. 拳

拳的动作要领主要为：四指并拢卷握，拇指紧扣在食指第二指节处。从构成上看，拳包括拳面、拳背、拳心、拳眼、拳轮，如图4-2、图4-3所示。根据拳心的朝向，拳有平拳和立拳之分。拳心朝上或朝下即为平拳，拳眼朝上或朝下即为立拳。运动者练拳时，应始终握紧拳头，保持拳面平整，同时手腕保持直立的姿势，以保证挥拳动作的正确性和有效性。

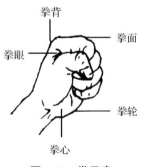

图4-2   拳示意

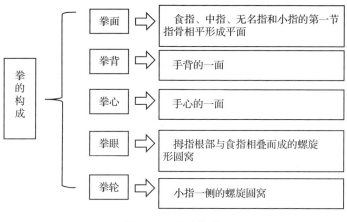

图 4-3　拳的构成

3. 爪

爪的运动技巧为：运动者的五指需要时而分开时而并拢，手指则模仿自然界中飞禽走兽的爪形，由指关节发力向手心方向内扣，弯成爪状。

4. 勾

勾的动作技巧如图 4-4 所示，先将五指撮合在一起，再弯曲腕关节使整个手部弯成勾状，这一动作也叫勾手。根据勾尖的方向可将勾手分为勾尖向上的反勾手和勾尖向下的下勾手两种形式。

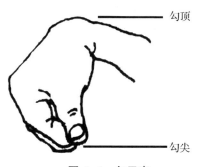

图 4-4　勾示意

（二）脚的基本功

脚部动作的起始姿势为抱拳并步站立。从基本功类型上看，脚部基本功包括马步、弓步、歇步、仆步和虚步五种。

1. 马步

马步要求运动者两脚分开平行站立，双脚间距约脚长的三倍，将身体重心下移，使其均匀分布在两腿之间。在做马步动作时，运动者的脚尖要正对前方，保持屈膝半蹲的姿势，保持全脚着地，同时使大腿的运动方向接近水平，但需要注意膝部不超过脚尖。运动者在练习时可将双手抱拳架在腰间位置，眼睛向前方平视，通过练习逐渐增强腿部力量与稳定性。练习马步是武术入门的必修课之一，该练习能对运动者全身肌肉的耐力与重力进行训练，有助于其内功基础逐渐增强，是能有效避免武术形式空洞和外在华而不实的重要方法，长期练习马步有利于武术运动者在实战中发挥出真正的实力和战斗技巧。

2. 弓步

在练习弓步动作时，运动者需屈膝使前腿前弓，使大腿呈斜向地面或接近水平的姿势，该动作同样要求运动者的膝部不超过脚尖，从而保证动作的安全性和准确性。做弓步动作时，运动者的后腿应自然蹬直，脚跟朝外伸展，脚尖指向前方约45°的方位，使身体保持稳定且灵活的姿态。在练习过程中，为了保持身体平衡，运动者双脚之间的横向间距应保持在10~30厘米，同时遵循"前七后三"的体重分配原则，即前腿承担约全身2/3的体重，后腿承担约全身1/3的体重，这样的体重分配比例有助于运动者做到武术中的"实中有虚，虚中有实"。弓步动作在保证运动者动作稳定性的同时，又能充分发挥运动者身体的灵活性和变通性。弓步主要有正向弓步与斜向弓步两种变化形式，两者分别涉及前上步和侧开步，可以满足运动者使用不同战术的需要。

在实际练习过程中，运动者经常出现前腿弓不足、后腿过度弯曲或不能有效直蹬、两脚间距过宽或过窄等错误动作，这些错误动作都会对弓步的正确姿势和应用效果产生影响。因此，教练员严格的指导和正确的训练方法非常重要，只有按照标准不断调整练习，运动者才能真正掌握弓步的精髓，从而有效提高其武术技能水平。

3. 歇步

歇步以锻炼运动者的下肢力量和提高其下肢灵活性为重点。在练习歇步动作时，运动者需要将两脚交叉靠拢做全蹲动作，下蹲后左脚需全脚着地且脚尖向外伸展，右脚则保持前脚掌着地的姿势，同时将膝部紧贴左腿外侧，为身体提供稳定的支撑。运动者可以将臀部坐靠在右腿近脚跟上，使身体保持平衡。在此过程中，运动者可将双手抱拳置于腰间，目视左前方。歇步分左右两种形式，左脚在前时为左歇步，右脚在前时为右歇步。

4. 仆步

仆步是现代中国武术健身中的基础动作之一，该动作对身体平衡能力与协调性的培养非常重要。仆步的练习要求运动者先将双脚左右分开站立，再弯曲右腿做全蹲动作，保持大小腿紧紧贴近，臀部尽量向小腿靠近，运动者需要注意保持右脚全脚着地，脚尖与膝关节向外伸展。与此同时，运动者的左腿应与地面平行，保持挺直的姿势，左脚尖内扣，保持全脚着地。在此过程中，运动者的双手则应抱拳置于腰间，保持眼睛向左侧平视，从而整个身体平衡协调。仆步按照仆腿的不同分为仆左腿的左仆步与仆右腿的右仆步两种形式。

5. 虚步

虚步的练习需要运动者将双脚前后分开，其中后脚向外伸展45°，屈膝半蹲，为身体提供稳定的支撑；前脚则抬起脚跟，用脚尖轻触地面，并使其稍微内扣，同时脚面要保持平展，轻微弯曲膝部，增强身体的平衡感。练习虚步时，运动者的身体重心主要落在后腿上，需要合理分配机体力量并保持身体稳定。在做好腿部动作后，运动者可以将双手自然叉腰，保持直视前方，其间要保证上半身稳定和保持身体的正面朝向。根据前脚的不同，虚步分为左脚在前的左虚步与右脚在前的右虚步两种形式。

（三）腿的基本功

1. 踢腿

根据不同方向，踢腿动作可以分为正踢腿、后踢腿与侧踢腿三种形式，三者的区别为正踢腿要求腿部向前直踢，后踢腿要求向后踢腿，侧踢腿则要求侧向发力将腿踢出。练习踢腿动作有利于增强运动者腿部肌肉力量与腿部动作的灵活性。

（1）正踢腿。正踢腿是武术健身运动中的基础动作之一，是一种具有针对性的腿部训练动作。练习正踢腿时，运动者应平伸双臂，保持手掌直立，轮流上踢左右腿，并在身体可承受的范围内逐渐增加踢腿幅度，突破幅度极限，以高度达到头顶为最佳状态。正踢腿强调腿部力量和控制力的训练，同时要求腿部与腰部具有高度柔韧性。持续进行正踢腿的动作训练能有效增强运动者腿部的肌肉力量与柔韧性和协调性，对提高其进行劈腿、高压腿、吊腿等动作的训练效果也有很大帮助，该动作的练习能为运动者进行更高级的实战腿法训练奠定坚实基础。

（2）后踢腿。在练习后踢腿时，运动者可以先用双手扶着肋木架，保持并步站立的准备动作。开始时，运动者需要将右腿作为支撑，伸直左腿，绷直脚尖，向后上方踢腿。踢腿时，运动者可先逐步将踢腿高度提高到超过腰部的位置，待身体适应后再尝试用脚掌触碰头部。

（3）侧踢腿。在练习侧踢腿动作时，运动者可先保持丁字步的站立姿势，再用右腿作为支撑，勾起左腿挺膝向侧面踢出，完成后再将腿部下落并复位。

2. 劈腿

劈腿主要包括横叉与竖叉两种形式，每种形式都有其特定的练习重点和动作要领。

（1）横叉。做横叉动作时，运动者需要先左右分开双腿直至身体形成一条直线，其间运动者可通过双手撑地或使用臂侧平举的姿势保持身体稳定。横叉动作可以拉伸腿部的侧面肌肉，增强腿部肌肉的柔韧性。

（2）竖叉。在练习竖叉时，运动者应保持双臂侧平举或双手扶地的姿势，将腿部前后分开，使双腿伸展成一条直线，帮助身体实现极致的伸展。练习竖叉时，运动者应保持左腿的后侧着地，左脚尖勾起，右腿用前侧或内侧接触地面，绷直右脚尖，使动作准确。竖叉动作的练习对运动者身体的平衡能力、柔韧性都提出了一定要求。同时，练习该动作还有助于运动者腿部力量与机体协调性的有效增强。

3. 压腿

压腿是一种常见的腿部训练方式，包括正压腿、侧压腿、后压腿、仆步压腿四种形式。

（1）正压腿。练习时，运动者正面朝向肋木架保持并步站立，随后将左腿抬高至肋木上，勾紧脚尖，用脚跟作支撑。在此过程中，运动者应使用双手扶住膝盖，确保两腿伸直，同时立腰收髋，上体前倾进行压振动作。在压振过程中，运动者应尽量用前额和鼻尖够脚尖，待身体适应后尝试用下颌触碰脚尖，在感受到疼痛时开始耗腿练习。

（2）侧压腿。侧压腿的练习需要运动者侧身朝向肋木架，靠右腿支撑身体，保持脚尖朝外，将左脚跟架在肋木上，勾紧脚尖。至此，运动者再向上举起右臂，将左掌向胸前靠近，上体倾向左侧进行压振动作。

（3）后压腿。做该动作时，运动者需要背对肋木架，将左脚背放在肋木上，绷直脚面，同时双手叉腰，使上体向后弯曲进行压振动作，达到锻炼效果。

（4）仆步压腿。仆步压腿有专门的练习姿势，练习该动作能有效增强腿部肌肉力量和提高腿部关节的灵活度。练习仆步压腿动作时，运动者需要先双脚开立，再弯曲右腿做全蹲动作，同时保持左腿挺直，脚尖内扣。在此过程中，运动者的双脚要做到全掌着地，保持身体稳定，同时双手分别握住各自所在一侧的脚的外侧，辅助身体保持平衡和增强压腿效果。

4. 控腿

在现代中国武术健身运动中，控腿是一项重要的基本功，主要分为前控腿、后控腿、侧控腿三种类型。

（1）前控腿。该动作需要运动者将身体侧向肋木架，用一只手扶住肋木，另一只手则叉腰放置，屈膝左腿并前提，同时将脚尖勾紧或绷直向前上方伸出，停留片刻后还原。重复练习该动作有助于运动者通过特定的身体姿势练习增强下肢的控制能力和力量，提高腿部的稳定性与灵活性。

（2）后控腿。准备做该动作时，运动者需要用右手扶着肋木，将左手叉腰，身体呈侧向并步站立的姿势；练习开始时，运动者先屈膝提起左腿，绷直脚尖，再将左腿伸向后上方，短暂停留后缓缓复原，并反复练习该动作。

（3）侧控腿。练习该动作时，运动者需用右手扶着肋木，将左手叉腰，身体呈侧向并步站立姿势，之后左腿做屈膝并侧提的动作，在脚尖勾紧或绷直的情况下向外侧前上方伸出左腿，暂停片刻后缓缓复原并反复练习该动作。

5. 搬腿

搬腿动作是一种基础健身动作，经常练习有助于运动者增强腿部力量，提高腿部灵活性，增强机体平衡能力。搬腿练习包括正搬腿和侧搬腿两种，可用来锻炼腿部和躯干不同的肌肉群体。

（1）正搬腿。练习时，运动者需要依靠右腿支撑身体，同时屈膝抬起左腿，再用右手托住左脚，用左手抱膝，确保左腿向前上方举起的有效性，尤其注意挺直膝部，勾紧脚尖，保证动作姿势正确。练习该动作时，运动者可以请求同伴协助进行，由同伴托住其脚跟向上抬，使动作能准确、有效地完成。

（2）侧搬腿。练习时，运动者应正确屈膝将右腿提起来，在小腿内侧用右手托住脚跟，随后向右上方搬起右腿，同时上举左臂，保持掌心向外。练习时，运动者可以由同伴帮助托住脚跟完成该动作。

（四）腰的基本功

腰部训练是现代中国武术健身中的一项核心基本功，其主要包括下腰、甩腰、俯腰、涮腰。

1. 下腰

下腰动作要求运动者双脚开立，与肩同宽，双臂伸直上举，同时抬头挺胸，随后向后弯腰屈背，用双手撑地，使身体呈桥状姿势。

2. 甩腰

练习甩腰动作时，运动者需先开步站立，上举双臂，再以腰部和髋关节作为旋转轴心，进行前后屈的动作。练习时，运动者的双臂应配合上体的前后摆动，形成连贯的动作链。适当练习甩腰动作有助于增强运动者腰部的肌肉力量，提高其腰部与髋部的灵活性。

3. 俯腰

（1）前俯腰。该动作的练习需要运动者先并步站立，再将双手手指交叉后伸直手臂向上举，将掌心朝上。在练习过程中，运动者的上体需要向前屈身低头，尽可能用双手的掌心触碰地面，或者用双手分别紧握腿的后跟腱，使运动者的胸部尽可能贴近腿部，从而对背部肌肉和腿部肌肉进行有效拉伸，运动者在持续该动作一段时间后恢复原位即可。

（2）侧俯腰。进行该动作时，运动者需要先并步站立，再交错双手手指，伸直并高举手臂，将掌心朝上，随后向左侧或右侧转动并向下弯曲上体，使两手掌心能触碰到地面。侧俯腰动作对运动者腰部的力量和灵活性有较高要求，经常练习可有效提升运动者机体的协调性与平衡感。完成该动作后，运动者可在确保安全性与流畅性的前提下缓慢复原身体姿势。

4. 涮腰

练习该动作时，运动者应开步站立，上体向前弯曲，双臂自然下垂，随后向左前方伸展。运动者在练习过程中，应将髋关节作为重心，按照前—右—后—左或后—左—前—右的顺序环绕着弯曲身体。经常练习涮腰动作能有效增强运动者腰部与背部肌肉的协调性，提高机体的灵活性和稳定性。

二、中国武术健身基本动作

（一）掌法

1. 亮掌

运动者双脚开立，保持与肩同宽，将双手抱拳置于腰部位置，控制肘部稍微向后，使拳心朝上。在练习该动作时，运动者则需先将右拳伸开为掌，再用右手沿着身体侧面划向右上方，直达头部的右前上方，随后迅速抖动手腕，使掌心朝前、手臂呈弧形。此时，运动者的手部动作应为掌心朝前、虎口朝下，同时视线跟随右手向左侧移动，使全身动作协调一致。

2. 推掌

运动者在做推掌动作时，应先将双脚左右开立，保持与肩同宽，同时将双手抱拳放在腰间，这时运动者的肘尖应指向后方，拳心朝上。随后，运动者使用右手练习推掌动作时，应将手张开，使拳转变为掌，再将前臂内旋，由掌根发力，向前猛力推出。最后，转动腰部的动作和顺应肩部的动作是推掌动作中的重要环节，运动者必须保证伸直的臂部与肩部达到同一高度，同时用左肘向后牵拉，完成整个动作。

3. 挑掌

练习挑掌时，运动者首先做好动作前的准备姿势，即并步站立，将双手抱拳放在腰部位置，保持拳心朝上；其次进行动作转换，即张开右拳，变拳为掌，右手按弧形的运动路线经过腰部向上方平滑摆动，直至手臂方向接近水平时迅速抖动手腕，使掌部上挑，此时掌心朝上，掌外沿向右。至此，运动者的目光应跟随动作转向右侧。

（二）拳法

1. 架拳

练习架拳时，运动者应先做到双脚开立，与肩同宽，双手抱拳置于腰部，保持肘尖朝后，拳心朝上的姿势。然后，运动者的右拳要先向下，再向上运动，通过头部前方，按弧形运动轨迹向右上方划动，最终在右前上方完成架设，此时拳眼应朝下。在此过程中，运动者需保持注视上方。

2. 劈拳

练习劈拳时，运动者应先做到双脚开立，双手抱拳置于腰部，保持掌心朝上的姿势。然后，运动者应伸直手臂，使用右拳沿左侧从上向下快速进行劈击动作，其间，运动者的力量会通过手臂传递到拳轮，该环节需要运动者控制动作的力度，保证动作的精准性。在劈拳的练习过程中，运动者的目光应始终跟随手部移动，尤其关注右拳的运动轨迹。

3. 冲拳

练习冲拳时，运动者应先做到双脚开立，与肩同宽，双手抱拳置于腰部的姿势，此时其肘尖朝后，拳心朝上。然后，运动者需要运用右拳从腰间向前猛力冲出，并转动腰部和肩部顺应该动作，同时将右前臂在肘关节过腰后内旋，保证力量能有效传递到拳面。练习时，运动者要保持手臂伸直与肩部平齐，左肘或右肘则需要根据冲拳的方向向后牵拉，为身体提供稳定的力量支撑。

（三）腿法

1. 单拍腿

练习单拍腿前的准备动作：运动者并步站立，将双手握拳放在腰间。开始练习后，运动者向前迈出左脚，为身体提供稳固的支撑，同时挺直右腿的膝部，绷紧右侧脚面，迅速向前上方踢出右腿。最后，随着腿部动作的进行，运动者需要将右手伸开，变拳为掌，高举右手到头部的右前方，保持掌心朝前，使之与右脚面相对应即可。

2. 弹腿

弹腿动作开始之前，运动者需要先将两腿并立，双手叉腰，再屈膝提起右腿到大腿处，使之与腰部平行，同时绷直脚部。当右腿提膝即将达到水平位置时，运动者需要迅速、猛力地进行挺膝动作，将右腿向前平踢出去，以保证力量从腿部传递到脚尖位置。至此，运动者的右腿处在等于腰部或高于腰部的位置，并保持伸直状态，而其左腿则伸直或者稍微屈膝与之配合，为身体提供支撑。其间，运动者需要始终保持眼睛平视。

3. 里合腿

准备练习里合腿时，运动者需要将右腿作为支撑，保持双腿并立的姿势，同时将双手侧平举。开始练习里合腿动作时，运动者需要先将左脚向右前方迈出上半步，同时勾起左脚脚尖并内扣，然后向左上方踢出左脚。最后，运动的腿部需要伸直并向右侧上方摆动，注意要经过面前位置，完成后使左腿落回到右脚外侧。运动者在练习该动作时需保持目光平视。

4. 外摆腿

以左腿外摆腿动作练习为例，准备练习外摆腿时，运动者应双腿并立，将双手侧平举。练习开始后，运动者需要将右脚向右前方迈出半步，同时勾紧左脚脚尖；然后，运动者需向右侧上方踢出左腿，左腿伸直，在经过面前时向左侧上方摆动，完成后，运动者收回左腿使其落于右腿旁。运动者在练习该动作时需保持目光始终平视前方。

5. 蹬腿

运动者练习蹬腿时，先做双腿并拢站立、双手置于腰间的姿势。该动作的练习类似于弹腿动作，二者的区别在于前者要求运动者向上勾起脚尖，确保力量从脚尖传递到脚跟。

6. 扫腿

运动者在练习扫腿动作时，应保持两腿并立、双臂自然下垂置于体侧的准备姿势。动作开始后，首先，运动者需要用左脚先做开步动作，左腿屈膝使身体呈半蹲姿势，右腿则挺膝伸直，整体做标准的左弓步。其次，运动者需将双掌沿各自所在的腰侧位置向前平直推出，其间保持掌心向上，小指一侧朝前，此时运动者的目光应集中于掌尖。再次，运动者应内扣左脚尖，继续屈膝左腿直至身体进入全蹲状态，此时身体呈右仆步姿势。最后，运动者应右转上体并稍微前俯，此时其双掌应跟随身体右转到右腿内侧能触碰到地面的位置上，同时以左脚前掌为轴心，向右后方旋转上体，并利用旋转时的惯性驱动右脚贴地向后扫过一周，扫腿动作完成。

7. 侧踹腿

在准备进行侧踹腿动作时，运动者应双脚并立，双手叉腰。在开始进行侧踹腿动作时（这里以左踹腿为例），运动者需先左右交叉双腿，将右腿放在前面稍微屈膝。然后，运动者要伸直右腿为身体提供支撑，同时提起左腿并屈膝，左脚向内侧扣紧，做好这一动作后用力向左侧上方踹出左脚跟，高度应与肩部平齐。在练习过程中，运动者的上半身应随着动作向右侧倾斜，目光向左侧看去。

（四）平衡动作

1. 直立平衡

根据不同的运动方向，直立平衡动作可细分为前提膝的平衡练习、侧提膝的平衡练习、侧控腿的平衡练习和朝天蹬四种形式。

（1）前提膝的平衡练习。练习时，运动者需要将右腿作为支撑，为身体的稳定直立提供支持；左膝前屈上抬，达到胸部的高度，小腿斜垂内扣，绷直并向内收敛脚面。该动作要求运动者的身体具有较高的协调性和稳定性，腿部肌肉有力且足够灵活。

（2）侧提膝的平衡练习。练习时，运动者同样需要以右腿为支撑，保持身体稳固直立，要为上半身保持直立或适度侧倾提供支持；运动者的左腿需在体侧屈膝并上抬，高度要超过腰线位置，斜垂并向内侧收敛小腿，同时绷直脚面并轻微勾起脚尖。

（3）侧控腿的平衡练习。练习时，运动者需要以右腿为支撑，保持身体稳固直立；左腿则需要伸直，向体侧方向高举，并通过外展髋关节的动作，将左脚举至高于肩部的位置。在此过程中，运动者应保持伸展脚面或勾起脚尖的姿势。

（4）朝天蹬。以直立右腿蹬出左腿为例，运动者练习时需以右腿为支撑，将重心落在右腿上，保持身体在后续动作中的稳固；运动者的左腿则在体侧位置用手向上托举，同时勾起脚尖，保持脚底朝上，上举的高度应达到甚至超过头部的高度，该动作对运动者的身体平衡性有极高考验。

2. 俯身平衡

俯身平衡的动作练习可分为燕式平衡练习与探海平衡练习两种。

（1）燕式平衡练习。运动者需要将右腿作为支撑，保持身体稳定直立，为上体前俯时姿势略高于水平线提供支撑。与此同时，运动者需要伸直并后举左腿，且使左脚高度高于水平线，并侧向展开双臂，动作完成。

（2）探海平衡练习。运动者需要将右腿作为支撑，保持身体稳固直立的姿势。练习开始后，运动者需向前倾斜上半身，高度略低于水平线，以保证身体的平衡。与此同时，运动者应伸直左腿并向后举起，左脚举到水平线的高度以上，以此形成有效的力量对抗使身体保持平衡。在练习该动作时，运动者的右侧手臂需向前下方伸展，寻找额外的支持点，左侧手臂则与左腿一同向后上方举起。

3. 仰身平衡

练习仰身平衡动作时，运动者可将右腿作为支撑，将右腿伸直或稍微弯曲都可以有效保持身体稳定。练习时，运动者的上体需向后仰，直至接近水平位置，这样能有效增强其机体的平衡能力与核心肌群的稳定性。在此过程中，运动者需伸直左腿，将其举至身体前上方，使之与上体后仰相对应且保持身体平衡，同时向侧平方向展开双臂，动作完成。

4. 屈蹲平衡

（1）扣腿平衡练习（以右腿为例）。运动者需先将右腿屈膝半蹲，以保持身体稳定，再将左腿屈膝并向外伸展，同时将左脚绷直或轻微勾起脚尖，通过踝关节紧扣右腿膝后腘窝处，使身体平衡。

（2）盘腿平衡练习。运动者选择右腿为身体提供支撑、保持身体稳定时，需先将右腿屈膝做半蹲姿势。运动者的左腿则应屈膝并向外伸开，同时伸进并提起小腿，保持脚面平直或轻微勾起脚尖。此时，运动者左腿的踝部应轻柔放置在右腿的大腿上。

（3）前举腿低势平衡练习。练习该动作需要运动者用右腿全蹲的姿势为身体提供支撑。练习时，运动者应伸直左腿并将其举到身体前面，这样可以有效增强下肢的力量和身体的平衡能力。另外，运动者练习时还需要挺起胸部，展开双肩，绷直脚面。

（4）后插腿低势平衡练习。运动者选择右腿为支撑腿时，应控制右腿全蹲，同时挺膝伸直左腿，然后，从右腿的后侧向前侧方平举左腿，注意保持脚尖上勾。

（五）翻滚动作

1. 鲤鱼打挺

鲤鱼打挺动作的练习要求运动者以仰卧姿势作为起始动作，准备时身体要保持伸直姿势。开始运动后，运动者应伸直双腿并向上收拢，使之与头部靠近，同时双手在耳朵旁侧位置屈肘撑地，利用肩胛部位和颈部着地为身体接下来的动作提供力量支持。接下来，运动者应向上后方有力击出双腿，同时依靠双手撑地产生的作用力，驱动身体向上挺起，使双腿沿弧形的摆动路径带动身体完成整个动作。双脚落地站稳后，运动者应立即将腰背挺直，仰头并举起双臂，保持身体稳定并结束动作。

2. 仰摔

准备练习仰摔动作时，运动者应先弯曲双腿做半蹲姿势，将身体向前倾倒，同时双手握拳、双臂置于体前。开始练习时，运动者应向前上方屈膝抬起左腿，同时身体含胸、躬身、收臂。然后，运动者应保持脖颈肌肉收紧，挺直腹部，顶胯夹肘，做肩背部着地的动作。动作完成时，运动者应挺直左腿膝盖，绷直左脚，使左脚、左腿、上半身出于一条直线上，右脚则以前脚掌着地。

3. 旋子

练习该动作时，运动者需先分开双脚与肩同宽，平举右臂，上举左臂。接下来，运动者需后退左脚，使前脚掌轻触地面并稍微屈膝。与此同时，运动者还需弯曲右腿膝盖，向前倾并向右侧转动上半身，此时，其左臂下落到胸前位置，右臂跟随身体摆动到身体右侧。然后，运动者应平俯身体并做向左甩腰的动作，此时双臂跟随身体向左摆动，重心也移向左侧。接下来，运动者向左上方摆旋右脚，同时用左脚蹬地产生向上的跳跃力量，身体随之向左旋转，其间运动者要控制双腿依次经过腰部做摆旋动作。当身体腾空时，运动者应挺胸抬头，保证动作流畅、稳定地进行。最后，运动者需继续向左摆动双臂，控制身体完成360°的平旋动作，随后右脚与左脚依次落地，动作结束。

4. 抢背

该动作的练习需要运动者以并步站立的姿势起始。开始时，运动者应先通过右脚上步并稍微下蹲，使身体向前倾斜。然后，运动者需要抬起左脚跟并向前下方伸出双手，还需要保证动作流畅、协调地进行。接下来，运动者需将右脚作为支撑点向下蹬地，使身体向前跃起，同时将左腿上摆和低垂头部，达成进行团身前滚动作的基础，利用惯性力量，使肩、背、腰、臀依次与地面接触，完成动作。

5. 侧空翻

准备练习侧空翻动作时，运动者需要先调整身体做出左前右后的错步站立的姿势，并向斜上方举起双臂，保持视线向前方平视。动作发起时，运动者需用左脚迈出一大步，使左腿屈膝呈前弓姿势，保持小腿与地面垂直，随后向后轮摆双臂，使其绕到身体前下方，为进行翻转动作提供充足的动力。接下来，运动者需要向前上方摆动双臂，同时右脚用力向后上方摆动，左脚用力蹬地使身体跃起，此时，运动者需要利用动力学原理上摆身体，并控制身体在空中翻转。在翻转时，运动者要保持身体的紧张度，从而控制身体准确、安全地完成目标动作。翻转结束后，运动者需控制双脚依次落地，站稳结束动作。

（六）跳跃动作

1. 腾空飞脚

该动作的练习要求运动者先并步站立，再使用右脚用力蹬地，带动身体向上跃起。身体腾空时，运动者应向前上方摆动踢出左脚，同时上摆双臂使其高过头部，保持身体平衡。然后，运动者应控制右手背与左手掌相互迎击，为上半身的稳定提供进一步的支持。当身体达到运动的高点时，运动者应保持绷直右脚脚面，向前上方摆动踢出右脚，与右手相迎击，标准的动作能给人带来一定的视觉冲击。之后，运动者需将左腿屈膝，将左腿贴近右腿侧，勾起左掌摆动到身体左侧，同时向前微微倾斜上半身，将目光集中到前方。

2. 旋风脚

开始练习时，运动者需将身体调整为高虚步亮掌的站立姿势，随后向左前上方迈出左脚，同时向前推进左掌。接下来，运动者需控制右脚跟随左脚上步，右脚尖向内扣紧，左臂则随着上步动作屈肘收在胸前右侧位置，同时向前摆动右臂。在该动作的练习中，运动者需要控制上体向左转、向前俯。然后，运动者应屈膝右腿，控制右脚用力蹬地，使身体跃起。自跳跃开始后，运动者需立即提起左腿控制其向左上方摆动，利用其产生的惯性控制上体向左上方翻转，双臂下抡摆向左上方。在整个动作过程中，运动者需完成不小于270°的整体身体翻转动作，其间要控制右腿内收，用左手迎击右脚掌，使左腿下垂。

3. 腾空摆莲

在练习该动作时，运动者需要先将身体调整到高虚步挑掌站立的姿势，然后向前迈出左脚，右脚向前迈进一大步，将脚尖外翻，使右腿稍微屈膝，通过右转身体、下降右臂、前摆左臂的动作将身体重心调整到左腿上。接下来，运动者需要用右脚用力蹬地，借助由此产生的强劲推动力量跃起身体，控制左腿向内合做踢摆动作，同时摆动双手到达头部上方击掌，使身体在各处力量的作用下腾空旋转。在跳跃的过程中，运动者应控制右腿上踢外摆，用双手依次对右脚面进行拍打，同时伸直左腿，控制其处于身体侧面。

第三节   中国武术健身组合动作

一、平衡组合

平衡组合动作中以"扣腿平衡—抡臂砸拳—燕式平衡—提膝平衡—

并步抱拳"为例进行分析，在此起始阶段采用并步抱拳作为组合动作的准备姿势，如表 4-2 所示。

表 4-2 平衡组合示例

组合动作名称	动作解析
扣腿平衡	身体向右转，左脚侧跨形成右弓步，左拳变为掌，向前以弧形撩出，掌心朝上。在执行此动作时，应注视左掌，左腿屈膝回收至右腿腘窝处，右拳则从腰间冲向右侧，形成与肩膀平行的立拳，拳眼朝上。同时，左掌需架于头上，掌心向上，目光则投向右方
抡臂砸拳	右转身体，左脚横跨形成右弓步，确保稳定性与力量的合理分配。左手前伸，掌心向内，位于体前下方，而右拳则在左腋下内屈肘收紧，掌心向外，形成对左掌的视觉追随。随后，身体左转动作中，左腿作为支撑点，右腿屈膝提升，左掌向上平举，掌心前向，与右掌变拳向右上方抡摆形成动态平衡，拳心朝左，视线前方。最终右腿勾脚震踏，形成并步半蹲姿势，左掌置于腹前，掌心向上，右拳则以拳背向下砸向左掌，目光投向前下方
燕式平衡	左腿伸直承重，身体前倾，右腿后伸，同时右拳转掌，双臂平展，形成燕式平衡态势
提膝平衡	右脚后落，支撑身体站立，同时左腿屈膝抬高。在此过程中，右掌向下执行一系列弧形抡劈动作至右侧成立掌，而左掌则向左上方架设于头顶。该动作要求视线集中于右前方
并步抱拳	将左脚落步于左侧，右脚随之向左脚内侧移动，直至两脚并立。此过程中，双手位于腰间，拳头相抱，目光前视

二、步法组合

在步法组合中，采用"拗弓步冲拳—弹腿冲拳—马步架打—歇步盖打—提膝仆步穿掌—虚步挑掌—收势"的组合动作为例进行分析。开始阶段以并步抱拳作为准备姿势，如表 4-3 所示。

表 4-3 步法组合示例

组合动作名称	动作解析
拗弓步冲拳	运动者在动作执行中左脚向左迈出，形成弓步姿势。在这一过程中，左手需向左平搂至腰间并抱拳，而右拳则向前冲出，形成平拳状态。动作中，视线应直视前方

续表

组合动作名称	动作解析
弹腿冲拳	运动者需前倾重心，右腿前弹踢。左拳自腰侧向前冲击，形成平拳，而右拳则回收至腰间，保持身体平衡与准备状态，视线直视前方
马步架打	运动者需以右脚落地为起点，身体向左转动，两腿下蹲至马步状态。在此过程中，左手由拳变为掌，上臂屈曲形成架势，而右拳则沿腰侧向右直冲，形成平拳，头部随动右转，目光注视右前方
歇步盖打	运动者需左脚向右脚后方插步，同时右拳转为掌，自头顶向左下方盖下，掌外沿朝前。此时身体须向左转动，左掌回收至腰侧，形成抱拳状，目光随右手移动。在上述动作连贯进行的同时，两腿应屈膝下蹲，进入歇步状态；随后左拳直冲前方，形成平拳，而右掌则转为拳，回收至腰间。此过程中，视线转向左拳
提膝仆步穿掌	运动者两腿起立时身体左转，左右手分别变掌，手心方向相反，通过左手背上穿出的动作配合左腿提膝。左腿提膝时，左手顺势收至右腋下，目光随右手移动，随后左脚落地形成仆步，左手掌沿左腿内侧向前穿出，目光随左掌方向移动
虚步挑掌	运动者通过左腿屈膝前弓与右脚蹬地向前上步相结合，形成右虚步的基础姿势。随后，左手向上、向后划弧转变为正勾手，位置略高于肩。同时，右手的动作——由后向下、向前做右腿外侧向上挑掌，掌心向上，与肩平齐，视线前方聚焦
收势	运动者两脚向中间靠拢，同时采用并步姿势抱拳

三、跳跃组合

针对跳跃组合，采用"高虚步上冲拳—击步挑掌—腾空飞脚—仆步亮掌"为组合动作进行分析。同时在开始阶段以并步抱拳作为准备姿势，如表4-4所示。

表4-4　跳跃组合示例

组合动作名称	动作解析
高虚步上冲拳	运动者需侧跨右脚，左拳转为掌，自下而上向左前方提起，掌心朝右。右拳则向身后摆动，伴随上体向右的旋转动作，左掌随之向右前方作向前的动作，同时，屈肘使之紧贴于右胸前，掌指向上。右臂的微内旋和屈肘动作使得冲拳向左前方发力，此时重心右移，左脚收起至高虚步位置。头部左转，视线投向左前方

续表

组合动作名称	动作解析
击步挑掌	运动者需左脚向左上迈步，同时右手从上向前下方切掌，确保掌指朝前，掌心向左。左手插入右腋下，保持上体侧向前方，目光锐利地注视前方。动作中，左脚蹬地力量发起跳跃，以在空中实现右脚的碰触，伴随双臂在身体前方交叉并前后分摆的动作。右臂应下摆至体后，掌心朝右，而左臂则在右臂内侧紧贴身体向前下方挑掌，保持掌指朝前，掌心向右，左肩顺势前推。最终右脚和左脚依次前落，确保视线平直
腾空飞脚	运动者利用右脚蹬地跳起的同时，左腿向前上摆。动作中，两臂上挑并上摆至头顶，右手背与左掌相迎。空中，右脚向前上弹踢，右掌迎接右脚面，左掌分摆至侧方形成勾手。左腿在接触的瞬间快速屈膝收至胸前，身体前倾，保持视线前方。动作完成后，左右脚依序落地
仆步亮掌	运动者需以右脚为前落步，右臂外旋举起至右前方，同时左掌收紧至左腰间。随着右肩的前顺转动，目光随右手移动。接着，右掌向上动作过程中，左右交替亮掌于头右上方，而左掌则从右臂内侧穿出，经过右胸前向前划弧，最终摆至左腰后侧成勾手状。在执行这一系列动作时，右腿屈膝下蹲，形成左仆步姿态，上身左转以适应动作需要，眼睛转向左前方

四、腿法组合

在腿法组合中，采用"抡臂砸拳—单拍脚—侧踹腿—弹腿推掌—并步抱拳"为组合动作进行分析。在开始阶段以并步抱拳作为准备姿势，如表4-5所示。

表4-5　腿法组合示例

组合动作名称	动作解析
抡臂砸拳	运动者需右转上体，迈右足至右侧形成右弓步。左掌下撩，面向斜上，目光投向右下方，随后右转上体，左腿支撑，右腿前提。左手上抡至身侧平举，掌心朝前，而右掌转拳，向上抡至头顶，拳心向上，视线前方。动作终结于右脚勾足内侧震踏，左掌摆于腹前，掌心向上，右拳砸向左掌心，目光望向前下方

续表

组合动作名称	动作解析
单拍脚	运动者需以右脚步前，右手变掌举于体后，左手伸前，确保掌心朝上，视线向左。随后，左脚步前，右掌下挥后上抬至脸前，击向左掌心，视线转向前方。此时，左腿需稳固支撑，右脚尖绷直，向前上方踢出，右掌向右脚面迎击，左掌转为勾手，保持于体侧，目光望向前方
侧踹腿	运动者需右脚落地，脚尖轻微外撇，身体随即向右转动，形成交叉步态。双掌需内收至胸前交叉，以右掌覆左掌，目光则锁定左前方。支撑腿为右腿，左腿则需屈膝，足部勾起，紧接着向左侧上方迅速踹出。踹腿过程中，双掌分别向左右两侧展开，以增加动作幅度，同时视线随左脚移动
弹腿推掌	运动者需左脚落于右侧形成盖步，保持两掌位置不变，左腿作为支撑，右腿则屈膝提起，向前平踢出，脚须绷直，达到与腰部平齐的高度。同时，左掌需向前推出，形成立掌，掌心朝前；右掌则变为拳头，收抱于腰间，目光应直视前方
并步抱拳	运动者需右脚下落，同时脚尖需内扣。左脚则应向右脚内侧靠拢，以形成并立步态。此时，左手握拳收于腰间，且视线直视前方

精 神 篇

第五章 中国武术的历史使命：弘扬民族精神

第一节 弘扬民族精神的时代背景

每个民族都有其独特的文化，而民族精神是民族文化的核心内容，正是在民族精神的依托下，民族才得以生存和发展。中华民族经历了五千多年的历史发展，形成了深厚的文化底蕴，更凝聚出了以爱国主义为核心的多元化的民族精神，包括勤劳勇敢、团结统一、自强不息、爱好和平等，为中华民族的繁荣发展提供了源源不断的动力和支持。在中国共产党的领导下，这一民族精神在不同历史时期、不同时代和社会发展阶段下不断发展并日趋丰富，现如今，中华民族更彰显了与时俱进、不屈不挠的精神面貌。随着全球化进程的日渐深化，人类文化也变得越来越复杂化和多样化，世界各民族文化之间的相互交流越来越频繁。在这样的时代大背景下，培育和弘扬民族精神不仅是每个民族开展文化建设的重要内容，还是每个国家不可缺少的国民教育环节。教育与文化活动的有机结合，有助于民族精神更加贯彻地融入国民的行为习惯和思想意识中，是确保中华民族在多变的世界环境中保持正确的价值导向与积极的精神状态的重要途径。张岱年指出："民族精神必须具备两个条件：一是有比较广泛的影响，二是能激励人们前进，有促进社会发展的作用。"[①] 这一观点对民族精神在促进社会进步、推动人民前进中发挥的重要作用做出了深刻揭示。民族精神不仅对社会发展有广泛影响和重要的推动作用，还可作为一项衡量民族精神价值与意义的重要标准。黑格尔立足于历史唯心主义的哲学视角，认为民族精神是民族意识形态的核心和基础。在他看来，民族精神不仅为民族的存在与发展提供了重要的精

---

① 张岱年. 文化传统与民族精神［M］. 北京：教育科学出版社，1988.

神支柱，更代表着一个民族的核心生命力。每个民族的政体、立法、风俗、伦理、宗教以及科学、技术和艺术的创新，都是民族精神的外化体现，是民族精神在各个领域中的深刻反映。[①]

美国文化人类学家本尼迪克特在探讨文化个性时，揭示了民族精神的文化模式为"应付事态的方式和某些估量事态的方式""行动和看法背后存在什么样的强制力"，通过对琐碎现象的综合性归纳，强调了民族精神在民族文化研究中的重要性。[②]民族精神作为一个民族文化的核心思想内涵，反映了该民族的价值观念和思想意识形态。从本尼迪克特的视角上看，人们对民族精神的研究不能仅限于对文化内容的简单描述，还应对其蕴含的深层价值和信念体系进行深入的探索及分析。对民族精神进行深入探索有利于揭示不同民族文化之间的本质差异，为人们进一步理解和评价这些差异提供科学的框架。本尼迪克特的这种综合性归纳研究看似不相关的文化细节的方法论，为后续人们研究民族文化与民族精神提供了宝贵参考。

纵观人类文明的演进过程可以发现，民族精神对该民族文化、思想、文学等方面的发展都提供了源源不断的支持。《论语》《孟子》等经典著作历经千年仍传承不朽，正是因为其思想内涵与中华民族的民族精神内核相符。中华哲学独特的魅力在于其深植并践行"天人合一""知行合一"等民族精神。一旦没有这种内涵深厚的民族精神作为支撑，任何思想文化将难以延续。无论是文化与思想的发展，还是文学作品的不断诞生，都离不开民族精神的滋养。中华民族的民族精神，既体现了中华民族对于人与自然和谐共生的追求，又反映了中华民族对道德与实践相结合的坚持。对于中华儿女而言，民族精神既是一种经过岁月淘洗沉淀传承下来的结果，也是其面对未来挑战时不屈不挠、勇往直前的不竭动力。在这种民族精神的深刻影响下，民族文化得以不断传承和创新，不仅人们创作文学作品的热情越来越浓厚，人们的思想也在不断进步，民族精神因此成为人类跨越时空的精神财富。

---

① 黑格尔.历史哲学［M］.上海：上海书店出版社，1999.

② 鲁思・本尼迪克特.菊花与刀［M］.北京：九州出版社，2005.

在当今时代，经济全球化的趋势越来越显著，整个人类社会的发展都受到了全面且深远的影响，尤其对民族文化产生了直接影响。在全球化浪潮中，生产要素、商品的跨国流动、资源的全球优化配置，将世界各个经济体密切联系在一起。这种经济上的互联和融合，一定程度上推动了物质文明发展的同时，也为各民族文化带来了多样的冲击。随着经济全球化的发展，文化全球化成为人类社会发展的必然趋势，其间，强势文化的传播，对世界各民族的本土文化都带来了前所未有的冲击。尤其经济实力较强的国家，其民族文化通常会随着其经济活动的发展迅速传播到世界各地，对其他民族的本土文化产生巨大影响。文化的交流与碰撞既有积极的影响，如促进全球各地文化交流和增进世界各民族之间的相互沟通和理解，又不可避免地对民族文化的独特性与多样性构成了潜在威胁，如加速文化同质化、导致文化失落等。基于这样的时代背景，传承和弘扬民族精神成为世界各国开展文化建设活动的重要任务。对世界各国而言，无论是经济发达的国家，还是发展中国家，文化安全的重要性不言而喻。传承和发展民族文化、人民对民族身份的认同和自豪感、民族精神的传承、弘扬与创新之间学与文化安全都有着密切的联系，维护文化安全现已成为维护国家安全的重要内容。对此，积极应对经济全球化为文化安全带来的挑战，通过政策、教育、法律等手段对民族文化进行保护、传承、创新、弘扬，已成为全球各地、各民族共同面临的重要课题。

中华文明历史悠久，源远流长，中华民族独特的民族精神经其深厚的文化底蕴孕育形成。中华民族的民族精神具有兼容并蓄、包容万象的特点，反映了中华民族在民族交融与面对文化冲击时强大的包容性。经过数千年的历史演变，中华文明以开放的姿态不断包容和吸收着外来文化的精华内容，生生不息，日益强盛，具有强大旺盛的生命力。求新求变是中华民族精神的内核之一，它鼓励中华民族深植于传统文化之沃土，敞开胸怀积极吸纳人类文明的优秀成果。中华民族精神反映了中华民族强大的文化自信，它告诉人们，文化的生命力在于开放、在于创新、在于与时俱进、在于不断吸收外来文化的精华壮大自己。

民族精神是一个民族的根本，是其灵魂所在，它凝聚了该民族的智慧和力量，是民族形象的体现，塑造着民族的未来。中华民族经历漫长的历史发展仍展现出自强不息、顽强拼搏的精神面貌，这与中华民族不断挑战自我、追求卓越密切相关。民族精神的核心在于激发民族成员的责任感和归属感，使之成为发展和维护民族文化、推动民族不断进步的重要驱动力量。中华民族在其发展历程的每个转折点，都深受民族精神的影响和推动。如张骞出使西域、苏武牧羊等事件从深层次上反映了中华民族面对困难坚持自我、忠于民族、不屈不挠的精神面貌。而历史上这些事迹，则成为中华儿女世代相传的精神财富，它激励着每位中华儿女为共同的民族理想和目标而奋斗。保护、培养、传承、发展民族精神，不仅要依靠历史的传承与丰厚积淀，还需要每个人在新的时代环境中不断创新和丰富。随着全球化发展的日渐深入，中华民族迎来了更大的机遇和挑战。对此，中华民族只有保护、传承、创新和不断丰富民族精神，才能使中华民族更加团结，以更强大的自信应对各种外来冲击，推动自身文化在新的时代环境中繁荣发展。中华民族的民族精神，深刻影响着中华民族独立、自强品质的形成，促进了民族凝聚力与向心力的不断增强，为中华民族以强大的文化自信、开放的姿态傲然立于国际舞台上提供了可靠支持。

第二节　中国武术蕴含的民族精神

在现代社会，武术教育不仅向人们传授武术方面的技艺，更注重对运动者民族精神的培养。武术作为一种体育运动与独特的文化现象，承载了深厚的民族传统文化和极高的精神价值。武术教育可以将身体锻炼与民族精神培养结合起来，为社会培养出既具有强健体魄，又具有高尚道德品质的人才。

武术教育对民族精神的培养主要集中于武德教育。武德即武术道德，指武术运动者习练武术必须遵守的行为准则与道德规范，包括尊师重道、谦虚礼让、勇敢坚毅等美好品质。武术道德规范在塑造个人品德上具有积极的作用，而其精神内涵与民族精神相契合。运动者练习武术，不仅可以有效锻炼身体，提高身体素质，在练习过程中遵守并践行了这些道德规范，在武术运动者日复一日对自身行为的规范中逐渐内化成为其行为准则与价值观念。除此之外，开展武术教育对弘扬民族精神也有深远意义。武术的每一招、每一式，都凝聚了中华民族哲学思想、历史文化、审美情趣。例如，太极拳主张的阴阳平衡思想，在武术的招式动作上体现为刚柔并济，这一点也反映了中和的生活态度与哲学观念。通过武术教育，运动者可在体验和学习这些招式动作、领悟其文化精髓的过程中，深刻感受民族文化的独特魅力，从而增强民族自豪感与文化自信。因此，武术教育应作为一项重要的文化教育方式，通过新时代的文化战略和布局，推动体育运动的发展，同时培养运动者良好的道德品质，传承和弘扬优秀的中华民族精神，为和谐社会的构建提供支持。

中国武术至今已传承数千年，是中华民族的瑰宝，其中蕴含了丰富的民族精神和深厚的文化与哲理，中国武术能够经久不衰、不断创新、广泛传播，正是因为其具有强大的生命力。金恩忠在《国术名人录·自序》中的论述，对武术所具有的多维价值与意义做出了深刻揭示。武术不仅集结了多种身体技巧，还能助人修炼心灵、塑造品格、提高道德修养，对人的全面发展、社会交往以及民族精神的培养都具有重要影响。从个人的全面发展上看，武术不仅能增强人的体质，还能磨炼人的心性。学习武术中的技击之道，有助于运动者的身心达到和谐统一，这与中华文化所倡导的内外兼修、天人合一的哲学思想不谋而合。练习武术中的吐纳、功戏五禽等技法，不仅运动者的身体素质能有效提高，还有助于其达到心灵平和的境界和提升其道德修养，实现其全面发展。在社会交往中，武术要求运动者遵循忠勇、重信、尚义的道德理念，强调以礼待人、以德服人的人际交往原则。在以武会友、以武育德的武术传统的影响下，武术运动者往往以较高的道德标准要求自己，在很大程度上促进了社会的和谐和稳定，同时体现了中华民族重德、重义的精神品质。在民族精神的培养方面，中华民族不屈不挠、自强不息的民族精神，也是武术运动对运动者提出的重要要求。武术运动要求运动者面对困难与挑战时不轻言放弃，而是要顽强拼搏，努力进取。历史上曾出现过众多武术大家、武术名人，无论是舍身为国、为民奉献的民族英雄，还是维护国家利益、弘扬国威、发扬国光的先贤，其伟大的民族精神与事迹，都激励着一代又一代人为国家的繁荣昌盛和民族的伟大复兴而努力。

自先秦起直至今日，中华文化中的忠义精神始终是民族价值观念与道德观念的核心。《礼记》中"天下为公"的理念，反映的是一种国家、民族利益高于个人利益的理念和胸怀天下的崇高信念。孔子在《论语》中强调的"孝、敬、忠、信"四德，体现了其对个人品德培养的重视。这些由古人凝聚的智慧后世流传下来，在历史的演进中越来越丰富。宋代，在《岳阳楼记》中，范仲淹的一句"先天下之忧而忧，后天下之乐而乐"使为国为民的忧患意识得到了进一步升华；明末时期顾炎武提出的"国家兴亡，匹夫有责"这一观点则强调国家兴衰与每个人都息息相关；毛泽东挥笔写下的"江山如此多娇，引无数英雄竞折腰"更激励了一代又一代人为国家与民族的生存与建设贡献一切。纵观中华民族的发展历程，如岳飞抗金、文天祥宁死不降、林则徐虎门销烟等英雄事迹数不胜数，其对国家的忠诚与热爱，对敌人的不屈不挠，反映了中华民族自强不息与勇于担当的伟大民族精神。武术作为一种增强身体素质、提升身体技能、提高精神修养、塑造美好道德品质的运动实践，可以培养运动者坚韧不拔、勇往直前、勇敢、忠诚、宽容、自强、和谐等多种美好的精神品质。以武术为载体，将历史上的英雄人物、武术名人的英雄事迹与武术教育相结合，不仅能提高运动者的武术技能水平、增强其身心素质，还能使运动者学习先辈们精忠报国、自强不息的民族精神，形成较强的国家意识、社会责任感与坚韧不拔的意志力，同时促进中华传统文化的传承与弘扬，促进社会的和谐与进步。

一、对兼容精神的追求

中国武术蕴含着深厚的文化底蕴，有其独特的精神追求，具有兼容并蓄的特点。从发展历程上看，武术不只是一种防身自卫的技能，还承担着传承和发展中华文化的重要使命，它与中国的哲学思想、社会伦理、医学知识等多个方面都有密切的联系，它们共同构成了复杂多元的中华文化体系。兼容并包是中国武术独特的文化特点，这一点可以通过武术包含的众多拳种、器械、套路中体现出来，虽然这些不同类型的武术形式各有千秋，但都被武术收纳其中，相互吸收借鉴，这体现在技艺层面的兼收并蓄和文化层面的容纳与融合。中国武术历经千年而不衰，因为其具有强大的生命力与包容性，能不断吸收各流派的优点，将多种文化元素融合起来用以丰富自身、促进自己发展。这种兼容并包的特质，也是中华文化所具有的特征之一，这种特征体现在中华文化中的哲学思想、社会制度、艺术形式等方面，使中国文化在与外来文化的交流和碰撞中，不断吸收优质的异质元素壮大自己，发展自己。

中国武术承载着丰富的哲学思想与深厚的民族文化，兼容并蓄是其独特的文化精神特质。中国武术在漫长的发展历程中，融合了儒、道、佛等多方哲学思想，其内容涉猎广泛，包括但不限于兵法、医学、技艺等，中国武术已形成了一套复杂的体系。从伦理思想上看，儒家"仁义"思想对中国武术有深刻的影响，这一思想强调社会责任，重视人本主义精神的培养。除此之外，道家的自由思想、墨家对武功的崇尚、佛家众生平等与爱人如己的思想等，也都可以通过武术的理论与实践体现出来。而这些哲学思想为中国武术赋予了深厚的文化底蕴与独特的人文关怀，为武术的广泛传播和不断传承提供了强有力的支持。从积极理论与方法上看，中国武术同样博采众长，它不仅借鉴了兵家的策略思想，还吸收了医学方面对人体功能与结构的深刻理解，更吸纳了佛家、道家、杂技等众多领域的技巧方法与思想智慧等。通过跨领域的借鉴和融合，中国武术形成了丰富的技术体系与众多流派，大量技巧经不断发展改革传承至今。与此同时，历代武术家也在技术与理论层面做到了兼容并蓄，武术体系在这些武术家的发展下得以进一步的发展和完善。例如，马凤图融合了医术、武术与书法，提出了"大通备"的武学理念；孙禄堂在形意拳的基础上，对太极拳与八卦掌进行了深入研究，并吸收了其精髓，创造出"孙氏太极拳"；陕西红拳经不断融合发展，吸收了多地的技击特点，形成了独特的技术体系……这些武术的创新和发展，恰恰印证了中国武术在发展历程中是不断吸收、融合和创新的，其包容开放、兼收并蓄的特点，对其长期发展并传承至今至关重要。与此同时，武术的这一特征，反映了中华民族在历史发展中也经历了不断吸收、融合、创新的这一过程，从而形成包容和谐、求实创新的民族精神。

二、对真理和独立人格的追求

陈雁飞指出，深入理解和掌握中华武术需具备持续探索其深层理念的精神和个体的独立性格。历史上，武术不仅是人类总结的战斗技巧，更体现了人类对个人精神独立与真理的追求。在《论语·里仁篇》中，孔子"朝闻道，夕可死矣"的观点就反映了其不懈追求真理并愿意为之付出一切的崇高思想，其中"道"代表着宇宙间不变的真理。历代武术高手的实践也反映了这一点。例如，通过不断实践追求这一真理的明代抗倭英雄戚继光，他融合了各派的武艺精华，不仅通过实战检验所学，还在对敌时充分吸收敌方长处，不断完善自身的武艺体系。《纪效新书》中对戚继光深厚的武术功底与丰富的教练经验进行了系统的总结和记录。江苏昆山的吴修龄同样对武术真理进行了深入的探索。吴修龄细致地研究了古典武艺，尤其在战阵枪法方面下了很大功夫，将个人理解及创新与前人总结的经验相融合，在很大程度上推动了传统武术，尤其是枪法的创新发展。与此同时，吴修龄还向渔洋老人学习了双手剑法，并将之于其掌握的枪法相结合，经其创新发展后著有《手臂录》，为后世武术家学习和研究枪法提供了重要参考。除此之外，还有更多历史人物用一生传承和发扬武术技巧、追求真理，他们展现出的独立人格和崇高精神，也为后世武术运动者提供了学习的榜样。

历史上，无数英雄人物用其行动甚至生命诠释了其对真理的追求，如荆轲的壮烈、谭嗣同的坚定等，他们的事迹、精神成为后人敬仰和学习的典范。荆轲刺秦王的故事反映了他以身许国的勇气和决心，体现了他不畏强权，勇于追求真理的侠士精神。在《贺新郎·别茂嘉十二弟》中，辛弃疾写道："易水萧萧西风冷，满座衣冠似雪。正壮士，悲歌未彻。"这句词赞美了荆轲的英勇，同时对其舍生取义的精神表达了高度赞扬。近代谭嗣同为了推动国家革命和进步，不惜冒着变法失败付出惨痛代价的风险，宣扬其独立和进步的思想，即便亲人朋友不断劝阻，

---

① 陈雁飞.中国学校武术教育［M］.北京：北京出版社，2005.

他仍坚守信念，甘愿牺牲。"各国的变法，没有一滴血不流，就能成功的。今日中国还没有听到有因变法而流血的人，这也许是我们祖国不昌盛的原因。那么，为变法而流血牺牲的事，就从我谭嗣同开始吧！"他的这段话，和他的绝句"我自横刀向天笑，去留肝胆两昆仑"，展现了一种超越生死，追求真理和独立人格的英雄气概。这种不畏生死都要追求真理的思想和精神在太极拳的哲学理念与运动实践中也有所体现。太极拳讲究"舍己从人""随曲就伸"，其动作注重推手中的引导和顺应，不要求与对手进行简单的力量对抗和较量。太极拳关注技巧方面的训练，追求自我与他人、自我与世界万物和谐共处。太极拳所讲究的"和谐"，本质上是一种对自然法则的顺应和对生命真理的探索，坚持练习太极拳，运动者不仅能有效提升身体素质，其独立的人格也能得到不断重塑和升华。

三、对爱国情怀的塑造和阐扬

中华民族经历了漫长的历史发展，积淀了深厚的文化底蕴，爱国主义精神是其中重要的组成部分之一。无论哪个朝代，爱国主义精神都对国家统一、民族团结具有深刻影响，尤其对中华民族抵御外来侵略、推动社会发展进步具有不可或缺的作用。现如今，随着社会主义现代化建设进程的逐步深入，爱国主义精神被赋予了新的时代内涵，在爱国主义精神的影响下，中国人民更加热爱祖国，更积极参与到国家与社会的现代化建设中。在当今的时代背景下，坚持并加强爱国主义教育已成为进一步增进人民爱国情感和提升民族自信心、自尊心、自豪感的重要途径，不仅对增强民族向心力与凝聚力具有重要作用，更能为中华民族有效抵御民族虚无主义侵蚀提供强大保障，是中华民族建设中国特色社会主义现代化国家过程中重要的精神支持。深化爱国主义教育需要深入挖掘、保护和传承中华民族优秀传统文化。而作为中华文化瑰宝之一的中国武术，不仅承载着深厚的民族文化，其还蕴含深厚的民族精神和爱国主义精神，能为开展爱国主义教育提供重要资源。开展武术教育不仅有利于中国武术文化的传承、发展与弘扬，还能增强学习者的民族自豪感与爱国热情，从而增强爱国主义教育的实效。在建设中国特色社会主义的过程中，爱国主义精神不仅能激发全民族团结进步、共同为国家建设和社会发展贡献力量，还在维护国家主权、促进社会和谐稳定等方面具有重要作用，因此，坚持爱国主义教育，培养和增强人们的爱国主义精神，重视爱国主义的弘扬和实践，是新时代中国特色社会主义建设的重要内容。

爱国主义精神是中国武术的精神内核之一，历史上众多武术家都身体力行地证实了这一点，很多武术家将国家与民族的利益放在第一位，在国家安危与民族存亡的关键时刻，毫不犹豫挺身而出，展现了卓越的民族大义与牺牲精神。在习武过程中，武术家追求技艺上的不断突破，身体力行地传承、弘扬武术文化。当国家完整与民族尊严受到侵害时，这些武术家挺身而出，用实际行动保家卫国，捍卫民族尊严。中国武术文化中蕴含的爱国情怀，深植于武术的每一招、每一式，这种精神随着武术的练习和传承与武术一同世代相传。

历史上很多民族英雄的事迹与话语流传千古，如文天祥的"留取丹心照汗青"、戚继光的"封侯非我意，但愿海波平"等，体现了武士对国家的赤诚与热爱，同时激励着人们保家卫国，捍卫民族尊严。自古至今，武术家无一不勇于面对和解决困难，尤其在国家遭遇外敌入侵时，他们纷纷挺身而出，通过自己的实际行动坚决抵抗外来侵略，他们坚韧不拔、不屈不挠、自强不息，用自己的武艺为守护国家安全与民族威严而战，如冯三保父女、霍元甲、秋瑾等。他们甘于为国奉献的精神不仅体现了其个人英雄主义，更体现了中国武术精神中的爱国主义精神。而这些英雄事迹，成为激励后人的宝贵财富。精武会的会歌将武术与民族复兴的伟大愿景密切联系起来，既提出了强身健体的要求，又强调了民族精神的重要性。孙中山将武术精神视作一种尚武精神，也对体育发展与民族复兴之间的密切关联做出了强调。练习武术不仅是为了保持个人身体健康、强健个人体魄，更是为了维护国家的安全和推动民族强盛发展。抗日战争时期，沧州武术家郭长生宁可生活清苦，也不愿将博大精深的中国武术传授给侵略者，其深厚的爱国情怀与行为深得人民敬仰，其事迹在当地广为流传。此外，还有许多武术大家以行动证明和表现了中国武术蕴含的爱国主义精神。数千年来，中国武术在中华民族文化的沃土中深深扎根，激励着每一代武术运动者为国家的繁荣富强而努力。

第三节　中国武术教育价值和历史使命

一、中国武术教育合法性

武术有其深厚的文化底蕴与民族精神，适合引用到校园教育中。民国时期很多武术方面的精英人士曾尝试对武术与体育进行了对比，试图找到武术进入学校教育体系的合理性。然而，武术虽然在体育领域中占据独特地位，但它与传统体育运动项目大不相同，单从身体活动方式上看，体育已形成较为完善的方法体系，能对运动者的身体各部位与功能进行全面开发，现有体育教育已经满足学校的教育需求，虽然武术也能有效锻炼运动者的身体各部位和增强身体各器官的功能，但武术有其自己的身体锻炼方式和教育方式。由此看来，校园体育教育似乎无需添加新的运动形式。尽管如此，武术教育的引入仍有重要意义。

武术与体育在身体活动方式上有很大不同，这种不同是武术独有的文化性与民族性造就的。武术作为一种民族体育项目，有丰富的文化内涵与极高的历史价值，凝聚了民族的智慧与精神。随着全球化进程的日趋深入，传承并弘扬民族文化已然成为增强民族自信心和民族文化认同感的重要方式。武术所具有的深厚的民族文化根基与教育价值，为引入学校教育中提供了理由。学校教育引入武术，不应将其视作体育教育的补充内容或是替代内容，而是应重视其文化教育与民族精神培养的重要作用。武术教育不仅能有效增强学生的身体素质，更重要的是它还能引导学生更深入地认识和更尊重民族传统文化，激发学生对民族文化的兴趣与爱好，能通过身体语言向学生传递中华民族历久弥新的民族精神与文化理念，对学生身心全面发展具有重要意义。

武术作为一种深深扎根于中华民族文化土壤的传统体育形式，有着丰富的文化性和民族性内涵，是中华民族传统文化的重要内容。然而，随着社会的现代化发展，武术的这些特质逐渐被边缘化，武术教育迎来了很多挑战。武术的价值在于其文化性与民族性内涵，同时是武术教育合法性的关键。就此而言，发展武术教育应重视武术的文化教学，充分发挥其民族性优势，通过全面革新教育实践，使学生在学习和练习武术的过程中深刻了解中国传统文化和自强不息的民族精神。武术教育合法性的首要任务是加强对武术文化的研究，对武术的哲学思想、历史渊源、文化价值以及其在民族发展与社会建设中的作用进行深入挖掘，能为开展武术教育提供坚实的理论基础。研究的侧重点应放在武术与中国传统文化的密切关联上，研究者应对武术蕴含的人文精神、道德观念、生活智慧细致探索，了解这些元素在塑造个人和建设社会方面发挥的重要作用。而研究武术文化教育的目的在于找到将武术的文化性与民族性融入教学中的有效方法，从而确保学校开展武术教育既能传授武术技能，又能使学生对中国传统文化形成深刻的理解和认同。教育研究应围绕课程设计、教学方法创新、评估机制构建等方面进行，旨在通过开展武术教育，让学生真正实现全面发展。需要注意的是，加强武术师资与武术文化教育是实现教育革新的关键环节，其中，武术师资的培养，不仅要求武术教师具有专业的知识与技能和掌握科学有效的武术教学训练方法，还要求武术教师具备良好的道德修养、深厚的文化素养和较强的教育能力等，这需要武术教师有较强的武术文化理论基础、武术技巧实践操作能力、教学法的应用研究能力等，从而使武术教师在传授学生武术技能的同时，能有效引导学生感悟武术的文化内涵和培养学生民族精神。

二、中国武术的教育价值

武术之所以能成为学校教育的重要内容，是因为其蕴含丰富的传统文化和民族精神，有独特的教育价值。武术实践不仅能增强学生的身体素质，还能培养学生勇气、毅力、自律、坚韧等美好品质，增强学生对民族文化的认同感和自豪感。武术包含拳术、器械、套路等许多内容，每项内容都有丰富的内涵，需要通过长时间的训练和实践才能掌握，这要求学生具有较强的耐力与意志力，能够长期专注于一件事情。最重要的是，武术所蕴含的民族精神对学生的成长至关重要。历史上有很多德才兼备的武术家，他们不仅技艺高超，更具有良好的道德精神品质和崇高的爱国精神，如忠诚护国的岳飞、不屈不挠的文天祥、抵抗外敌侵略的戚继光等，他们为民族、为国家勇于奋斗、甘于奉献的事迹与精神为学生提供了学习的好榜样。因此，学校开展武术教育，不仅为学生了解和传承中华民族优秀传统文化提供了重要途径，还对培养学生爱国主义精神等民族精神具有重要意义。

近半个世纪以来，中国功夫片一直备受人们喜爱，尤其霍元甲更成为银幕上的"常客"，这与中国武术的独特魅力息息相关。霍元甲作为中国武术领域的杰出代表人物之一，其抵抗外侮、自强不息的精神值得人们赞扬和学习。中国武术的教育价值首先在于其能培养人的爱国主义精神。将中国武术领域优秀人物的爱国故事拍摄成精彩的武术影视作品，不仅有利于武术的传承和发展，更有利于激发国人的民族自豪感与自强不息的精神，培养国人的爱国主义精神。例如，香港电视剧《霍元甲》将《国人当自强》作为其主题曲，这首歌在全国各地广泛流传开来，激励了一代又一代中国人的成长，无数中国人在观看这部电视剧或听完这首歌后，心中激起雄厚的爱国热情，这种影响力是其他教育形式难以相比的。中国武术的教育价值还在于其能通过武术实践，使学生深刻了解中国传统文化和深奥的哲学思想。例如，太极拳中蕴含着阴阳平衡与顺势而为等道家哲学，练习太极拳时人们势必会接触并熟知这些哲学思想。随着武术练习时间越来越长，运动者在锻炼了身体的同时，无形中接触并深刻理解了更多优秀的中国传统文化和哲学思想。在习武过程中，武术招式套路中所体现的中华民族对克制、和谐的价值追求也会对运动者形成深刻的影响，运动者将在理解"止戈为武"的基础上逐渐形成较强的力量控制能力和高尚的道德情操。除此之外，武术讲究的"点到为止""舍己救人"的人文精神，也有助于运动者形成较强的自律感和责任感。需要说明的是，中国武术包含各种拳种、器械和套路，其武术技巧在实战中更是千变万化。练习武术并将其应用于实践中，有助于运动者形成敏捷的反应能力和面对突发状况的应对能力。同时，很多武术形式、招式背后都隐藏着传说和故事，对其进行深入挖掘并将其融入武术教学中，不仅能提高武术的趣味性，激发运动者学习武术的兴趣，还能有效促进历史、文化的传播与传承。

武德培养是武术教育与传承的核心内容之一，强调道德修养与身体锻炼同等重要。开展武德教育旨在培养习武者完善的人格和崇高的道德品质。《史记·太史公自序》对良好德行在武术中的重要性做出了深刻揭示，指出武德对习武者人文精神具有重要的塑造功能。武术教育强调的武德既包括学习并掌握高超的战斗技巧，又指通过武术练习使人形成高尚的道德与完善的人格。武德教育要求运动者将身心修养融为一体，做到一言一行严格遵守道德规范，通过练习武术真正达到内心的平和和自我提升。在《史记》中，司马迁将德与道看得同等重要，认为信、廉、仁、勇等美好品质是优秀习武者必须具备的。在练习武术的过程中，习武者不仅要学习各种武术技能、对敌策略等，更要学习如何成为有道德、有责任感、武德高尚的人。传统武术流派通常对弟子的道德品质有较高要求和严格约束，从这点上能看出武术教育对人格培养的重视。武术对习武者的品德有长期考验，习武者不仅需要传承武术技艺与民族文化，还需要传递武术所具有的各种优秀道德品质和民族精神。诚信、重诺的职业形象也反映了武术文化，要求习武者严格遵循和践行社会道德规范。在中国武术文化中，武德源自传统文化的深层注解，有丰富的内涵，武德对习武者道德品质的严格要求和塑造，实质上是培养和增强习武者对中国传统文化的深刻理解、认同与尊重。积极参与武术的学习与实践，习武者不仅能有效增强体质和提升武术技能水平，其道德与人格也将实现自我完善。

三、武术教育的历史使命

1916 年，武术正式融入学校教育体系，成为学校体育教育中独特的组成部分，甚至被标榜为中国的"民族传统体育项目"。在文化全球化的时代背景下，武术兼具体育运动与文化资源的双重身份，武术教育因此成为增强国人体质、传承中国传统文化与弘扬民族精神的重要途径。将武术作为一项独特的民族传统体育项目与教育资源引入学校教育中，有助于学生通过武术的学习和实践深刻感受民族文化的深厚底蕴与价值魅力，并以此为桥梁加深学生对民族文化的认同感与自豪感。在这一过程中，武术教育被赋予了传承中国传统文化与弘扬民族精神的重要使命。由此，武术教育不仅关注学生学习武术技巧与体魄锻炼的程度，还注重培养学生的文化自信与民族自豪感，使其在全球化的大背景下，面对多元文化的碰撞，仍能坚守本心，将中华传统文化与民族精神更好地传承和发展下去。

经济全球化与文化全球化的国际发展趋势对世界各国、各民族的文化安全都带来了前所未有的挑战，要想在文化多元化的冲击下保持本民族文化不被侵蚀和得到进一步发展，充分发挥中国传统文化的价值与提高国人对中华文化与民族精神的自信心、自豪感和认同感至关重要。武术作为中华传统文化与民族精神的重要载体，具有极高的文化价值，更被当前时代赋予了传承和弘扬中华传统文化与民族精神的重要使命。这要求学校武术教育者与广大武术从业者站在武术教育的角度，深入挖掘并全民开发武术教育的内涵与价值，不断赋予武术新的文化内涵，将武术教育与时代发展的需求相适应，使之成为传承中华文化和弘扬民族精神的重要渠道。目前，学校开展武术教育急需提高师生对武术教学的热情，进一步提高全体师生对武术教育价值与文化意义的重视程度，以避免其偏向于竞技化发展。与跆拳道等外来武术相比，中国武术不仅是技艺的传承，更是民族文化与精神的传承，为了在外来文化冲击下提高国人的文化自信，保护和传承民族精神，学校武术教育的改革势在必行。学校应将武术教育方式、内容与专业竞技武术区别开来，重视武术技法的教学、武术文化内涵的培养、武德的塑造等，通过开展趣味性武术教学活动，使在校师生广泛参与和认可武术教学，从而有效传递中华民族的文化精神与价值观念，增强学生对民族文化与精神的认同感和自信心。

文化的多样性与独特性是其面对外来多元文化、强势文化时避免文化同质化的重要属性，坚守、传承和创新发展民族文化是保障民族文化安全的重要方式。在全球化背景下推广和发展武术教育，能展示出中华文化的独特魅力，有助于增强民族文化的凝聚力和向心力，提高国人对本民族文化的自信心与自豪感，使中华民族的历史与文化得到有效传承、民族精神得以传承和弘扬，从而实现对民族文化的有效保护。

第六章　中国武术精神与人格塑造

第一节　尚武精神

中国经历数千年的文明发展和演化，形成了一片深厚的文化沃土，而尚武精神是其中一颗璀璨的果实。尚武精神是一种深层次的社会风尚，主要表现为对武术和军事的重视，是一个民族意志与力量的体现。经过长期的武术实践，尚武精神融入社会发展的多个方面，为社会进步提供了重要推动力量。尚武精神的核心并非简单的武力展示，而在于通过练习武术形成高尚的道德品质与坚韧不拔的意志。武术训练强调内外兼修，既要锻炼身体，也要修习心性和提升道德品质。尚武精神因此不仅推崇武力，更强调以德制武，明确练习武术旨在保护和自卫，而非为了侵犯和攻击。积极学习武术，有助于个人进一步理解尚武精神，从而塑造良好的精神品质。

先秦时期，各个社会阶层都提倡尚武精神，无论帝王还是百姓，普遍崇尚武术。古代武舞就产生于这样的社会背景中，是尚武文化的一种体现。早在舜统治时期，人们通过干戚舞展示武力和开展类似军事操练的活动。《礼记·乐记》在描述干戚舞时就突出了其军事色彩，并指出尚武精神不仅是一种文化表现，更反映了国家对提高军事实力的重视。自西周时起，武舞种类得到了很大的丰富，如万舞、象舞、大武舞等的存在都是尚武文化的体现。《诗经·小雅·钟鼓》有对周乐尚武的文化特色的相关记载，《庄子·说剑》中不但记载了赵文王对剑的喜爱，还记载了剑士们激烈的比武场景，从个人层面展示了尚武之风的流行。春秋战国时期，各诸侯国之间争城夺地，连年征战映射了尚武之风盛行的社会背景。古代著名刺客如专诸、要离、豫让、聂政、荆轲等，虽常行刺杀名人之事，却展现了较强的勇气和侠义精神，这些尚武精神体现在《刺客列传》等著作中，成为流传千年的佳话。尚武精神的流行反映了人们对武术与武力的崇尚和对正义、勇气、侠义精神的追求。尚武精神盛行于先秦时期的中国社会，对个人品格塑造和社会风气的形成都有极为深远的影响。尚武精神不仅是一种文化现象，还促进了社会正义与道德的建设，反映了一种深刻的社会价值观，对后世文化发展与精神、人格的塑造都有深刻影响。

儒家思想中的尚武不是使用武力应对一切事物，而要求在理性、道德的指导下恰当运用力量。《论语·述而》中，孔子的"子不语怪、力、乱、神"即不谈论怪异、暴力、变乱、鬼神，体现其不提倡无目的暴力行为和非理性行为，从这点上看，以孔子为代表人物的儒家思想对尚武精神的定位是审慎且克制的。儒家尚武精神的特质可通过孔子对"强"的理解进一步体现出来。在儒家文化中，真正意义上的"强"指的是内在对道德的坚持和应用智慧解决问题的观念，而非单纯的外在力量。"宽柔以教，不报无道"[1]指出以德服人、以柔克刚的做法就是一种强大的表现。"衽金革，死而不厌"[2]指不畏艰难困苦、坚韧不拔、勇于牺牲也是强大的一种表现。这两种"强"结合起来就是儒家文化中所说的尚武精神。勇与仁的关系是儒家尚武精神的又一核心内容。孔子指出，"仁者必有勇，勇者不必有仁"[3]，认为仁是勇的基础，有勇无仁则与正道相偏离。儒家尚武精神强调武不仅是一种物质力量，更是一种强大的道德力量，习武之人应通过智慧与内在道德修养来控制和规范自己的行为，使武术和力量成为维护正义、促进社会和谐的工具。儒家思想对尚武精神与"强"的解读，对中国武术在后世的传承和发展、习武者的思想行为产生了深远的影响。

道家精神中蕴含深奥的哲学思想，这些哲学思想可通过道家文化对武术精神的理解和人格塑造的要求上体现出来。老子强调知雄守雌、内刚外柔，要求习武者不仅要保持外在的勇武，更要形成坚韧不拔的精神品质。《老子》的第二十八章中有这样一句话："知其雄，守其雌，为天

---

① 孔子.四书五经［M］.延吉：延边大学出版社，2017.

② 孔子.论语·大学·中庸［M］.俞日霞，译注.南昌：二十一世纪出版社，2014.

③ 孔子.论语［M］.景菲，编译.西安：三秦出版社，2018.

下溪。"这句话认为既有雄壮的力量，又能做到以柔克刚的状态是一种理想的生存状态，强调用智慧、和谐的方式运用力量。在《老子》第三十一章中要求习武者在使用武力时应保持谨慎的态度："兵者，不祥之器，非君子之器，不得已而用之，恬淡为上。胜而不美，而美之者，是乐杀人。"这句话反映了老子对军事行为和武力的深刻反思，同时证实道家所倡导的尚武精神是在不得已而用之时，仍能保持内心的平和与克制，而非简单的武力展示。这一思想在老子关于"柔"与"弱"的论述中得到了进一步证实。在《老子》的第四十三章和第七十八章中的"天下之至柔，驰骋天下之至坚""天下莫柔弱于水，而攻坚强者莫之能胜"。老子将水的柔弱与其可穿石的力量做了比喻，揭示了隐藏在水的柔弱外表下的坚韧与智慧，并借以表达了道家外柔内刚、以柔克刚的运用力量的高度智慧。在《庄子》之《说剑篇》中，庄子自诩"周善为剑"，而庄子剑法的精湛之处主要在于其不仅有高超的剑术技艺，还在于其能把握并灵活运用剑术的深层哲理。"示之以虚，开之以利，后之以发，先之以至"既展现了剑术技巧的高超，又反映了当时社会对武术以及个人修养的重视。在中国古代社会，尚武精神不仅体现在军事、武术层面，更与哲学思想、文化艺术等领域密切相关。通过先秦思想家的"武士"身份可以看出，他们既重视在精神层面进行深入的哲学探索，又注重在身体层面修炼武艺。而这种内外兼修的特点在历史发展中传承至今，成为中国武术文化的核心特质，对后世对武术的理解和实践、习武者的身心全面发展产生了深刻的影响。

从春秋战国时期到汉代，尤其是东汉时期，尚武精神随着武术的发展依然对社会有深刻影响。剑舞、斧舞、钺舞等集武术攻防套路和舞蹈表演元素于一体、兼具技击性与规范性的武舞的形成，标志着武术不仅是人们强身健体的重要方式，更是人们修炼精神品质与提升武术技巧的重要渠道。武舞常作为舞蹈形式的技击实战演练，如"鸿门宴之项庄舞剑"是其中的典型示例。三国时期，武舞不再只用于娱乐，更成为了一种搏杀手段广泛应用于实战中，由此可以看出社会对武术的功能需求已经发生了变化。进入汉代，精英阶层普遍立志建功立业、从军报国，统治者同样重视武术，并将武术作为抗击外敌、保卫国家的重要手段，如汉武帝刘彻全面反击匈奴，卫青、霍去病重创匈奴，班超"弃笔从戎"等事迹都反映了在当时社会，人们高度认同武术和追求武术精神。

唐朝继承并发扬了汉代的尚武之风。唐朝统治者通过武力平定四方，为边境的稳定提供了强有力的保障。唐朝对武德的崇尚，对国家的稳定发展和领土扩张都具有重要意义，而这种武德风尚也激发了后世对勇武精神的追求。然而，唐朝对尚武精神的重视，与敌方豪强、藩镇势力的兴起密切相关，甚至对唐朝中央政权的稳固产生了威胁，从而导致国家内部结构的空心化。从长远视角上看，唐朝过度崇拜尚武精神导致的内部力量过度膨胀，破坏了国家的长久统一与稳定，成为导致唐朝最终走向衰亡的内因之一。

到了宋朝，尚武精神经历了深刻的变革，导致这种变革的原因在于赵匡胤陈桥兵变之后对军权的敏感和控制。"杯酒释兵权"事件发生后，宋代皇帝削弱了将军的兵权，借此严格控制军权，这一举措推动了社会重文轻武风气的形成。在这样的社会背景下，武官与同等级别的文官相比，无论是社会地位还是待遇都相对更低。宋代政策制度的变化在很大程度上取决于宋代统治者对唐末藩镇割据和五代十国时期军阀混战历史的深刻反思以及对潜在军事政变的防范。而这种过度的防范可通过宋朝皇帝对将军的猜忌与限制和实施强化中央禁军、削弱地方守将等措施体现出来，宋朝也因此形成了防内优于防外的国防格局。这一格局的形成虽然在一定程度上满足了宋朝统治者稳固中央政权的愿望，但边防守将的权力以及军队的作战能力都被极大削弱。就这一情况而言，宋朝与唐朝边防守将权力大、军队战斗能力强的情况形成了鲜明对比。从更深层次上分析可以发现，唐宋两朝在军事战略方面存在的这种差异反映的是宋朝统治者对军权控制的极端敏感和对尚武精神的压制。宋朝名将如岳飞、杨家将等虽然展现出国人的军事才能和勇武气质，但也正是其在军事方面的突出表现使其成为宋朝统治者的猜忌对象，并因此受到了极大的不公对待，从而对宋朝军队整体战斗力形成了深刻影响，更是造成了宋朝面对契丹、党项、女真、蒙古等外族入侵后连续战败的恶果。连续战败的结果使宋朝国威大损、士气大减、民心不稳，加速了南宋的灭亡。

元朝时期，蒙古统治者为了巩固统治地位，通过政策手段对汉族人民习练武术实施了严格的控制。以保甲制度为例，该制度要有由蒙古人担任保长一职，对汉族家庭严格监控，限制汉族人民使用武器，甚至对如菜刀等日常用品的控制也非常严格，由此可以看出统治者对汉族尚武精神的压制。

明朝统治者掌权后，虽然充分借鉴和采纳了前朝的文化和制度，但并没有大力发展军事力量。虽然明朝在抗倭战争与援助朝鲜的战争中取得了辉煌的成绩，但其军事力量与汉唐时期相比并不突出，也没有很多令人称道的外战成就。明朝皇帝过于重视对皇权的巩固和臣下的效忠，受此影响，将军在作战时很难发挥主动性，甚至其带兵、练兵、作战都要在皇帝派来的太监监军的制约下进行，军队的战斗力因此难以有效增强。不仅如此，因恐惧于尚武精神对百姓的影响，担心尚武之风的流行导致被统治者的反抗和起义，明朝统治者对民间武术的练习和传播实施了严格的限制和控制。

清朝统治者因忌惮汉族力量，而对汉族习练武术实施了严格的限制，试图削弱汉族的尚武精神。到了清末民初，武术的发展出现了重大变革，社会对武术的接受程度日益提高，武术因此再次广泛传播开来。在政治、军事、教育领域社会精英的介入下，武术开始进入军队、运动会、学校等公共领域，与国家和民族的命运前程密切相连。1928年，中央国术馆的建立，标志着官方和社会认可了武术作为一种民族精神象征与文化遗产的重要地位。随后，武术方面涌现出一系列与民族精神、尚武精神相关的论述，如王思敬的《提倡国术的意义》、陈铁生的《大精武主义》、万籁生的《武术建国与精武主义》、黄梦的《关岳精神与国术》等，这些著作无一不对武术在振兴民族精神、提升国民体质、增强国民文化自信中起到的重要作用做出了强调。这些论述的问世促进了武术的传承与弘扬，推动了武术在当时社会的实践和推广，学者希望通过武术来激发民族自信和自强不息，激励人们积极参与民族复兴的伟大事业中。学者这种以武术承载振兴民族精神与增强民族文化自信的重要使命的观点，在当时深受社会认同。甚至到了今天，"弘扬武术、振兴中华"的呼声仍持高不下，武术以其增强体质、修行心灵、重塑精神、道德培育、约束行为、传承民族文化、增强民族自信与自豪、促进社会和谐建设等优势，成为我国传承中国优秀文化、建设社会主义现代化国家的重要途径。

第二节　藏拙精神

在中国武术文化中，藏拙精神蕴含两重含义：一是隐藏自身的不足，避免将弱点暴露给对手，是一种智慧与策略的体现；二是故意不展示真实实力，也不突出表现外表，是一种谦逊、深藏不露的人格特质。在武术中，藏拙不仅是隐匿武术技巧与战斗能力，还是一种具有智慧的哲学和文化，藏拙要求习武者在战斗时保持冷静，能理性地审时度势。藏拙是习武者的一种自我约束，具有藏拙精神的习武者通常不轻易将技艺展露给人，更不将武术作为炫耀的资本，体现了习武者对武术深层文化价值的继承和尊重。与此同时，不轻易展露绝技，也是习武者尊重对手和避免自己的技艺被他人模仿领悟的一种表现，从这一点上看，藏拙是各武术流派保持独特性与神秘感的重要原因。在习武者看来，藏拙不仅是对力量和知识负责，还是武术智慧与克制的一种体现。

藏拙精神发源于道家的哲学思想。以老子的《道德经》为代表的道家文化强调自然而为、顺应自然的生活态度与处世哲学。老子提出的"知其雄，守其雌""知其白，守其黑""知其荣，守其辱"，是其对生活的哲学思考，反映了其在生活实践中总结的智慧。老子的道家思想强调在强力与弱势、光明与黑暗、羞辱与荣耀之间寻求平衡，保持内心坚韧平和，这一思想体现的是生命的智慧。藏拙精神在中国武术实践中有了更丰富的内涵。在练习武术、提升身体技能、修心养性、锤炼人格的过程中，运动者通过长期的训练，能逐渐在外在的强大与内在的谦逊间找到平衡，从而既能在日常生活中保持低调的态度，又能在适当的时机用其超凡的武术技艺做有意义的事情，是道家"知雄守雌"的一种体现。在更深层次上，藏拙精神反映了习武者对力量的理性掌控与合理运用。在武术中，"拙"代表故意隐藏自己技艺的谦逊态度，而非技艺不精，它反映的是习武者要约束和控制自己的能力，并通过不断地修炼与内省，能控制自己只在必要时刻合理运用能力，平时则要保持平和、低调、谦逊，不能仗着一身高超的武艺和强人一筹的力量欺辱他人，这要求习武者有良好的修养和达到较高的精神境界。藏拙精神提倡以和为贵、尊重自然、和谐的生活态度，这也是其价值所在。藏拙精神在武术实践中对习武者的行为有重要的指导意义，对个人形成宽广胸怀、坚韧性格、高尚道德情操和提升生活品质，乃至社会和谐进步都具有重要价值。

道家哲学思想中的藏拙精神要求坚韧与柔韧并存，认同"知雄守雌"的观念。从习武者的角度上看，道家的藏拙精神要求习武者在具备了较高武术技术水平的同时，还要形成较高的个人修养。老子研究滴水穿石总结得来的智慧，在武术对抗中体现为以柔克刚，要求习武者在面对强大的对手时，应保持谦逊和谨慎的态度，不轻易将自身实力暴露出来。武术中的藏拙精神，旨在结合内在修养与外在技巧，达到内外兼备的战斗准备状态，即在深刻理解武术技巧和有较高内在修为的基础上，做到不动声色、伺机而动，以不变应万变。

藏拙精神对中国武术的影响十分深刻，它有独特的文化魅力，对人格塑造意义深远。道家哲学思想讲究无为而治，倡导顺应自然规律，要求以静制动、以柔克刚。道家哲学思想所蕴含的处事态度，被视为重要原则。武术练习不仅注重提升运动者的身体素质，还注重磨炼运动者的心性，很多人在练习武术后懂得并做到了藏拙。在武术实践中，藏拙表现为深层掌握并能熟练运用武术技巧但不会轻易将实力展露在他人眼前，懂得藏拙的运动者往往在生活中保持谦逊的态度。人的行为动作常常蕴含着深意，即便是简单的行走也如此，每一步的稳定迈出，都要求人对力量、平衡、节奏做到深层次理解和掌握。同样，武术中的每个招式动作，虽然看似简单，但却是经过前人无数次的尝试、失败、重复修正得来的。因此，在藏拙精神的引导下，武术练习通常要求运动者对细节精雕细琢，从而达到武术技艺与心性品格的双重升华。武术中的每个动作都是整体运动的一部分，相互之间看似独立但实际密切相关，从这种整体与局部的相互作用中对其原理进行探索，有助于运动者通过练习看似简单的动作而体会到武术的深厚内涵。例如，太极拳预备式的动作看似简单，却蕴含着深奥复杂的哲学思想，对人的身体机制有透彻的了解。在身体形态方面，预备式要求运动者练习时保持身体各部位协调平衡，做到静中求动。动作开始时，运动者需要从标准立正姿势过渡到含胸拔背的姿势，调整动作时，运动者不仅要调整全身的形态，还要在内在气息与精神状态上做好准备。在练习太极拳时，运动者应时刻关注重心的转移和脚步的移动。运动者可通过旋转脚跟、屈身膝盖并控制身体重心左右移动，实现太极拳预备式的形意统一、内外和谐。太极拳预备式的动作看起来平和简单，但却蕴含了深奥的力学原理，对身体协调性有很高要求，其每个动作都蕴含和体现了以柔克刚、动中求静的太极哲学。对太极拳预备式的应用进一步分析可以发现，该运动有高明的战术布局。当受到外力攻击时，太极拳手通常会通过收胯、含胸、转身等一系列动作将对方的力量有效卸除，甚至能巧妙利用对方的力量进行反击，这种看似波澜不惊的防御和反击，是藏拙精神的一种实际体现。

藏拙精神是中国传统文化中的组成部分，它在武术练习与人格塑造的各个方面都能体现出来。武术领域中的藏拙精神主要体现为一种个人修养，是传承和发展需要遵循的重要原则。藏拙精神有两大核心要素，分别是宽容和谦逊，两大要素共同构成了习武者应有的世界观与道德风范。宽容指对他人的理解和包容，要求习武者有开放的心态。在习武过程中，习武者通过不断学习和吸收各武术流派的动作技巧、套路技能等，逐步对武术的博大精深与深厚内涵有了深入的了解，从而对武术文化更加认同和尊重。武术之所以能从中国传统文化中广泛吸纳精华壮大自身，正是受这种宽容精神的影响，从而实现了技艺的兼容并蓄，在发展中不断提升进步。谦逊是为人处事的基本态度，要求习武者不自傲于自己的才能与功夫，而要保持低调、平和。在武术领域，过分崭露锋芒往往会招惹是非，引人非议，而谦逊这一美德能够成为习武者保护自身不受外界干扰的屏障。正如《吕氏春秋》所记载的，孔子虽然有很多过人之处，但却从不自夸自满，这反映的就是儒家文化中的谦逊与藏拙精神。藏拙精神不仅表现为习武者宽容、谦逊的外在表现，还要求习武者在习练和传承武术的过程中严于律己。王征南的"有五不传"强调不向心术不正、好斗、轻浮的人传授武术，他在筛选传授对象时，尤其排斥"轻露者"，可见其在传承武术时对藏拙精神的重视。在武术传承中遵循藏拙精神对传授对象严格筛选的做法，是保证武术精神正确传播、武术技艺纯正和高质的重要方法。

　　在武术中，藏拙就是隐藏自己的真正实力，以此保护自身，对自己的行为严格要求，只在正确的时机运用力量和武术技巧，才能不动声色地取得胜利。正如《菜根谭》中的："藏巧于拙，用晦而明，寓清于浊，以屈为伸。"习武者应持有积极开放、包容谦逊的心态和行为准则，在习武过程中，不仅关注力量与技巧的表现，而着重于内在修为与智慧的修炼和提升，才能真正领悟武术的真谛，成为拥有武术文化与智慧的人。

第三节　博爱精神

　　博爱精神是中华文化的宝贵财富之一，对人格塑造至关重要。在西汉刘向的《说苑》中有这样的记载：师旷言"人君之道，清净无为，务在博爱，趋在任贤，广开耳目，以察万方，不固溺于流欲，不拘系于左右，廓然远见，踔然独立，屡省考绩，以临臣下"。这句话强调君王应具有博爱精神，应遵循道家治理天下的哲学思想，追求清静无为。清静无为是道家哲学思想的精髓，要求人顺应自然之道，保持心性的恬静与纯正，做到返璞归真。清静无为倡导人顺应天时地利，人和为贵的生活态度，并不鼓励人消极避世。从这点上看，道家的哲学思想与博爱精神相得益彰，都要求个体在社会用保持和谐、宽容的生活态度。三国时期，曹植在《当欲游南山行》中提出："长者能博爱，天下寄其身。"这句话表明拥有博爱精神的人，往往可以凭借道德赋予其的强大精神力量，在天地之间肆意畅游。博爱指广泛关爱他人，是一种超越自我的高尚情操，是塑造完善人格与构建和谐社会的重要条件。人们通过推崇和践行博爱精神，能对更多的人产生积极、正面的影响，培养出更多具有宽广胸襟与高尚品德的人，这有利于增进人与人之间的理解和尊重，从而促进社会的和谐和进步。

　　在《原道》中，唐代的韩愈曾提出"博爱之谓仁"的观点，他将博爱看作仁的延伸，从新的视角解释了儒家"仁"的核心思想。在《乞出表》之二中，宋代欧阳修也提到了博爱精神，他认为真诚（甚至是愚诚）且博爱的人，往往能达到与天地同高的精神境界，他认为博爱是一种"大仁"的体现，他的观点反映了博爱在儒家"仁"的范畴内占据着重要地位。战国时期，墨家学派提出的"兼爱"观念，主张爱不应该有差别等级之分，这一观点为博爱精神找到了更早的文化根源。兼爱观念的提出，反映了中国古代思想家对人与人之间关系的深刻思考与对和谐社会的追求。中国武术精神的形成与发展，很大程度上受到了儒、道、墨三家思想的综合影响，武术精神的独特内涵更由儒家的仁爱思想、道家自然和谐的观念、墨家的兼爱理念共同孕育形成。博爱精神在武术中不仅体现为人格关怀、技击之术毫无保留的传授与应用，更体现为武术对个体品德修养与社会责任感的高要求。博爱精神与尚武、嫉恶、舍身等武术精神间的内在联系反映了中国武术不仅注重身体技能的练习和实践，更体现了武术对生命的尊重、对正义的追求和构建和谐社会的美好愿望。

中国武术精神经过漫长的历史发展和演化，至今已形成独特的文化符号与道德准则，即武德。武德要求习武者在具体行为实践中要时刻遵循尚武精神、博爱精神等的指导，展现武术精神的内涵。《左转·宣工十二年》中的武德七项规定就体现了博爱精神，尤其"公定""和众"更为深刻。少林戒约对博爱精神做出了进一步强调，明确指出"习此术者，以强体魄为要旨"，倡导"深体佛门悲悯之怀，纵于技术精娴，只可备以自卫，切戒逞血气之私，有好勇斗狠之举"[①]，强调习武者在练习武艺精进技艺的同时，还要注重对自身"互为援助""忍辱救世"等高尚品德的培养，由此可看出武术文化对博爱与人文关怀的重视与提倡。近代以来，中央国术馆结合社会发展的切实情况，将"爱国、修身、正义、助人"定为武德规范的内容，博爱精神在武术文化中的核心地位由此再次得到了证明。武德规范不仅提出了对个体习武者的德行要求，还对整个社会做出了道德引领，要求人们在通过习武强身健体的同时，要注重修身养性，追求正义，乐于助人，将博爱精神发扬光大。

中国武术在发展过程中，与丰富的民族文化和传统精神相融合，逐

①　高德江. 少林武术 炮捶、大红拳［M］. 哈尔滨：黑龙江科学技术出版社，1983.

渐形成了深厚的武术精神。中国武术精神是中国武术的核心，贯穿于武术的整个发展历程，它的重要性远超各门各派的技巧与方法，在武术文化中具有超然地位。现代武术精神可分为个人与武德修养、集体道德观念、爱国主义精神三个层次。个人与武德修养层次要求习武者要将尊师重道、孝悌仁义作为基本原则严格遵循。在武术实践方面，现代武术精神要求习武者"技道并重、德艺双修"，要求习武者重视个人品德的培养和提升，在实践中不断完善自我。与此同时，现代武术精神还要求习武者"切戒逞血气之私，好勇斗狠之举"，即习武者在练习武术的过程中应避免发生过激的个人行为。集体道德观念层次强调武术不只是个体习练以强身健体的途径，还应该成为弘扬集体道德的平台。无论是习武者还是武术团体，都应具备较强的社会责任感与道德担当，发挥"扶危济贫，除暴安良"的社会责任与作用。集体道德观念中"公定""安民""匡扶正义""见义勇为""以武会友"等价值观进一步说明武术对维护和促进社会公平正义的作用。从爱国主义精神层次上看，武术不仅是个人或集体强健体魄、修炼心灵的方式，更是一种表达对家国民族深情的途径，每个习武者或武术团体都应具备"精忠报国"的精神品质。武术要求人们将"强种御侮"和"爱国、修身、正义、助人"作为修习武术的最终目的，要求习武者要形成端正的价值观念，反映了武术的爱国主义精神对习武者精神塑造方面的积极作用。综合三个层次看，博爱精神作为武术文化的重要核心价值之一，不仅能通过武术对个人修养的要求体现出来，更能通过武术对集体道德塑造和对国家民族的热爱与维护反映出来。在习武过程中，武术精神中的博爱精神要求习武者成为以德为先、以爱为核、以义为行的人，这对习武者人格的全面发展和社会的和谐进步具有重要意义。

第四节　舍身精神

　　从古至今，武术领域无数人都极为重视国家和民族的利益，具有深厚的爱国热情与不畏强暴的勇气。这些武者在国家完整与民族安全受到威胁时，以实际行动捍卫国家完整和民族尊严，甚至不惜付出生命的代价。在面对帝国主义侵略国土的关键时刻，无数武林英豪挺身而出，用满腔爱国热血证明其对国家的热爱以及对民族的忠诚。他们的这种舍身精神不仅有力地抵抗了外敌的入侵，还是维护民族正义和推动社会进步的重要力量。在武术舍身精神的影响下，习武者形成了刚毅不屈的民族性格，激励人们在面对困难时，能够勇敢抗争到底，尤其在国家与民族危难的时刻，激励中华儿女挺身而出，不畏牺牲，坚决维护国家领土与民族尊严不受侵犯。

舍身精神自古以来深植于中华大地的沃土之中，它包含舍生取义、舍身为人、舍身救国等多种内涵，在从古至今的众多历史事件、英雄事迹中都有体现。《吕氏春秋》记载的鲁莽勇士的故事，虽然含有夸张表达的成分，但却将这类人豪爽、勇敢、视死如归的性格特征生动形象地表现出来。《史记》中专门记载了很多侠客与刺客的形象，展现了先秦和汉代时期侠义之士的精神风貌。而司马迁在《刺客列传》《游侠列传》中的相关记载，反映了他对这类具有舍身精神的人物的高度认可和赞扬，同时也反映了汉朝官方对这种精神的肯定。侠客与刺客虽不同，但二者所追求的侠义精神却是一致的，他们所具备的舍身精神，代表的是一种高度的精神境界和道德精神，而非简单的以死明志。这些侠义之士通过实际行动表现出来的高尚道德品质与精神，对后世人们塑造人格、修炼道德精神品质具有深远影响，它激励人们在面对挑战和遭遇困难时，勇敢地挺身而出，不畏牺牲，创造更高的社会价值。

古代的武侠人物虽然大多不具备显赫的社会地位，但他们崇高的精神品质对后世形成了深刻的影响。这些武侠人物用切实行动践行自己对忠诚、勇敢、牺牲的理解，是中国武术精神的具体体现。很多武侠人物出身平凡，但却常行不凡之事，展现出远高于常人的精神风貌。在这些武侠人物的价值观念中，勇气和忠诚都是人最应该具备的品质。尽管这些武侠人物没有获得较高的社会地位，但其仍能保持自尊、自强，有超越物质价值的精神追求。在古代，武侠人物的舍身精神不仅体现了其个人英雄主义，还反映出这些人深厚的社会责任感。无论在哪个历史时期，武侠人物都往往肩负重大使命，他们关心国家的存亡和社会的安定，他们时刻准备为了国家、民族与社会的安稳勇敢付出一切。

现代武术不仅要求经典武术技艺的传承，还要求习武者不断吸收新时代的文化元素，武术精神中的舍身精神也受此影响具有更多样的表现形式。现代武术中的舍身精神，不仅限于勇于牺牲身体与生命，更体现为精神层面的坚持和奉献，这是对传统武德的创新与发扬，反映了武术精神在新时代背景下的强大活力和适应能力。舍身精神通过武术实践的不断传承和发展，不仅能增强习武者的意志力和身体素质，还在精神层面发挥了推动个体与社会和谐发展的重要作用，是现代武术独特魅力与深远影响的重要表现。

文 化 篇

第七章　中国武术文化概述

第一节　中国武术文化内涵解读

一、中国武术中的哲学观

（一）中国武术重德的人道哲学

1. 秉承、重释与发展了传统伦理的哲学

中国武术的形成、发展与传承深受中华民族传统伦理的影响，并由此形成了独特的文化形态。中国武术之所以能在数千年发展历程中历久弥新，是因为其具有深厚的人道哲学基础和道德内涵。中国武术将武德作为核心价值观之一，对习武者的行为与内心修养都提出了极高要求。武德不只是简单的个人品德，从根本上看，它更是一种广泛的社会伦理规范，需要习武者在武术实践与日常生活各个方面严格遵守。这种社会伦理规范是由古代武林先辈经过长期的社会实践总结而来的，是古代精神文明与智慧的结晶，是当时社会中伦理道德思想的一种反映，是中国武术文化的核心构成元素之一。中国武术的道德现象，既代表个体习武者的信仰，又反映了整个社会对道德的追求，它对习武者的行为、思想都具有重要的规范和引导作用。在中华民族传统道德观念和价值原则的影响下，中国武术逐渐形成了一套完整且复杂的道德体系，对习武者的武术实践与日常生活都意义非凡。

2. 知行合一的伦理人际哲学

知行合一的伦理人际哲学反映了中国传统哲学对人的道德修养和行为准则的高度重视。在武术中，知行合一理念强调人的行为与认识的统一，要求习武者将知识与认识转化为道德修养和切实行动，这不仅是认识论的问题，更是深刻的伦理道德问题。历代哲学家广泛认同知行合一的哲学思想，孔子更将言行一致作为区别君子与小人的标准，还对提升个体道德修养的重要性做出了强调。"君子耻其言而过其行"① 强调了道德实践的重要性，要求个体做到言论与行为相一致，这反映了古代人们对道德一致性的追求。孟子的"良知""良能"反映了他对内在道德感和道德实践的重视，对道德修养的动态过程进行了揭示，即个体的道德理念可通过不断进行道德实践来充实。荀子从"行"是"知"的目的这一观点做出了强调，他认为个体的实际行动对其认知的形成具有导向作用，个体的认知对行为具有指导作用。宋代儒家学派程颐提出了"知而不能行，只是未真知"的观点，也对实践行动在道德修养中的必要性做出了强调。基于程颐观点的基础，对"知行合一"的哲学思想做出了进一步阐释。朱熹在程颐思想观念的基础上提出了"知行常相须"的理论，他认为，虽然人的"知"往往在"行"的前面，但"行"的重要性远高于"知"，而"知"与"行"结合起来就是道德修养的根本。明代王阳明的"知行合一"学说，虽然在认知论方面有"销行归知"的倾向，但在道德修养层面，其仍认同"知行合一"的重要作用。明清时期。王夫之提出了"行先知后、行可兼知"的观点，但在道德修养层面，他也坚持"知行合一"的理念，并认可知与行相辅相成的观点。在中古欧武术文化发展的过程中，这些哲学家的思想构建了道德哲学基础，"诚明合一，则其知焉者即行焉，行焉者咸知矣"② 这一论述，充分说明了知行合一在中国武术的道德修养方面的重要性。在中国武术实践过程中，知行合一的思想对武术技艺的传承与发展都提供了重要的指导，也对习武者提升道德修养提供了指导。

3. 以礼为先的人道处世哲学

武德的实践与弘扬是中国武术精神的重要内容。《左传·宣公十二年》中提到的禁暴、戢兵、保大、功定、民安、和众、丰财这武德七要素，被中国武术视为促进社会和谐发展的基本原则。《春秋谷梁传》《武技书》《太极拳谱跋》等文献也对习武者德技兼备的重要性做出了强调。在中国武术发展历程中，习武者普遍鄙视和排斥不遵守武德的行为，而

---

① 孔子.论语［M］.景菲，编译.西安：三秦出版社，2018.

② 黄晓利，赵琼.创意哲学［M］.成都：西南交通大学出版社，2009.

德高望重的武林高手则始终受到世人和后世的尊敬和推崇。从宋代的岳飞、文天祥，到清代的韩慕侠、程延华等，都凭借高尚的武德闻名遐迩。

武术门派强调"未习武者先修德""短武者不可与之学""丧理者不可与之教"的教育理念，对道德修养极为重视。《少林戒约说》中提出了"习武者以强体魄为要旨"的观点，要求习武者不仅要追求强健的体魄，还要伸张正义，援助弱小，承担起社会责任，充分发挥自己的力量维护社会正义和推动社会和谐发展。武德要求习武者将"礼"放在第一位，可见中国古代社会道德规范对个人品德修养的重视。孔子"道之以德，齐之以礼"的教导，将道德修养与礼密切关联起来，强调礼的重要性。

站在历史的角度上看，中国武术的形成和发展都和人与自然的搏斗、人与人之间的作战对抗密切相关，在经历了漫长的发展历程后，形成了复杂的发展脉络。古代人们将武术作为练习和展示身体技能的方式，赋予了武术深厚的文化内涵和哲学思想，在用武术与人对抗和解决冲突时，尤其注重德行和礼仪。站在传统文化的角度上看，习武不只是为了自保或追求胜利，还是为了提高习武者的武德修养，培育习武者的价值观，使习武者成为爱国、正义、守信、重义、有礼的人。在当今时代，中国武术虽然已被纳入现代体育的范畴，但其承载的传统文化、武术精神、哲学理念却并未淡化，甚至在新的时代背景下吸纳了现代化元素，得到了进一步的发展，呈现出一种积极向上、兼容并蓄的现代体育文化特质。

（二）中国武术求善的生命哲学

1. 善与仁融合的哲学思想

自古以来，中国武术深受传统道德文化的熏陶，其精神内核更在儒家伦理道德观的深刻影响下形成。儒家哲学以"仁"为核心，武术伦理思想频繁出现在中国武术的相关文献记载中。例如，少林宗派的《拳经拳法备要》中明确指出："道勿乱传。百般砥砺始能成，费尽精神用尽心。卫国保身方可用，操强逆理莫欺人。贤良密授于危国，邪妄休传害众生。大道等闲若轻授，须防九族尽遭邪。"①

　　通过这段话可以看出，少林宗派不仅将中国武术作为训练身体技巧的方式，还将其作为传承人文精神与培养高尚道德的重要途径。《短打十戒》中也有相似的表述："强横不义者不传，强横则为乱，无义负恩。"其中强调，中国武术在传承时对弟子的道德品质有严格要求，明确反对以不正当手段或暴力解决问题的行为，认为习武者应具备较强的正义感和高尚的道德情操。在武艺的传授和实践方面，很多武术流派都对弟子有"仁义"的要求。例如，《苌氏武技书》规定："学拳宜以德行为先，凡事恭敬谦逊，不与人争，方是正人君子。学拳以涵养为本，举动间要心平气和，喜气迎人，学拳宜做正大事情，不可持艺为非，以致损行败德，辱身丧命。"②该规定要求习武者要先满足武术对人格和道德修养的要求，认为内在修养高于外在技能，反映了中国武术文化对"仁"与"善"的追求和对人文关怀的提倡。中国武术中的"仁义"反映的是中华民族烙印在灵魂深处的善良、真诚以及对和平的热爱。

　　2. 善与美融合的哲学思想

　　"善"在中国传统的文化观念中代表对有益于人们的事物的追求。"善"通常与"美"相伴出现，这里的"美"指的内在美，是"善"的直观展现。"善"与"美"之间的密切关联，代表二者在中国古典哲学中是不可分割的整体。

　　从整个发展历程上看，中国武术从起初单纯的战斗技艺逐渐发展演变为蕴含丰富道德意义的修身方式。在此过程中，武术不再只被当作杀敌的工具，更多时候被人们作为惩恶扬善、除暴安良的手段，由此可以看出武术界对善的日趋重视与追求。武术根本性质的改变，不仅发生在技术层面，更多体现在其思想和哲学层面的显著提升。中国武术以防御为重点，攻击是其重要组成，这点可通过先礼后兵的原则体现出来，中国武术要求习武者通过自卫达到目的和彰显美德，不提倡主动攻

---

①　张孔昭.拳经拳法备要［M］.太原：山西科学技术出版社，2006.

②　徐震.苌氏武技书［M］.太原：山西科学技术出版社，2006.

击。在古代人道主义思想的影响下，中国武术的道德价值逐渐取代了功利价值，武术文化在传承的过程中，尤其重视对美善统一哲学思想的传承。正是在美善统一思想的影响下，中国武术在发展演变的过程中被赋予了日趋丰富的内涵和独特的审美价值，展现出了独特的文化价值和哲学意义。武术的练习与实践不仅有助于习武者提升自身技艺水平，还能引导其追求善与美，并在追求的过程中不断提升自身的精神品质与道德修养。

（三）中国武术求和的发展哲学

1. 天道、人道、武道的和谐共生构建了拳道之理

中国武术作为中华民族优秀传统文化的瑰宝之一，在数千年的发展中深受民族价值观与不同地域文化交流、不同哲学思想熏陶的影响。天道、人道与武道的和谐共生赋予了中国武术深奥、多元、独特的哲学内涵，中国武术对三大道的践行则体现了其对和谐与平衡的追求，而这一追求从深层次反映的是一种发展哲学。中国武术发展哲学的重点并非仅在技击术上，更在于其对自然规律的深层次领悟和对人类社会的深刻洞察。从这一点上看，中国武术虽展现为习武者的身体技巧，但其更深层次的内涵为文化精神与哲学思想的发展、变革与传承。在现代社会，中国武术所蕴含的"以和为贵"的哲学思想具有重要的现实价值与意义，对习武者在快速变化的世界中寻求内心的平和与外在的和谐具有重要的指导作用。

中国武术的发展哲学强调对和谐的追求，这种和谐以天道、人道与武道和谐共生为基础。其中，天道代表宇宙的自然法则，人道代表人类社会倡导的伦理道德规范，武道代表修习武术的过程与方法，三者和谐共生，共同构建了中国武术独有的哲学体系，对中国武术的价值追求具有深刻影响。在武术实践过程中，习武者可通过不断学习武术技艺和磨炼身体心性，达到与自然、与社会和谐相处的境界。习武者所追求的和谐、天人合一，是中国哲学中的重要概念，体现了中国武术强调人与自然和谐统一、反对人粗暴对待和掠夺自然的行为的发展哲学。在发展哲学的引导下，习武者经过长期的武术练习，能够在人与自然、人与社会的相互作用中找到自己的位置，从而实现自我价

值与社会价值的统一。

2. 阴阳求"和"构建了武道辩证的哲学原则

阴阳哲学是一种基本的世界观与方法论，中国武术在发展与演进的过程中，深受阴阳哲学的影响。阴阳求"和"的理念，构建了武术辩证的哲学原则，该原则贯穿于武术学习与实践的各个方面。

阴阳理论是中国传统文化的核心思想之一，源于《易经》，阐述了宇宙万物相互依存、相互转化的辩证法则。阴阳理论在中国武术的发展与实践中有充分的体现。在中国武术中，"动静、虚实、刚柔、开合、进退、内外、起伏、显藏、攻守"等概念都以阴阳辩证法为基础，对武术技术与战略中存在的对立统一关系进行了揭示。在《庄子·人间世篇》中，古代哲学家庄子提到："且以巧斗力者，始乎阳，常卒于阴，泰至多奇巧。"这句话证明，习武者当时就发现了阴阳转化的智慧，并将其与用于战斗和对抗中，达到制胜的目的。到了清代，中国武术理论更重视阴阳哲学及其所蕴含的智慧，很多武术大家运用阴阳哲学解读武术。与此同时，阴阳相合的理念不仅可以通过武术动作技巧的设计体现出来，还对武术哲学有深刻影响。《拳经》中言，"天地相合能下雨，拳之阴阳相合方能成其诀；拳之大要，重在阴阳"，强调了阴阳相合对武术的形成、习练与实践的重要价值。

3. 武术从内外相合中体现了阴阳相合的哲学思想

中国武术既对习武者形体规范有严格要求，又追求精神传意与内外合一，这与中华文化中阴阳和谐统一的哲学思想相契合。"内"与"外"是中国武术文化中的两个重要概念。"内"主要包括习武者的心理活动与气息运行，具体指人的心、神、意、精等；"外"主要指习武者呈现出来的形体活动，包括手、眼、身法、步等。这种"内外合一"的理念，要求习武者做到内在精神状态与外在形体动作的和谐统一，即达到形神兼备的境界。不同流派的武术实践都反映了这一哲学思想。例如，长拳要求习武者通过外练手眼身法步，内练精神气力功，并将内外有机结合，达到外在动作表现与内在力量的和谐统一；太极拳的"妙手一运一太极，太极一运化乌有"，所体现的是以柔克刚、动静结合的哲学；少林拳强调"外练筋骨皮，内练一口气"，同样重视内外力量的平衡；

形意拳的"形断意连"，要求习武者做到动作与意念无缝衔接。无论何种武术形式，都要求习武者不仅关注对身体的锻炼，还要重视精神层面的修炼，通过炼精化气、炼气化神、化神还虚实现心、意、气、力的整合统一，这是中国武术所倡导的内外合一、形神兼备的统一观。

4. 武术从虚实变换中体现了阴阳相合的哲学思想

在中国武术中，搏击技术虚实相生相克的特点，反映了深邃的阴阳哲学。这里的虚既不是纯然无物，也不是完全有形，虚与实之间的转换富含哲理，体现了中国武术深层次的文化内涵。

在中国武术中，虚代表对手难以捉摸的习武者的意图和动向，实代表习武者的力量和技术，二者的结合能形成对抗过程中的有效的攻击和防守。中国武术强调虚实相辅，习武者灵活运用招式动作，在虚实之间相互转化，达到以柔克刚，以弱胜强的效果。虚实的运用体现了中国武术哲学中阴阳结合的思想。阴阳的概念贯穿于武术实践中，其中，阴代表灵活、柔软，与虚呼应，阳代表刚硬、强壮，与实呼应。武术家在实践中通过阴阳转化实现攻防之间、动静之间的灵活转换，使力量与技巧完美结合起来，同时利用虚实的互补与转换，在对抗中找出或创造合适的反攻机会，以最小的力量达到最大的效果。这种虚实变换、阴阳相合的思想与道家的无为而治、顺势而为异曲同工，都具有中国古典哲学的智慧。

5. 武术从刚柔相济中体现了阴阳相合的哲学思想

中国武术中的刚与柔并不是相互对立和排斥的关系，它们在武术的招式动作、套路技巧中相互依存、相互转化，它们的结合展现了中国武术独特的和谐之美，与自然万物生长发展的规律相契合，也与中国传统文化中的阴阳哲学相契合。

刚柔相济的理念是一种深层次的文化思维和哲学理念。在中国武术中，刚往往代表力量、决断力和直接，与阳呼应；柔代表柔韧、顺应性和细腻，与阴呼应，刚与柔在武术实践中可以通过相互转化达到平衡，这也是武术技巧的高明之处，更是习武者在对战过程中取胜的关键。通过不断的学习和实践，武术家可以灵活进行刚与柔的转换，达到以柔克刚、以静制动的效果。中国武术中有很多流派都体现了刚柔相济的理念，如陈式太极拳的"显刚隐柔"，杨、吴、武、孙式太极拳的柔中寓刚，八卦掌、形意拳的刚中有柔等。这些武术流派虽在技法上各有侧重，但都将刚柔结合、刚柔并济作为基本原则。通过其实践可以看出，在战斗时灵活进行刚与柔的转化，有助于习武者在对抗中做出对手预测不到的技术变化，从而增强习武者的战斗能力并助其制敌取胜。

6. 武术从动静结合中体现了阴阳相合的哲学思想

中国武术实践中的动静结合实质上反映了一种物理状态的变换，这种变换体现了中国武术阴阳相合的哲学思想。动与静之间的关系同阴与阳、虚与实、刚与柔之间的关系类似，都具有相依相生的特点。在中国武术实践中，动与静相互依存、相互转化，习武者在练习和实践武术中，往往应在动中寻找静的平衡，在静中积蓄动的力量。《吴越春秋》中的"见之似好妇，夺之似惧虎"和杜甫的《剑器行》中的"来如雷霆收震怒，罢如江海凝清光"，都对中国武术的动静结合做出了生动的描绘。例如"行如风，站如鼎①""动如山飞，静如海溢②""行如风雷动似涛，坐似泰岳静如山③"，无不强调动静结合的重要性。在《太极拳论》中，王宗岳提出的"太极者，无极而生，动静之机，阴阳之母也。动之则分，静之则合"进一步深化了中国武术中动静结合的哲学思想。动与静、攻与守、阴与阳之间的相依相存不仅是武术技巧灵活变通的关键，还反映了宇宙万物运动变化的基本规律。动静结合、阴阳互补的哲学思想，为中国武术的发展提供了有力的哲学支撑，这一哲学思想引导习武者在通过练习武术强身健体的同时，追求内心的平和和外部的和谐。

（四）中国武术求新与现代哲学融通

1. 武术体现了现代哲学中"普遍联系"的观点

在现代哲学中，"普遍联系"的观点强调事物之间及其内部要素之间存在相互作用和相互影响的关系，这在中国武术的发展历程中有充分

---

① 蔡宝忠.武术与文化　中国武术文化基因的构成［M］.太原：山西科学技术出版社，2015.

②③　王岗.中国武术技术要义［M］.太原：山西科学技术出版社，2009.

体现。中国武术历经千年而不衰，内涵丰富，发展和演化出多种拳种、器械、套路技巧、气功等，逐渐形成了一个多样化的体系。无论是注重内在修养的太极拳，刚猛直进的形意拳，还是灵活多变的八卦掌，每种拳种都深刻体现了自然界变化与人体生长发展的规律。同时，这些拳种与武术技巧的形成和发展，都与中国哲学思想息息相关，这恰好印证了"普遍联系"的观点。

随着时代更迭变化，中国武术在传承的同时，不断地求新和变革。现代武术的练习不仅要求习武者掌握武术技巧，更注重习武者对其蕴含的文化与哲学思想的传承与传播。在现代武术中，不仅各种技艺之间密切相关，武术动作的设计、力量的运用、呼吸的调节等相互之间也存在一定的内在联系。习武者要想理解武术的内在联系，不能将目光局限于单纯的身体训练上，而要对生命、对宇宙万物的运行规律进行深入的思考。在探索和实践中国武术的过程中，习武者如果仅重视武术技巧的习练与提升，而忽略了这些深层次的规律和联系，就无法真正把握武术的精髓。无论是传统武术，还是现代武术，都要求习武者保持开放的心态和创新的精神，在深入理解武术文化内涵和尊重传统的基础上合理变革，推动武术技巧的改进，拓展武术的文化内涵，深化对人与自然、人与社会、人与自我之间普遍关系的理解。

中国武术与中医之间存在密切关联，二者的关系也体现了现代哲学中"普遍联系"的观点。虽然在人们看来，武术与中医属于不同领域，但实际上，二者具有相同的哲学理论基础，并且二者在发展过程中保持互相促进的关系。中医学形成和发展于长期的医疗实践中，具有独特的理论体系和丰富的医疗经验。中医学理论体系的形成不仅需要积累大量临床经验，还需要中国传统哲学的支撑。而中国武术的体系在形成的过程中吸纳了中医的整体观与综合观，并通过实践使这一体系得以不断丰富和发展。中国武术与中医之间的深度融合，也体现了二者之间的内在联系。中医整体观念对中国武术的发展有深刻影响。中医将人体视作一个整体，强调精、神、气要协调统一，而中国武术所追求的身心合一的理念与之不谋而合。中国武术要求习武者通过习武锻炼身体，达到精气神的和谐统一。《易筋经》中对此有精辟的阐述，指出习武者可通过有形的身体锻炼，对无形的精气神进行培养和调节，从而达到内外兼修的目的。

2. 武术体现了"对立统一规律中矛盾转化规律"的现代哲学思想

唯物辩证法是理解世界的基本方法，它认为矛盾是事物发展的根本原因，事物的发展变化因事物内部各要素之间的相互作用和矛盾而存在。中国武术以这一理论为基础，通过转化看似相反的力量，运用最小的力量发挥出最大的效果，这可以通过中国武术中的"四两拨千斤"体现出来。四两拨千斤蕴含的原理是在对立的力量中寻找平衡点，利用技巧与智慧，将外力转化为自己的力量。四两拨千斤不仅是一种运用智慧进行的力量对抗，还体现了一种深刻哲学思想。力的"大"与"小"是一组相互对立、相互矛盾的概念，通常情况下，"大"的力会战胜"小"的力，但通过中国武术"用劲之通"的方式，这一常规现象被颠覆，小的力也能反胜大的力，证明通过特定方式，矛盾双方有机会实现转化。

太极拳是中国武术的重要组成内容，其"打手歌诀"中的"任他巨力来打我，牵动四两拨千斤。引进落空合击出，粘连黏随不丢顶"[1]虽然是技击术语，但却体现了矛盾转化的哲学思想。太极拳利用柔和的力量来接纳和转化对手的刚强力量，可以达到以柔克刚、以弱胜强的效果，这一过程体现了"对立统一规律中矛盾转化规律"的现代哲学思想，证实了这一理论的可行性与正确性。"自然门"总口诀中的"动静无始，变化无端，虚虚实实，自然而然"[2]"因敌动态乘隙借力"[3]的思想，同样体现了矛盾转化的哲学精髓。该哲学思想要求习武者在与对手对抗时，不能简单地以力抗力，而要根据对方的动态，灵活运用技巧，促进力的转化并掌控对战局势。

3. 武术体现了"一分为二、执两用中"的现代哲学思想

唯物辩证法往往要求人们用"联系、全面、发展"的视角审视问题。在这一视角下，中国武术不仅是一种有效提升身心素质的方法，还是哲

---

① 李万斌.太极拳技击研究［M］.北京：人民体育馆出版社，2016.

② 黄泽荣.自然门武功秘传［M］.福州：海潮摄影艺术出版社，2009.

③ 向政.民族传统体育文化审视与实践指导［M］.北京：光明日报出版社，2016.

学思想的实践与具体体现。中国武术要求习武者达到"健身与自卫""气与力""攻与守"相统一的境界，这体现了唯物辩证法中"一分为二、执两用中"的哲学思想。该思想认为世间万物都具有对立的两面，把握两个方面的和谐统一就能真正理解世间万物。例如，"自然门"功法，由气功领衔，体现了健体与自卫的一分为二及其辩证统一。"自然门中充满了'一零'哲学。"① 这句话既对自然门功法的核心思想做出了阐述，也对中国武术的哲学深度进行了揭示。"一零"哲学指通过一与零的相互转换来代表和反映万物的形成与消亡，其中所蕴含的转换智慧与辩证法的哲学思想相契合。……自然门功法讲究动作如零，行如零形，其中的零既是起点也是归宿，该功法体现了方圆之间的辩证关系。进一步看，方圆的辩证关系印证了变化与适应的重要性。在中国武术中，方正是内功修习的要求，圆润代表应对外力的技巧和原则，除体现在技法训练上，方圆的辩证关系还体现在武术文化所倡导的处世哲学中。

4. 武术体现了"矛盾特殊性"的现代哲学思想

在求新和变革的过程中，中国武术不断吸纳和融合现代哲学元素，其过程体现了唯物辩证法中矛盾的特殊性。矛盾特殊性理论对矛盾的相对性、个性与矛盾在具体事物中的不同表现形式做出了强调，这一理论可通过中国武术的制敌策略体现出来。中国武术要求习武者精确分析对手特点，深入理解不同招式的特性，采取多样化的攻防技术进行有效的防御和回击，同时避免教条主义与僵化主义的影响，灵活调整战略以制敌取胜。

在中国武术中，相较于多样化的武术招式技巧，很多武术派别更重视战斗招式和技巧在对战实践中的灵活变换，这些武术派别遵循"有招无式"的原则，反对一成不变的套路练习。这些武术派别为了使武术招式技巧在实战中得以更灵活地应用和调整，创造了"散手"技巧，即在精确掌握敌方动态的基础上，根据敌人的具体行动采取最为有效的措施来制敌。这一实战策略反映了"后发制人"的战术思想。例如，"后发先制"在太极拳实践中指对对手意图有充分了解后，抓住机会快速调整

---

① 王岗. 中国武术文化要义［M］. 太原：山西科技出版社，2009.

招式技巧进行有效的反击。后发制人的制敌哲学体现了矛盾特殊性理论在唯物辩证法中的实践应用。在武术实践中应用具体问题具体分析的方法，深入研究不同的对手和不同的对战情况，不依赖固定的、单一的武术套路和招式技巧，既可以有效保障策略的科学性，又有利于习武者迅速判断敌情变化并做出快速、准确的反应和调整，使招式的威力在更大程度上发挥出来，有效打击敌方弱点，这是蕴藏在中国武术实战中的制敌智慧。

5. 武术体现了"量变与质变以及量质互变"的现代哲学思想

唯物辩证法为马克思主义哲学的形成与发展提供了重要基础，指出世界是由物质构成的，而物质的运动和发展是一个连续的过程，这一过程需要通过量变和质变共同作用实现。当量变积累到一定程度后就会引起质变，质变的发生对量变的进一步发展具有重要的促进作用，二者相辅相成，这可以通过中国武术实践体现。

在习练中国武术的过程中，习武者对"度"的控制是其灵活运用力量、正确施展招式的关键。在武术训练过程中，精准控制量变范围，能够实现习武者技能水平得到质的飞跃。在习武过程中，习武者对每一拳、每一掌的运用都要控制力度，通过练习学会如何根据实战情况对力度进行灵活调整，从而实现有效制敌。例如，在实战实践时，习武者要使用恰到好处的力度使虚招发挥出应有的力度，力度过大会导致虚招失去其欺骗性，力度过小则无法形成威胁从而被对手轻松识破，导致习武者失去制敌先机。如果习武者想达到"一招制敌"的效果，需要在瞬间集中爆发其力量，通过力量的巨大化应用使对手瞬间失去抵抗能力，这是量变达到质变的直观表现。太极拳对"弱与强"的控制则完美体现了量质互变的思想，太极拳要求习武者在柔和的对抗中寻找可靠的突破点，在力量发挥上做到既有节制，又有爆发，通过积累量变影响质变，使习武者在对抗中获得更大优势，从而制敌取胜。

二、中国武术中的美学观

（一）中国武术文化美学溯源

随着古人与自然环境的互动日趋频繁，他们对自然环境的了解越来越丰富，并逐渐总结出一系列抵抗风险、适应环境的身体技能。经过不断积累、发展、变革和传承，这些技能逐渐演变为中国武术。

生活在原始社会的人类，为了生存下去，不仅要面对严酷的自然环境，还要在确保安全的情况下抵挡猛兽和捕猎食物。在此过程中，人类通过模仿自然界中动物的攻击和防御动作并总结出一系列生存技巧，为生存提供了更大的保障。人类对动物行为的模仿不仅限于对其行为动作的模仿复制，还在于深入理解了自然的节奏与规律后对这些动作进行总结和应用。这些通过模仿自然界生物和经过身体劳动总结而来的动作就是中国武术的早期形态。随着人们生产方式的不断发展变化，这些动作融入了人们社会生活的各个方面，如用于社群的闲暇娱乐活动、狩猎前的祭祀活动等。在这些活动中，动作逐渐规范化，还被人类赋予了美感，经过人类的不断发展和完善，武术的技巧与形式逐步形成。

在人类社会分化出阶级后，武术的职能发生了从生产劳动到军事训练的根本转变。先秦时期尚武之风盛行，战乱频繁发生，社会混乱，武术从宫廷、军中传播到民间，并在民间流行起来，成为人们重要的娱乐方式，与此同时，武术中蕴含的美学价值受到人们的广泛关注。从先秦时期起至两汉时期，中国武术的审美内涵不断丰富，娱乐功能不断增强，通过"项庄舞剑"的典故可以了解当时人们对武术的艺术魅力的重视。随着儒家"仁爱"思想的提出，武术将美与善有机结合起来，铸就了传统武德的核心价值观。同一时期，道家美学的渗透也赋予了武术深奥的内涵与神秘的外在美，使武术形成了"外儒内道""儒道互补"的独特审美特征。宋代，武术的审美功能得到了进一步发展，在各界人士的发展下，武术不仅具有强身自卫和娱乐健身的功能，还引领了当时的时尚潮流——文人佩剑成为风尚。到了元朝，统治者虽禁止人民开展武术活动，但很多戏曲家将武术与戏曲杂剧结合起来，武术因此获得了顽强的生命力，生生不息地传承下来。戏曲将武术与戏曲相结合的做法，不仅保留了武术的精髓，还为武术赋予了戏曲独特的美感，武术因此得到了新的发展。明清时期，中国武术的发展逐渐成熟，各派武术百花齐放，不仅武术技术得到了扩展创新，还涌现了大量具有较强观赏性的武术表演套路。中国武术在明清时期完成了数量上的积累与质量上的飞跃，更形成了完整的理论体系和具有特色的表现形式。在这一过程中，中国武术的美学内涵不断丰富，表现出日趋明显的美学特征，具有广泛的吸引力。

（二）东方美学对武术审美文化的影响

1. 注重人与自然的和谐

东方美学追求人与自然的和谐，中国武术蕴含的审美文化充分体现了这一思想。

中国古代哲学思想中天人合一的观念在人类日常生活的各个方面都有体现，同时为中国武术理念的发展奠定了基础。中国武术不仅是一种身体运动技巧，还是一种与自然和谐共生的哲学实践。在儒家思想看来，伦理道德的规律与自然万物的发展规律基本一致，而这一规律在中国武术中主要体现为对提升武术技巧、对内心道德修养与自然法则和谐相融的双重追求。道家思想提倡顺应自然思想，强调习武者在习武过程中要顺应自然，与自然界和谐统一。中国武术的运动节奏与自然万物的发展规律间存在密切的联系，通过练习武术，习武者有计划地、系统地对自然界中动物的动作进行模仿，感受自然界的生长、衰退规律，有助于其更快地领悟和达到身心与自然和谐一致的境界，感悟人与自然统一的美，这是中国武术与其他武术形式不同的地方。

中国武术秉承"天人合一"的哲学思想，重视身体动作与内心的同步发展，更重视身心与自然的契合。在习武过程中，习武者通过习练和实践高度程式化及规范化的武术套路，促进意念与肢体的协调和谐，体现了一种舒展且自由的美感。庄子学派认为，人应该顺应自然，追求生命自由发展，其思想观念深刻影响了中国武术的审美文化。在习练武术的过程中，随着习武者对技能的熟练程度的逐步提高，习武者可以更深刻地理解人体与自然规律相协调的美。而随着习武者对身体、动作掌控能力的增强，习武者可以自娱自乐，感受自身运动创造的美感。受东方哲学的影响，中国武术的审美观念被赋予了追求与自然和谐的普遍价值观，武术实践为广大习武者开辟了一条通往内心自由与外在和谐的美学道路。

2. 追求内在含蓄的表现

东方美学非常重视意境的塑造与感性经验的积累，东方美学无视外在形式的束缚，主张探寻人的内心世界。中国武术深植于东方文化的土壤中，蕴含着内在、含蓄的东方美。

中国武术的实践与表演，不仅展示了丰富的肢体动作，还能展示出习武者内心世界与自然的和谐共鸣。与中国书法艺术和山水画所蕴含的东方美学一样，中国武术所蕴含的美需要习武者通过心灵的顿悟和内在的感性体验来捕捉。中国武术带给人的美学感受往往无法通过语言直接表达，习武者可将这种美融入招式动作中，含蓄地表达出来，通过观察自行感受和领悟。中国武术的美还体现为其具有的抽象性与宽泛性。对于习武者而言，武术动作不仅能帮助其在武术实战中进行有效的自我防御和对抗，还承载了丰富的文化意蕴与哲学思想，尤其刚与柔的转换、强与弱的互补等，都体现了自然界和谐统一的美。中国武术所蕴含的东方美，不仅在物理层面影响习武者，还在精神层面引导习武者追求和表达美，它对美的追求不仅包括外在表现形式的美，还包括内外和谐统一所呈现的独特美感，而这种对内在含蓄的美的追求，赋予了中国武术深厚的美学文化内涵。

3. 强调美与善的统一

从古至今，东方美学一直倡导美与善的和谐统一，认为审美对象不仅能通过听觉、视觉等感官感染人、引人入胜，更要在伦理道德上感化人，对人产生积极的影响。从这一点看，一方面，中国武术具有高超的攻防技艺，可以使人通过观赏武术表演或实践感受到其外在技巧的美；另一方面，中国武术作为一种文化现象，承载着除暴安良、匡扶正义等深层次的社会价值，在道德伦理层面具有较高的美学内涵。

在东方古典美学的深刻影响下，中国武术对武术的习练者、传授者等都提出了更高层次的道德要求。中国武术既具有训练习武者身体技巧的作用，又具有培养和提升习武者精神境界与高尚品德的功能。中国武术实践要求习武者具有辨别是非的能力、纯正的习武动机，能自觉遵守社会规范，从而不会对人际关系与社会的和谐建设造成负面影响。随着时代的发展，中国武术在传承技击技术的同时，还重视培养习武者良好的美德，在社会文明发展的影响下，中国武术更多的是成为既能强身健体，又能传播东方美学精神与道德关键的方式，推动中国武术文化向着德技并重、美善统一的方向发展。

第二节　中国武术文化深入挖掘

一、中国武术文化资源

中国武术文化资源的开发可从竞技武术与民间武术两个方面着手，这两个方面共同构成了中国武术文化。竞技武术具有规范化、标准化的特点，注重习武者体能与技巧的全面发展，是武术训练与武术教育中不可缺少的内容。民间武术具有鲜明的文化性与民族性特点，其涉及身体技能的练习，又是中华民族历史与文化的重要组成成分。中国武术课程教育体系的构建应注重将竞技武术与民间武术有机结合。在课程的构建上，国家性课程的构建应围绕武术教育的总体目标进行，打造标准的武术课程教学模式；地方性课程与校本课程应将视线聚焦于武术的多样性和地方特色，通过开展武术教学活动，将武术所蕴含的深层文化意义与地方风情展现在学生面前。这样设置课程体系，不仅有助于全面提升学生的身体素质，还有助于更好地传承和发展武术文化。

中国武术在教学和推广方面应注重培养高素质的师资力量。武术教师不仅要掌握经济武术的技巧与训练方法，还要对民间武术的文化背景及其所蕴含的哲学思想有深入了解，从而在教学中将经济元素与文化元素有效融合，对学生开展多样化的武术教学活动。课程的合理设置与师资力量的建设，都是实现竞技武术与民间武术融合互补、促进中国武术文化得以更好地传承和发展的有效途径。在中国武术教学中，将竞技武术与民间武术融合起来开展教学活动，有利于在增强学生身体素质的同时，提高其文化素养，增强其民族自信心与自豪感，使其对中国武术这一传统文化瑰宝更加理解和珍视。

二、中国武术教育网络资源

随着互联网技术的迅速发展，网络已成为传播知识与文化的重要平台和途径。借助互联网技术的强大功能，中国武术可以开拓新的教学途径，使用新的教学方式。开发中国武术教育的网络资源，能有效拓宽人们学习传统武术的渠道，同时能在很大程度上促进教育内容与形式的不断丰富，这为武术文化的传承和发展提供了有力支持。

丰富的网络资源为武术教育带来了无限可能。利用互联网技术，中国武术教育可以将远程教育与虚拟教师结合起来，突破地理位置的限制，为全国各地热爱武术的人提供专业的武术指导。与此同时，利用互联网的分析和记录功能，分析学习者的个人兴趣和记录其学习进度，有助于为其制定个性化的学习方案。网络平台的互动性可以使学习者更积极主动地参加武术练习，并且，学习者可以通过网络平台与教师和其他学习者进行实时交流互动，由此增加对武术的学习兴趣和提高学习效率，在此过程中开发并整合更多的武术教育网络资源，并有助于促进武术教育形态的创新。相较于网络武术教学，传统武术教学模式在很大程度上受时间与空间的限制，武术传授者必须与习武者面对面完成武术技能的传授。而网络教育打破了这一限制，极大地促进了武术教育以电子大学、电子课程等全新形式出现。网络武术教育模式的这种灵活性和开放性，为学习者练习武术提供了更多的选择机会，同时为教育者提供了发挥教学才能的平台，在这样的教育模式下，优质教育资源可以得到更广泛地分享和应用。在网络资源的支持下，开展个性化的武术教育教学活动将成为可能。每个武术学习者都具有不同的学习背景与学习需求，网络教育可以向这些学习者提供多样的教学内容和方法，使不同学习者的需求都能得到满足。这种"因材施教"的教育模式，一方面能有效提高学习者学习武术的效率和质量，另一方面对激发学习者学习武术的兴趣和潜能具有重要作用。与此同时，随着中国武术网络资源库的建立，武术教育的社会关系将被重新定义，学校武术教育、社会武术、竞技武术等都被纳入统一的"知识链"中，武术文化、知识与技能将得到更充分地分享和传播，并逐渐形成全新的武术教育方式，这种武术教育方式不再将有限的校园空间作为武术教学场所，武术教学将在更广阔的社会空间内进行，武术教育在各种教育资源的支持下，得以更广泛地传播和发展。

三、中国武术文化资源开发主体

开发中国武术文化资源的过程是一个系统且复杂的过程，其中涉及多方面因素和主体，尤其是教师与学生的积极参与。在传统视角上，教师是传递知识与文化的主要载体，承担了向学生传授知识技能与提升学生文化内涵的双重责任，但随着时代变化，学生在教学中的主体地位得到重视，他们不再只是知识的接受者，也可以成为武术文化资源的传播者与创新者。

在中国武术教学中，教师仍至关重要。教师不仅要深入了解国家相关课程标准，还要对地方武术的文化特色与内涵进行深入挖掘，将武术技术动作与丰富的文化内涵充分结合起来，在通过开展武术教学活动向学生传授知识技巧的同时，帮助学生对武术文化的内涵有深刻的认识和了解。在武术教学过程中，教师应充分发挥自身的专业能力，利用专业知识与技能，引导学生对其他中国传统文化，如书法、中医、音乐等与武术之间的深层次关系进行探索，从而深化学生对武术文化的认识和理解。在中国武术文化教育过程中，学生是主要的参与者，其学习态度、学习兴趣、学习行动对武术文化的学习效果有直接影响。教师可设置一个充满探索和挑战的教学环境，将学生放置其中，激发其学习兴趣，使其自主学习，这样可以有效提高学生学习中国武术的积极性，增强学生对武术文化的理解。教师应鼓励学生在武术学习和实践中进行自主探索，如通过对比书法与武术的美术特点、研究音乐节奏与武术动作之间的关联，从而在实践中深化自身对武术文化的了解和提高自身的武术技能水平。在教育实践中，教师与学生经常进行教学互动能有效提高教学效果。在中国武术文化教学中，教师不仅要向学生传授武术的文化、知识、技艺等，更要培养学生的探究精神与创新意识，引导学生对武术文化所具有的深层次价值进行主动探索。在教学过程中，教师应悉心收集学生的反馈信息，积极了解学生的创新想法，从而有效改进教学方法，使武术教学更具互动性和有效性。

第三节　中国武术文化中的道德教育规范

一、中国武术文化所蕴含的道德内容

中国武术中蕴含的道德教育规范（武德），是中华民族传统美德的具体体现。自古至今，武术都是一种重要的身体锻炼方式和提升人道德素质与人文修养的方式。武术文化在发展的过程中不断吸纳古代道德思想，承载着诚信、仁爱、义勇、礼节等传统美德，这些传统美德是武德的组成成分。在中国武术文化中，武德强调习武者必须具备高超的武艺和高尚的道德品质。受古代思想家、哲学家的影响，武术训练将道德教育作为重要内容，要求习武者重视自我修养和道德精神的提升。除此之外，中国武术文化中的道德教育规范还要求习武者通过练习武术实现自身的全面发展、身心的和谐统一与人格的不断完善，要在学习和践行武术的过程中弘扬中华传统美德，促进武术文化的传承和发展。

武术界将崇武尚德作为行为准则，该准则要求习武者通过练习武术修身养性、规范言行举止、提高道德水平，要求习武者培养自身的爱国主义精神，形成正确的义利观，遵守礼仪规范，尊师重道并形成良好的师徒关系。

首先，崇武尚德的行为准则要求习武者具有浓厚的爱国主义精神。中国经历数千年的发展，每逢国家危难之际，总会有无数勇士与武将挺身而出，充分发挥自身的武艺能力保卫家国，如岳飞、杨家将、戚继光、大刀王五、霍元甲等知名人物经常被作为爱国主义教育的典范，引导后人将为国家和民族服务作为学习武术的崇高目标，使后世习武者形成强烈的爱国主义精神。

其次，崇武尚德的行为准则要求习武者形成除恶扬善、重义轻利的道德观念。历朝历代的侠士、武士都通过自身的实践行动来匡扶正义、惩恶扬善，这是中国武术道德精神的具体体现。例如，王征南通过自身的实际行动维护社会正义，向世人证明习武者不仅拥有过人的武艺，还具有正直的人格与崇高的道德修养。

再次，崇武尚德的行为准则要求习武者尊师重道、勤学苦练。《少林武术新戒约》对武术界对于师徒关系、习武者学习态度的严格要求做出了阐述。在中国武术文化中，尊师重道、崇扬武德是每个习武者都应具备的良好品质，这些良好品质能引导习武者形成具有崇高道德修养的人，从而促进整个武术界健康发展。

最后，礼节是整个武术界广泛重视的部分。中国武术常用抱拳礼，即右手握拳象征尚武，左手伸掌掩于右拳之上表示以德制武，抱拳礼也是中国武术强调武德并重的具体表现之一，它代表了整个武术界广泛认可的以德为先的核心价值观。练习并在合适的场合中使用抱拳礼，是习武者践行武术道德教育的表现，也是习武者内心遵循诚实守信、尊敬师长、谦逊好礼的证明。

无论是儒家提倡的"道之以德"，还是道家强调的"以兼相爱，交相利之、法易之"等思想，都反映了中国古代哲学对社会和谐建设与个人品德修养的重视。中国武术文化十分重视这种伦理文化，并深刻融入了武术技艺的传承与道德规范的实践中。中国武术实践遵循"八打八不打"的原则，反映了武术界通过严格的道德规范约束力量的使用，要求习武者即便到了必须使用武力解决问题的时候，也要力求将对对方的伤害降到最低，反映的是一种深切的道德自觉和人文关怀。例如，《罗汉行功短打·序言》中提到的点穴术，创作于这一原则出现后。内家拳所采取的"后发制人"战略和各种间接的比武方式，都反映出了武术精神对和谐人际关系的追求。武侠文化作为武术文化的延伸，在不同时期以不同的形象表现出来，如先秦游侠、两汉豪侠、隋唐隐侠、宋明义侠等，具体人物如荆轲、郭解、隐娘等的行为实践与人物事迹都体现了中国武术文化强调的伦理道德。中国历史上这些侠客人物通常遵循着快意恩仇、重诺守信、重气轻生、重义轻利的行为准则，他们表现出了极为浪漫的英雄主义情怀，以切实行动揭示了中国传统文化中仁义精神的深刻内涵。中国武术文化与传统伦理道德的融合，反映了武术界深刻的文化自觉与道德追求。中国历史上各时期的武林人物在追求更高武艺水平的同时，不断提升自身的品德修养，常以非常严格的道德标准要求自己，可以看出他们还具有非常强烈的社会责任感和道德感，他们甘愿为国家、社会、民族、人民服务和奉

献一切的精神，是中国武术道德内涵的重要体现和持久魅力的重要
来源。

二、中国武术文化对青少年道德的培养

中国作为文明古国和礼仪之邦，中国传统文化对全球的文明发展具
有深刻影响。中国武术文化作为中国传统文化中的重要组成部分，不仅
蕴含着深厚的文化内涵，还承载着至关重要的道德教育意义。中国武术
在漫长的历史发展中，不仅展现出了高超的身体技巧，还展现出了中华
民族在漫长历史中对崇高精神品质与道德修养的追求。在漫长的发展过
程中，中国武术与中华民族的道德观念相融合，是为社会培养具有较高
思想道德水平的青少年人才的重要途径。青少年在武术训练的过程中，
在武术文化和道德规范的引导下，逐渐形成勇敢、自律、忍耐等多种美
德，这些美德对其健康成长、价值观与人生观的形成、积极生活态度的
养成等都具有重要意义。中国武术强调青少年注重内心的修炼和道德的
提升，要求青少年通过练习武术磨炼心性，成为具有强健体魄、高尚道
德、拥有健全人格的全面发展的人。

在《论语·为政》中，孔子指出："吾十有五而志于学，三十而立，
四十而不惑，五十而知天命，六十而耳顺，七十而从心所欲，不逾矩"，
其观点揭示了个体道德人格形成的过程和途径。其中，"从心所欲，不逾
矩"代表道德自律的最高境界，揭示了塑造道德人格的过程实质上是一
个主动、长期的身心修炼过程。中国武术作为民族文化精髓之一，不仅
担负着传承文化与技艺的重任，还肩负为青少年习武者塑造和完善道德
人格的重要任务。道德教育的实施需要教育者运用各种方法和手段，在
其高度的使命感与责任感的引导下，通过开展课堂讲授、文艺欣赏、环
境熏陶、榜样示范、净友直言、竞赛活动等活动，对青少年有组织、有
目的、有计划、系统地、持续地实施道德影响。将道德教育融入中国武
术训练中，有助于青少年身心全面发展、人格不断完善、道德水平不断
提升，使其形成自律、勇敢等良好品质，为其健康成长奠定重要基础。

（一）道德认识的提高

提高道德认识首先要对社会道德关系、社会道德规范、道德原则有

深入的理解，这是培养人优良道德行为与优秀品质的关键。中国武术强调武德，要求习武者通过练习武术形成崇高的道德品质。武德包括"天德"与"人德"，天德指顺应自然规律，人德指顺应和平、健康、发展的社会要求。天德与人德的结合是"天人合一"哲学思想的体现，这一思想要求人追求科学进步的生活状态，达到与自然和谐共处的境界。在中国武术文化中，人的德行可以通过多种方式培养，如哲学指导、培养整体观念、培养辩证思维等。在这些方法的帮助下，学生可以形成正确的道德观念，真正理解"善恶""得失"的重要性。例如，传统太极拳要求习武者在提升技巧的同时，关注内心的平和，通过练习武术修身养性、静心凝神，深入理解太极的本质内涵，从而达到身心和谐统一的境界。在实际武术教学中，武术教练应采用多样化的教学策略，注重对学生的道德教育，通过进行科学的武术训练和实践，有效提升学生的身体素质与道德修养，培养学生形成良好的道德品质与健全的人格。

在《易经·系辞下》中，"善不积，不足以成名；恶不积，不足以灭身"揭示了行为习惯对个人命运的影响，指出持之以恒的积累对人良好品格的塑造非常有必要。在青少年道德培养和身心健康发展的过程中，中国武术以其独有的教育方式，提供了丰富的教育资源。在中国武术中，象形拳是一类通过模仿动物的形态和动作培养武术技能的武术形式。象形拳包括少林的五形拳（模仿龙、虎、豹、鹤、蛇的动作）、华佗的五禽戏（模仿虎、鹿、猿、熊、鸟的动作）等，其对动物动作形态的模仿并非简单复制动物的动作，而是基于对动物生存智慧的深刻理解总结而来。练习象形拳不仅能使青少年学习和掌握武术技巧，还能促使其观察自然、学习自然，找到与自然和谐共处的方式。而通过对自然的观察，青少年不仅能获得对其人生发展具有重要价值意义的启示和经验，还能理解责任与尊重生命的重要性，这对其提升道德品质、完善人格品质、实现全面发展至关重要。

（二）道德信念的确立

道德信念是道德情感、道德认识、道德意志有机结合的产物，为个人行动提供指导，对个体道德品质的形成具有决定性影响。当个体形成了坚定的道德信念后，就能无视外界环境变化的影响，按照道德信念坚定不移地行动。在道德信念的支持下，个体行为常表现出明显的坚定性、原则性和一贯性。儒家文化与道家文化分别以"圣人"和"真人"作为道德人格的塑造目标，从这点可以看出中国传统文化对道德信仰的追求。在现代社会，雷锋、焦裕禄、孔繁森等的行为也表现出了其坚定的道德信念，这些人全心全意为人民服务、忠于共产主义事业、具有大公无私的社会主义精神，而其坚定的道德信念对其上述行为的发生具有关键的指导作用。成功人群往往对自己完成目标有坚定的信心，对最终的胜利有不可动摇的信念，这种信念支持这类人在工作与学习中释放全部的热情，全身心投入其中并最终获得胜利。在中国武术中，道德信念体现在习武者面对困难和挑战时坚持到底、永不言弃的决心和相信自己、奋力前行的信心。通过武术训练，青少年能够学会如何在困难面前保持自我约束和坚持原则与信念，最终形成强大的内心和优秀的品质，从而在道德信念的影响下发展成为意志坚定的人。

在李小龙等的努力下，中国功夫走入全球视野，成为展示中国武人卓越技艺与中华优秀传统文化、传达民族自豪感和道德信念的重要名片。在传承和发扬中国功夫的过程中，李小龙报以强烈的使命感，坚守本心，其对国家的深切热爱与对民族文化的深深自豪和尊重深刻影响了他人，促进了中国武术的传播。而李小龙这种深厚的情感和信念，正是武术文化所倡导的。道德教育在中国武术的发展中一直占据着核心地位，不同历史时期的思想家，如孔子、墨子、孙中山等，都将自身思想与武术相结合，形成了各自独特的武术道德信念，这些信念虽各有不同，但都对武术与道德修养的密切联系做出了强调。在道德信念的指导下，人们在练习武术时会更加注重自身道德修养与内心修为的提升。现如今，中国武术界的教育者致力于将武术与更多领域相融合，丰富武术的发展形式，尝试通过如学校体育教育、全面健身活动、奥运会项目等展现武术的多样性和包容性，推动中国武术在中国乃至世界范围内得到进一步的普及和发展，同时为广大武术爱好者提供更丰富的道德教育资源。然而，中国武术在推广的过程中，还需要不断丰富其功能，探索和实施更有效的教学方法，在人文关怀和和谐发展的背景下促进习武者的人格精神与道德修养得到全面的发展和提升。

（三）道德意志的锻炼

道德意志指人们在面对道德义务时自觉、坚持履行的品质，它的形成往往伴随坚韧不拔、勇敢等优秀品质，是道德品质的重要组成内容。在练习中国武术的过程中，习武者不仅要在技术层面不断挑战和突破自己，还要在面对困难与瓶颈时不断克服心理与生理上的障碍，锻炼出强大的道德意志。

在练习中国武术时，习武者往往会在学习和掌握技巧方面、身体协调平衡方面、体力消耗方面、意志考验方面等遇到困难与挑战，对此，习武者必须凭借超人的毅力与坚持，才能突破自己并达到更高的境界。在武术训练中，良好的师徒传承与团队合作关系通常会促进习武者之间相互帮助和支持，有助于增强习武者面对困难时的集体意志力，同时对青少年习武者的道德品质有重要影响。武术文化重视"理性主导"，要求习武者在面对内在欲望与外界不利条件和种种诱惑时，能在意志力与理性的主导下，控制自己的行为。通过武术对身心的磨炼，习武者可以在诱惑面前保持自制，在困难面前保持冷静，在理性思维的指导下找出克服困难的关键，从而发展成为具有较强自控力与责任感的人。中国武术不仅强调身体上的锻炼，更注重对道德意志与精神品质的磨炼，长期、系统性地进行武术训练，有助于青少年习武者形成在困难面前不低头、在诱惑面前不妥协的坚强勇气和顽强意志，从而使其在逆境中能够坚持和超越自我。

《武士须知》中提到："吾辈研习武事，期在深造，必须持之以恒，刻苦学习，勿躐以求速，勿半途而辍业"，该观点说明了武术文化对修养磨炼道德意志的重视。习武既是一种强身健体的方式，又是一种磨炼道德意志的有效途径，对青少年的身心健康成长和全面发展至关重要。培养青少年习武者顽强的道德意志，是中国武术文化的重要要求。在练习武术的过程中，习武者需要反复锻炼基本功，这一过程既能锤炼青少年习武者的身体，又能磨炼青少年习武者的意志。武术界的谚语"冬练三九，夏练三伏"[①] 与 "欲学惊人艺，须下苦功夫"[②] 等，都体现了习武者要想练成较高的武艺，则必须经历练习过程中的辛苦，坚持下去，从而实现技艺的不断精进，与此同时，在这样的磨炼下坚持练习武术，也能在很大程度上磨炼习武者的道德意志。在教学过程中，武术教师应创造良好的武术练习条件，为习武者提供应用所学技艺进行实践的机会，有效提升习武者的技能水平并使其获得成就感，从而更有动力坚持练习武术技能，磨炼道德意志，形成面对困难不退缩，对热爱之事保持专注等美好品德。

（四）道德情感的陶冶

道德情感是个体基于道德现象与履行道德义务时产生的情绪反映，它反映了个体内心对道德的认知与体验。爱因斯坦认为，热情是推动一切行为的基础，他指出了情感动力对行为的必要性。

少林古拳谱中的《少林拳十戒》提出，"武艺须传忠诚有志之士，平易谦恭之人""强横无理者不传"，由此可以看出，少林寺对习武者道德修养的重视。《荀子·劝学》中 "是故权利不能倾也，群众不能移也，天下不能荡也，生乎由是，死乎由是，夫是之谓德操"，也对个体的道德情操做出了强调，认为无论外界条件发生了怎样的变化，个体都应能保持内在道德坚定不移。从当代学校教育的视角上看，道德情感的培养至关重要。青少年时期的学生正处于个性形成和道德观念确立的关键时期，对其进行责任感、荣誉感、羞耻感等道德情感方面的培育指导，有助于其全面发展。拳谚所述，"理字不多重，万人担不动。武夫不讲理，艺高难服众。持艺逞凶，罪不容诛"[③]，对理性与道德在武术实践中的重要性做出了强调。中国武术教学不只注重培养习武者的外在技能，更注重对青少年习武者道德精神的引导和培育，使青少年习武者能在没有外在约束的情况下，表现出自我约束和规范自我行为的高度自觉性及主动性。武术教学要求教师通过引导学生体验自身行为的道德意

---

① 武兵.南拳［M］.合肥：安徽科学技术出版社，2016.

② 石天敬.少林拳　刚猛绝伦的必胜拳路［M］.北京：北京体育大学出版社，2000.

③ 汪珂永.中国传统武术文化与传承［M］.北京：光明日报出版社，2017.

义，感受道德的重要性，形成对崇高道德精神的追求，成为具有高度道德情感与道德认识的公民。

（五）道德行为习惯的养成

道德行为习惯是个体深层次的道德观与价值观的内化过程。中国武术实践可通过磨炼习武者的技艺，培养和增强习武者遵守道德规范的自觉性和主动性，使习武者能在行为中自然表现出其较高的道德精神。中国武术兼具身体锻炼、技巧提升、道德修养以及精神境界提升的重要教育任务，长期的武术训练与实践能通过严格的纪律规范、道德行为标准对青少年习武者做出要求和约束，同时培养青少年习武者面对困难时保持坚韧不拔的精神品质，教导青少年习武者在竞技中遵循公平原则和保持尊重对手，形成良好的道德行为习惯。在中国武术文化及其精神内涵的长期影响下，青少年习武者能逐渐将其道德要求内化为个人的行为习惯与道德信念，促进青少年从道德他律到道德自律的转变。在此过程中，武术教师的引导和教育至关重要，武术教师应通过示范与教导，帮助青少年在习武过程中深入理解和践行中国武术蕴含的道德理念，引导其在日常生活中践行道德行为，真正成为有美好道德品质的人。

良好道德行为习惯的形成与熟练掌握武术技术动作的过程类似，都需要习武者长期坚持下去。良好道德行为习惯的养成往往要经历行为动作的泛化、分化、定型到自动化各个阶段，在其整个过程中，教师对学生道德行为习惯的持续引导培育和加强道德教育很有必要。尤其在学生道德感较为薄弱的环节，如爱护公物、勤俭节约等方面，都需要教师进行重点教育和训练。武德是武术的根本，在中国武术教育中，武德教育应贯穿始终。例如，永信和尚（刘应成）为了将前辈高度的爱国主义精神与优良学风发扬出去，同时传承和弘扬武德精神，重新整顿了寺僧武术队。"遇一切外魔挫辱，淡然恬然，不介于意，任人之笑骂嘲激，而无动于心，神专志一"[①]，体现了武术修炼者在面对困难和挑战时应保持的心态。在道德意志品质的磨炼上，传统理论中的"三年一小成，十

---

① 旷文楠. 中国武术文化概论［M］. 成都：四川教育出版社，1990.

年一大成"① 对习武者提出了技术进步的要求，更提出了对其道德意志进行锤炼的要求。在人伦道德规范方面，武术教育将"教导学生尊敬师长、克己和众、不搬弄是非"等作为必然要求。万籁声所言"是以武功一道，非有坚韧不拔之志者难得有大成功；非忠义纯笃者，难得有大造就；非谦和恭敬者，难得有好善终"② 概括了对习武者的基本要求。坚韧不拔、忠义纯笃、谦和恭敬这三个要求，是武术对习武者道德品质提升的重要要求。

第四节　中国武术对文化教育的推动

一、中国武术的文化教育渊源

儒家提倡的中庸之道、道家倡导的无为自然、佛家讲求的定慧并重在中国数千年的发展历程中，共同孕育了顺应变化、和谐相生的文化氛围，其中，儒家思想"以德成人"的教育理念在中国传统文化中占据核心地位。

儒家学派的奠基人——孔子所提出的哲学思想，对体育领域的理论与实践发展有深刻影响。孔子在《论语·述而》提出了"志于道，据于德，依于仁，游于艺"的观点，这一观点涉及德育、智育、美育、体育多个方面的要素，具有深刻的哲学意蕴。作为在中国封建时代广受社会各阶层认可的哲学思想和精神支柱，儒家学说对各种中国文化都产生了不同程度的影响，尤其中国武术曾屡次强调了以"仁义"精神为核心的武德观，体现了对"以德行为先，恭敬谦逊，善气迎人，不可持艺为非，以致损行败德，辱身丧命"③ 规范的遵循。这一武德思想与当时社会提倡的道德标准及伦理准则相契合，促成了具有竞技性的中国武术向仁者之艺的方向发展和转化。中国武术中的武技、法则、套路、武德等

---

① 郑勤.太极文化与功法［M］.武汉：湖北人民出版社，2004.

② 万籁声.武术汇宗（上）［M］.太原：山西科学技术出版社，2006.

③ 刘旻航，孙玲.文化血脉　民俗体育与国学教育研究［M］.济南：山东人民出版社，2014.

内容，都是中国传统文化元素的体现。中国武术不仅是一门身体技巧上的学问，还是文化教育的实践，通过武术教育，中华民族的传统美德和哲学思想得以更好地传承和弘扬。在武术文化的传承中，武术连接着过去与现在，架起了传统与现代对话的桥梁，为现代人感受传统武术文化的深刻内涵和武术精神提供了机会，同时为当代习武者通过武术的理论和实践形成更深刻的文化自觉与高尚的武德精神提供支持。

以老子、庄子的教导为核心的道家哲学也为中国武术的传承和发展奠定了深刻的哲理基础。《老子》中所述："世界上的一切事物都向其对立的方向转化，而克制它的东西恰恰是其对立面，事物向哪个方向转化，这是自然规律。"这一观点深刻影响了太极拳的形成和发展并具体体现了太极拳"以柔克刚""以静制动""以慢制快"的哲学特质。在庄子哲学思想的推动下，中国武术得到了进一步深化和升华。武术的最高境界不能通过高超招式技巧达到，但追求武术的本质与良好"悟性"则可以达到，即最高境界不体现为对身体的极致锻炼，而体现为高水平层次的文化修养和感受能力。受庄子哲学思想的影响，习武者通常追求一种无畏的精神境界，该境界是武术深邃魅力的一种体现。在道家思想的启发下，历代武术大师将太极、阴阳、五行、八卦等传统哲学元素融入武术理论体系，推动了武术理论与实践的深化与革新，并进一步丰富了武术的思想内涵与文化价值。中国武术内外合一、身心和谐、形神兼备的理念在武术教育实践中体现为习武者通过练习武术，既要实现身心和谐发展，又要形成良好的自我感知与控制能力，更要追求道德境界的不断提升和精神层次的自由和解放。

二、中国武术的文化教育功能

（一）以武启真：武术以武促智的教育功能

经过数千年的发展、演变、传承与积累，中国武术文化形成了丰富的技击理论与人生哲理。在现代教育体系，中国武术教学与实践的目的不仅是提高学生的身体素质，还强调通过练习武术培养学生对生命、对世界的尊重、理解和宽容，提升学生的内在修养。中国武术注重"以武促智"，即通过武术训练锻炼习武者的心智。长期系统的武术练习需要学生具备高度的专注力和持之以恒的毅力，这些品质的形成对学生学习其他学科具有积极影响。在武术训练过程中，学生往往会遇到困难或瓶颈，这需要学生有面对困难的勇气与魄力，形成解决问题的能力，而这些素质和能力则对其全面成长、学术发展都有密切联系。在武术的学习和实践中，学生在教师的教导下可以了解武术招式背后隐藏的典故、事迹、文化传统等，从而加深对传统文化的了解，对中国传统文化的核心价值观有深入的理解。学习武术为学生带来的不只是防身技巧的提升，还有深厚文化内涵与精神修养的熏陶，学生可通过武术的练习与实践，体验中华文化的深度与广度，领悟"修身、齐家、治国、平天下"的哲学思想，从而形成积极健康的生活态度与端正的价值观念。

在素质教育的大背景下，中国武术可通过其独特的教学方式，对学生的实践能力和创新精神进行有效培养。在练习武术的过程中，学生需要精确把握套路技术，而这需要学生不断摸索尝试和创新，总结出自己独特的技艺风格。在练习武术的过程中，学生的观察力、想象力与记忆力会得到有效的锻炼并得以加强，能促进其思维能力快速发展。中国武术经过历代武术家的不断创新和实践，形成了丰富的拳种与门派，武术的技巧动作在此过程中得以改进和创新。与此同时，中国武术的内涵也在此过程中获得了进一步丰富和创新，其蕴含的深层次文化价值能有效激发学生形成良好的创新思维和实践探索的能力。

中国武术既注重体能提升，又强调全面促进人的神经系统与身体各器官，尤其大脑等的功能。随着现代科学的快速发展，个体身体活动与大脑健康间的密切关系已被越来越多的研究证实。中国武术作为广受现代社会认可的一种体育运动方式，其复杂多变的动作与技巧能对大脑形成有效的刺激，从而增强大脑功能，促进智力发展。在当今时代，人们越来越重视脑部的健康，人类的智力活动与学习、工作效果直接受大脑机能与结构的影响，大脑物质结构的状况与功能状态及智力发展之间有着密切的关联。而练习中国武术能有效增强大脑功能，对脑部神经细胞突起分枝的数量、神经细胞间连接网络的复杂程度、神经细胞传递信息的速度等有积极影响。中国武术强调力量与速度的结合，习武者通常需要在短时间内爆发出高强度的动作，肌肉在一瞬间会产生大量生物电，对大脑皮层细胞产生强烈刺激，当刺激达到一定强度后，人脑部会有更多神经细胞被动员参与反应，大脑皮层细胞的活动强度、灵活性、综合分析能力、均衡性都会由此有效增强。可见，练习武术能有效增强人体神经系统的功能，为智力发展提供基础。除直接的神经刺激，练习中国武术还能使脑部获得丰富的信息刺激，这些刺激包括对外部环境的感知和内在身体状况的反馈，如肌肉运动产生的生物电信号等，大脑可通过处理和整合这些信息，促进脑部各部分间协调发展，从而实现脑部功能的有效增强。

（二）以武促德：武术以武成德的教育功能

语言学习与动作模仿是人类在早期教育阶段传授生存技能的主要方式。"国之大事，唯祀与戎"的论述反映了中国武术在古代教育体系中的重要地位。到了近现代，随着教育理念的不断革新与人们对中国武术教育价值的深刻挖掘，中国武术被纳入院校教育体系，成为促进学生德、智、体全面发展的重要方式。中国武术不仅能帮助学生有效强身健体，还能提升学生的个人素质，增强学生的精神意志，培养学生良好的道德品质。对武术进行系统的学习和实践，有助于学生树立正确的人生观与价值观，有利于学生形成勤奋敬业、坚持正义的精神品质。在中国武术的发展历史中，无数习武者通过练习武艺具有了高尚的武德和卓越的武艺，并将其作为护国安民的重要工具。虽然历史上很多武术大家没有较高的文化水平或良好的出身，但他们凭借高尚的武德修养与勇于担当的精神，成为维护国家安全、社会正义的重要力量。在众多重要的历史时刻，这些身负深重社会责任感与家国大义的习武之人都能挺身而出，抗击外来侵略，解救民众于危难之中，他们高尚的道德情操与强烈的社会责任感为当代青少年成为拥有强烈正义感、社会责任感和崇高道德精神的人发挥了榜样作用。

在体育领域，中国武术是一种蕴含深厚文化内涵的精神实践。习武者钻研武术技艺，通过习武磨炼心智、身体，提升道德涵养，实现练武与修身、习艺与立人、品德与技艺的统一。在中国传统文化的影响下，中国武术在发展的过程中吸纳了天人合一论、阴阳说、五行说、八卦说等多种哲学思想，这些思想与美学、伦理学、教育学、中医学、兵法、气功等多门学科交叉相融，为中国武术赋予了深邃的哲理内涵与独特的文化魅力。中国武术讲究"内外双修"理念，强调技艺修炼与道德修养同等重要，要求习武者既要强身健体，提高武艺，更要注重礼仪与道德教育，形成坚韧不拔的意志、高尚的道德品质与优良的社会公德，从而达到身心和谐统一、德技兼备的境界。

传统武术的教学实践提倡武德修养，将崇武尚德的精神贯穿于整个武术教育中。武德是习武者必须遵循的道德观念与行为规范，它渗透在武术的各个方面，重视仁义精神。武术教育中"武以德立，德为艺先"的观念更体现了武术教育对武德的重视。武术教育不只是帮助学生形成健康的体魄和掌握自我防卫的武术技巧，它侧重于引导学生修身养性、提升道德水平，实现个人的全面发展。武术的本质特征可通过武德与武技的结合体现出来。由此可见，学习武术的本质在于增强身体素质、提高个人防卫能力的同时，加深习武者对民族文化的理解，将习武者培养成为具有民族精神与崇高道德品质、拥有完整人格的人。学生通过学习中国武术文化理论，不仅可以对武术的健身与自卫价值形成全面理解，更重要的是能领悟武术背后蕴含的深层文化与道德内涵，从而对自身思想行为做出严格的要求，具有尊师重道、团结友爱、坚韧不拔、积极向上、乐于助人、宽容正义、勇于承担社会责任与贡献于国家的优秀品质。中国武术在文化传承方面与道德精神塑造方面的教育价值远超体育竞技的范畴，是培养学生全面发展的重要途径。

（三）以武入哲：武术的哲学教育功能

中国武术作为中华文明的重要内容，其数千年的文化传承中蕴含着中国的文化精髓。中国武术与中国哲学、伦理学、美学、医学等领域的交叉融合，体现了文化方面的共通哲学。在中国哲学中，儒家哲学重视人的道德修养，强调道德价值与伦理关系的重要性，追求人与人之间的和谐美好，其"以德配天"的思想深刻影响了中国武术的发展。中国武术重视道德修养、内在品质、人文关怀，它虽着眼于技艺的修炼和身心素质的提升，但却触及了更为深远的文化精神和哲学层面，其对生命、对自然、对宇宙的深刻理解超越了对肢体理解，这正是它与中国传统哲学息息相通的原因。可以说，练习武术的过程不只是强身健体的过程，更是心灵接受洗礼、道德逐渐升华的过程，这与儒家哲学中对人文精神与道德的追求不谋而合。

武术的理论和实践不局限于表面的积极技术，它富有更深层次的道德哲学意义，它要求人通过练习武术，追求并达到内在精神与外部世界和谐统一的境界。武术的这一哲学观点以和合理念为核心，体现在中国武术的各个方面，其对和谐与平衡的价值追求，深入渗透到习武者练习技术与精神修养的各个层面。中国武术中的和合理念要求习武者不局限于技术层面的进攻和防守，还要具有强大的心理素质与积极的人生态度，通过持续地练习达到内心平和和身体稳健的目的，从而在面对多变的外界环境时，能保持中和的心态，做出理性的判断和选择。中国武术强调的以和为贵的哲学思想，旨在习武者形成正确处理人际关系、理性面对和灵活应对社会现象的能力和素质，追求与外物的和谐共生，这一哲学思想对社会的稳定与发展具有重要意义。除此之外，中国武术还强调人与自然和谐共处，注重顺应四时变化和人体自然规律，达到人与自然的和谐统一。中国武术的这一要求不仅反映了对个体身心健康的关心，也反映了其尊重自然的思想观念和"天人合一"的世界观。从技术层面上看，和合的概念是对中国武术独有的技术要求与理论总结，如"内三合"和"外三合"两个概念对武术技术的精髓进行了凝练性的总结。和合理念不仅为武术技巧的训练提供了指导，还为习武者提供了深入理解生命与宇宙的途径和方式。

中国武术中的"中"与"和"思想反映了一种追求和谐、平衡的价值取向。"中"与"和"的思想在武术实践中体现为技击之术的中庸之道，是一种深刻的人生哲学。在练习武术的过程中，习武者能在强与弱、刚与柔之间找到平衡点，还能在对抗中维系和谐达到和解，从而实现人与自我、社会、自然之间和谐共处。儒家学派提出的"仁者爱人"与"和为贵"的思想深刻影响了中国武术精神。中国武术要求习武者通过练习武术强身健体和提高道德品质，强调习武者要有仁爱之心，能在拥有强大的力量后仍旧保持内心柔软、对他人充满善意的品质。武术练习对习武者提出的保持内心平和与自我约束的要求，也正是"和为贵"思想的具体体现。随着社会的快速发展，人类不仅在经济发展与技术进阶方面迎来了挑战，还需要面对文化多元与价值观念冲突的问题，对此，中国武术的"中"与"和"的理念要求习武者形成包容的态度和坚韧的意志，学会在坚守本心的基础上通过与多元文化交流沟通找出共通点，以宽容的态度求同存异，在差异中追求和谐与平衡，从而构建和平、和谐的社会。

（四）以武塑美：武术的审美教育功能

中国武术的审美教育功能可通过其技巧技能训练和套路演练体现出来，这反映了中国武术生活性与艺术性的完美融合。中国武术实践印证了艺术源于生活而高于生活的观点。套路演练作为中国武术中的重要攻防技巧展现形式，不仅其动作的协调流畅能带给人独特的美的体验，其蕴含的深刻文化意义与精神价值也具有极高的审美价值。中国武术通过具体的身体语言，表达了其对刚与柔、力与美的哲学思考。中国武术的每个招式动作，既蕴含着自然之美，又反映了对人类精神境界的追求，是形与神高度统一的表现。

从美学角度上看，中国武术中蕴含的人体美既包括外在的形态美，又包括内在的精神美，两种美共同构成了武术的审美价值。外在的形态美是人体在力量、速度、协调性、灵活性等方面的极致表现，内在的精神美则体现为武术倡导的道德理念、超越自我的精神追求、坚韧不拔的意志等。在社会生活领域，中国武术中美与善的统一，为美学与伦理学的密切关联做出了进一步印证。习武者练习中国武术，不仅能提升自身的审美能力与艺术修养，更能激发出对高尚品德的向往与对美好事物的追求。由此可见，中国武术的审美教育功能，通过锻炼身体和培养精神，促进人全面发展，实现人内在的、外在的美的和谐统一。

第八章 中国武术文化与旅游融合

第一节 中国武术文化与旅游共存的必然性

一、旅游与中国武术文化概述

（一）旅游与文化的关系

旅游活动是一种包含着社会性、经济型以及文化性的多维度属性活动，其中最突出的是旅游的文化性，旅游活动的意义已经远远超出了简单的地理位移。旅游与文化之间的关系密切且复杂，旅游不仅是文化的展示平台、同时是文化传播与文化交流的重要渠道，可以说，文化是旅游的根基，也是旅游的灵魂。在旅游活动中，观察景点的历史价值、建筑风格、艺术特征或者地方习俗、节日庆典、饮食文化等方面，因为文化因素的存在，旅游者才拥有了更加深刻的文化体验。伴随经济的快速发展以及人民生活水平的提升，旅游已成为现代人放松精神、享受文化的重要方式。人们不再满足于物质层面的旅游，更加追求满足心灵以及享受文化的需求。在现代旅游的发展过程中，旅游活动已然成为促进文化交流的桥梁，不断地推进文化的传播，使旅游者能够在欣赏美景的同时理解和欣赏不同的文化背景。人们通过体验当地与众不同的生活方式、了解不同的文化背景，促进文化互动与融合，从而增进人类社会的相互理解和尊重。

旅游与文化之间紧密且复杂关系体现在多个方面。

第一，《中国大百科全书·地理学》在"旅游文化"条目中明确指出，旅游和文化之间存在不可分割的联系，旅游活动本身就是一种广泛的文化交流形式。从此观点出发，可以深入探讨两个问题，文化是如何影响旅游的，旅游是如何促进文化的传播与发展。有形的文物古迹，无形的民族风情和社会风尚，都是吸引旅客的关键因素，可以看出，通过这些文化要素，游客可以深入了解地区的文化历史，体验该地区的旅游文化。因此，旅游行业应对文化资源进行合理利用以及充分保护，长久地维持其独特的吸引力与独特性。游客通过旅游加强了文化之间的交流和互动，促进文化的传承和创新，旅游活动为大众提供了文化学习与交流的平台，让人们更加深入地了解了文化，学会对不同文化的尊重与理解。

第二，文化为旅游业注入了独特的魅力与丰富的内涵，旅游活动能够促进文化的传播和交流，也能够加深人们对不同文化价值和特色的理解及尊重。文化的多样性为旅游提供了丰富的资源，旅游则成为文化保护与传承的重要途径。旅游可以让不同文化的特色和价值得以跨越地域界限，实现在全球范围内的文化共享与获得更广泛的文化认同。因此，文化与旅游相辅相成，共同推动着人类社会的进步和文明的交流。

第三，文化作为一种广泛的社会现象，其内涵包括物质文化、行为文化以及心理文化等方面。丰富多彩的文化的表现形式，深刻地影响着旅游业的发展。物质文化方面，由古至今，生产工具、生活用品以及其他物质产品的长期历史积累，构成了丰富的文化遗产，形成了旅游资源中不可或缺的一部分。例如，中国的长城、半坡遗址等，这些是历史的重要见证，是吸引游客的重要景点，游客通过参观这些物质文化遗产，能够直观感受到厚重历史文化的魅力。行为文化方面，习俗、传统与生活方式的多样性也为旅游业提供了独特的资源。不同地区的风俗习惯、节日庆典等，成为游客体验当地文化的窗口。游客通过参与不同地区的文化活动，能够更深入地欣赏和理解当地的文化特色。心理文化要素方面，明显体现在人们的思维方式、价值观念等方面。文化名人及其作品往往是体现一个地区文化深度的重要标志。游客通过学习和体验这些文化成果，可以更好地感受到一个地方的文化氛围和精神面貌。因此，旅游不仅是一种体验文化的方式，同时是促进文化传播与交流的重要桥梁。文化传播与旅游活动形成了相互促进、相互依存的关系。旅游活动中的文化体验，使游客能够深入了解和欣赏不同的文化，正是这种深入的文化交流与理解，促进旅游业的发展，在这个过程中，文化既是旅游的根本动力，也是其最终目的。由此可见，文化与旅游之间存在不可分割的内在联系。

　　在众多文化形态中，武术文化具有独特的魅力和深厚的历史文化底蕴，在旅游中占据了不可替代的位置。旅游活动使武术文化跨越地域界限，能够向世界各地的旅游者展示深邃的文化内涵和独特的审美价值。旅游开发的核心之一便是文化的开发，而旅游的长期主题正是文化。例如，武术文化要想实现武术文化与旅游的紧密结合，想要形成一定的产业规模和产生一定的经济效益，就必须将市场与经营有效结合。只有将二者紧密结合，才能推动武术文化旅游进入良性发展轨道。少林武术文化节就是很好的例子，该活动向旅游者传播中华的传统武术文化，展现民族风情，同时将武术文化作为文化旅游资源的一大亮点，促进了文化的传播和旅游的发展。旅游作为武术文化传播的平台，能够促进文化与旅游的深度融合。旅游为人们提供休闲娱乐的机会，同时为人们提供文化学习和交流的场所。旅游促进了不同地域文化的传播和交流，增进了人们对不同文化的理解和尊重。武术文化作为中国传统文化的重要组成部分，通过旅游得到广泛传播，不仅能够提高武术文化的知名度，也能增强民族文化的自豪感和认同感。

（二）旅游文化的内容划分

　　旅游文化涵盖了广泛社会现象和人类文明的重要遗产，这是人类群体在长期发展过程中所形成的传统行为模式。同时，旅游文化也反映了个体在心理层面的认同和选择。旅游文化的综合性质，使旅游文化呈现多层次、多维度的特点。因为旅游文化融合了不同性质的文化要素，所以构成了一个复杂的体系。

　　第一，根据其结构模式进行划分，可将其分为旅游物质文化、旅游制度行为文化和旅游观念文化。①旅游物质文化是旅游文化的基础，旅游物质文化不仅涵盖了丰富的名胜古迹中的建筑、园林、碑刻与雕塑等物质实体，也包括旅游服务与旅游商品等相关设施。这一层面是对旅游文化的物质基础与形态特征的基础体现。②旅游制度行为文化主要关注旅游活动中所形成的社会规范与约定俗成的习惯性思维定势，体现了旅游文化在社会实践中行为模式的规范性。这一层面的文化内容揭示了旅游活动如何在特定的社会文化背景下被组织和规范，如何在社会这一维度更好地展现旅游文化。③旅游观念文化反映了旅游活动中的精神认识。旅游文化的内容分层可以充分反映出旅游文化的丰富性与复杂性。旅游物质文化、旅游制度行为文化、旅游观念文化三个层次相互关联，共同构成旅游文化的核心。这三个层次通过不断的互动和渗透，进而构成了一个复杂的旅游文化体系。旅游物质文化为旅游活动提供了物质基础，旅游制度行为文化为游客的旅游行为制定出一个标准的行为准则，而旅游观念文化更加深化了游客对于旅游的精神意义。正是这三种层次的相互作用，使得旅游文化成为研究社会文化现象的一个重要切入点，进而展现出人类文化多样性与社会发展相结合的重要侧面。

第二，根据消费与经营的关系可以划分为旅游消费文化和旅游经营文化这两大部分。旅游消费文化可以进一步分解为旅游消费行为文化和旅游审美文化，它们共同反映了旅游者在旅行过程中的行为文化模式和审美偏好的相关体验。旅游经营文化涵盖旅游产品经营文化、旅游企业经营文化以及旅游目的地经营文化，这些方面共同构成了旅游产业的经营框架和发展策略。旅游产品经营文化主要强调产品设计与创新的重要性，旅游企业经营文化注重企业管理与品牌塑造，旅游目的地经营文化主要是与目的地的整体形象构建相结合，并制定相应的营销策略。

第三，根据现代旅游的基本要素可将旅游文化划分为旅游客体文化、旅游主体文化及旅游介体文化三大类。旅游客体文化与旅游资源紧密联系，如自然景观、历史遗迹以及相关的地方习俗和传统艺术，这些都是旅游活动中不可或缺的文化成分。旅游主体文化涉及旅游者本身的思想观念、心理特征与其相关的行为模式。它反映了旅游者的文化素养和个性特征两个方面，但其中也包含生活方式、经济条件和消费习惯等方面，同时，旅游者的文化形态深受其不同文化环境背景的影响，进而形成特定的思想信仰和价值观。旅游介体文化主要指与旅游供应和旅游产品紧密相关的文化，主要包括旅游服务、管理、商品以及与旅游相关的文化教育和政策法规等相关内容。这些文化元素共同构成了旅游文化的相关框架，反映出旅游活动的多样性和复杂性。

（三）武术文化的特点

1. 独特性

中国武术文化融合了道家的自然哲学、儒家的中庸之道和佛教的禅思思想，依靠其独特的融合性，进而形成了一套独有的实践和理论体系。在技击术方面，世界各国都在发展属于自己的武术及其相关文化，但中国武术文化凭借其深厚的文化底蕴和哲学思想在世界文化中独树一帜。中国武术不单注重武术技巧的提高，更加强调内在精神修养与外在技术的和谐统一，这是其他国家武术文化难以比拟的。因此，中国武术文化是中华文化重要的组成部分，充分展现了中华民族的民族精神和文化自信。中国武术文化的独特价值在国际上也享有盛誉。

2. 不可迁移性（静止与扩散的统一）

从特定地理环境、人文背景的紧密联系中，可以看出中国武术文化具有独特的不可迁移性。这种独立性是历史与地理条件共同作用的结果，并不是偶然形成的。各地武术流派的形成，都与其所在的自然环境、社会文化有不可分割的联系。例如，嵩山少林武术的精髓在于佛教禅宗的内修与外练相结合，而武当山的武术强调内外兼修，柔与刚的转换，是深受道教思想影响的表现。这些地域性的文化特色，造就了中国武术文化具有了浓厚的地方色彩，也成功塑造了当地独有的独特文化现象。武术文化的这种不可迁移性，并非意味着其完全静止不变。相反，武术文化在传承与发展中，更能与时俱进，不断融合新的元素。然而，武术文化的发展并不能脱离其文化根基和地理环境的约束，反而要进一步加深武术与其原生地的联系。这在武术文化的国际传播过程中表现得尤为明显。虽然武术这种体育运动和文化遗产，在全球范围内享有一定的知名度和影响力，但其深层的文化内涵和哲学思想往往难以完全传递给非本土文化背景的受众。这种文化传播具有一定的局限性，一定程度上保护了中国武术文化的原生态，使其能够在世界文化之林中保持独特的文化身份。

3. 地域性（地区差异）

中国武术文化隶属于东方文化体系，富含浓郁的华夏民族特色。中国文化中对感性的重视超过理性，由此孕育了强调自我体验的内家拳等多样化的武术流派，这些流派不仅风格各异，而且蕴含着独特的文化内涵。中国武术史上存在众多论著，罕见有人从科学角度对武术进行系统分析，与其相关的探讨尝试也少之又少。武术文化的地域性差异是其文化多样性的一种体现。在中国武术汇聚成为一个整体的同时，各地区武术文化依旧保持着其独特的文化特色，这些特色反映各自的地域文化，向大众展示武术文化与地域文化之间的密切关系。河南登封的少林武术文化以佛教文化为底蕴，陈家沟的太极文化深受其历史文化影响，再如湖北武当山武术文化与四川峨眉武术文化等，这些例子足以证明武术文化在各自地域文化紧密相关。此外，山东的水浒武术文化、广东佛山的黄飞鸿武术文化、甘肃的崆峒武术文化等，都在一定程度上与佛教文化、历史文化及文学等文化元素交融，这些都可以看出武术文化的多元化与复杂性。

4. 涵摄性

中国武术深植于中华民族的传统文化中，具有极高的涵摄性。中国武术文化包罗万象、多元共融，其独特之处在于能够广泛汲取并融合各类文化元素，如儒、道、佛等哲学思想，以及兵家策略、文学艺术、伦理道德和杂技技巧等。这种文化的广泛吸纳体现了中国武术对多种文化传统的尊重和借鉴，更凸显了其深厚的文化底蕴和独特的魅力。中华文化丰富的包容性和多样性，促进了中国武术通过文化融合与创新，能够不断丰富和发展自身，形成了一种独立而全面的文化现象。

5. 民族性

在世界各民族文化的宏大画卷中，各自民族文化有其独到之处，而各种技击术充分展示其独特的形式和内涵。泰拳、拳击、跆拳道、空手道等，这些技击技术各具特色，能够充分彰显其民族文化的内在精神。中国武术是中华民族文化的重要组成部分，是华夏民族文化的精粹，其具有悠久的历史、丰富的内涵以及独特的表现形式，是中国武术能够在世界技击艺术之林中独树一帜的重要原因。

中国武术的产生和发展，深深植根于中华大地的沃土之中。从古至今，中国武术始终陪伴着华夏子孙的成长与进步，通过不断吸收和融合各个时代的文化精髓，形成了独具特色的文化。武术技艺的实用性体现在中国武术形成的背景与中国地理环境密切联系上，也体现在其内涵的深度与广度上。中国武术的形成以深厚的文化底蕴作为支撑，是劳动人民对恶劣自然环境适应与抗争的智慧结晶。中国武术是一种身体锻炼的

方式，更是一种文化的传承与表达。中国武术深受儒家文化的影响，将
"礼"文化融入武术的学习和实践中，强调尊师重道、礼仪互敬的文化
理念。这种以礼治武的思想，提升了武术修炼者的道德修养，也使中国
武术成为传播中华优秀传统文化的重要载体。中国武术在实践过程中能
够锻炼身体能力，提升文化素养，体现出华夏民族追求和谐、重视内在
修养的文化特质。除儒家文化的影响，中国武术还融合了道家、佛家等
多种哲学思想，形成了独具特色的武术哲学体系。中国武术的卓越性，
离不开其承载的深厚的东方文化，而这种文化的民族性拥有着独特的
魅力。

（四）旅游与武术文化的互动

1. 旅游资源的文化色彩

旅游资源具有丰富多彩的文化内涵，既包括人类活动留下的历史遗
址和文化遗迹，也包括自然界的山水、植被和动物等。在这些旅游资源
中，最重要的是文化色彩的体现。自然旅游资源虽然是自然界的产物，
但其背后所蕴含的自然美学和生态哲学，同样展现出浓郁的文化特色。
在这种背景下，武术文化作为一种独特的文化现象，为旅游业的发展提
供了新的动力和方向。武术文化是中国传统文化的重要组成部分，其拥
有悠久的历史和丰富的内涵，是中国人民的智慧和创造力体现，也是中
华民族独特的审美观念和生活方式的展现。近年来，随着全球化进程的
加快，越来越多的国际旅游者对中国的武术文化产生了浓厚的兴趣。武
术文化其本身就具有浓厚的吸引力，同时武术文化能让人们深刻体会到
中华文化的魅力和深度。对于中国旅游业而言，武术文化是一项宝贵的
文化资源，是吸引国际旅游者的重要因素。旅游者可以通过武术表演、
武术学习和体验，以及参观武术历史遗迹等形式，直观地感受到武术文
化的精髓和魅力。这些直观的感受为旅游资源增加了吸引力和竞争力。
因此，开发和利用武术文化资源，可以丰富旅游产品的内涵，提高旅游
业的质量和水平，促进中国文化的国际传播和影响力的提升。

2. 旅游行为创造文化

旅游行为作为一种普遍的社会现象，可以看出其对文化的影响。人
类的迁徙与探索行为不仅是生存的需要，更是文化交流与创新的重要途

径。文化传播与积累的初步形成早就有所体现，对古人类遗址的考察发现早期人类已经开始创造性劳动，而旅行行为蕴含了文化的元素。中国拥有数千年文化历史，人类文明的进程为今天中国旅游业的发展提供了丰富的历史资源与深厚的文化底蕴。旅游资源中蕴含的文化基因，是历史的积累，是现代社会文化创新与传播的基础。旅游活动实现了不同文化的交流与融合，促进了文化的多样性发展与文化创意的产生。武术文化是中国传统文化的重要组成部分，通过旅游这一行为进行广泛传播，展示中国文化的独特魅力，促进武术文化内涵的深入挖掘与创新发展。要想推动旅游业与武术文化的融合发展，需深入挖掘和利用自然与武术文化资源，开发具有特色的武术文化旅游产品，这样既可以丰富旅游市场的产品种类，吸引国内外游客的兴趣，又能有效地传播和推广武术文化，从而加深公众对中国传统文化的认识和理解。

（五）旅游为中国武术文化展示提供必要的平台

1. 引入旅游者

原本只在武侠作品中或特定地理位置内部流传的武术文化，在旅游者的驱动下得到了更为广泛的认知与关注。改革开放之前，国内尚未形成独立的旅游产业，诸如少林、武当、峨眉等传统武术文化也与大众生活相去甚远，其中武术文化仅限于一小群人的知晓。20 世纪 80 年代以来，武术文化作为一种独特的旅游资源，开始进入人们的视野，这时是中国旅游业开始快速发展的时期。旅游为人们提供了接触和体验武术文化的机会，也为这一文化的传承和发展提供了新的动力。旅游者通过对各地武术表演的参与以及进行的口碑传播，成功吸引了更多游客，中国武术的魅力得以跨越国界，影响全世界。随着旅游业的兴盛，使得原本属于小众文化的武术，逐渐转变为全民共享的文化遗产。武术文化展示的同时，通过旅游活动实现了与其他文化的交流和融合，促进了文化多样性的发展。武术不再仅是一种防身术或表演艺术，更成为连接中国与世界的文化桥梁。由此可以看出，旅游活动为武术文化的内在价值提供了展示平台，为文化的国际交流与传播开辟了新的渠道，其对于中国武术文化的展示与传播具有不可替代的重要性。

2. 催生宣传者

旅游景区在发展初期，通过广泛的宣传活动提升知名度，进而吸引游客。景区的重要宣传主要依靠旅游者、社会媒体及与景区相关的大型活动，也离不开景区开发单位的努力。社会媒体和大型活动因其较高的社会关注度而拥有广泛的宣传覆盖范围，旅游者的分享和推荐因其真实性和可信度而具有较强的说服力。旅游景区的质量、发展水平、成功度与吸引力，主要依靠旅游者数量直观反映。由此可见，游客的决策结果会受到旅游者的反馈和口碑潜在影响。因此，旅游景点的管理者和开发者应重视与游客的互动，提升游客的满意度，以激发更多的正面口碑传播。同时，如武术展演、文化节等这些与景区相关的大型活动，应通过提供独特的文化体验，丰富游客的旅游体验，同时为景区带来了额外的关注和曝光。在媒体和公众的目光中举办这些活动，将成为推动旅游景区发展的重要动力。

3. 产生关注者

旅游业在当代社会得到迅速发展，是一种具有显著经济和社会价值的活动。旅游活动引起人们的广泛关注，从而对目的地的未来发展产生深远影响。当地政府及旅游主管部门是政策的制定者、是旅游资源开发与保护的主导者、是众多关注旅游发展群体中的重要关注者。例如，当地政府的政策支持对于旅游地点的发展至关重要。如登封少林寺的相关政府进行直接的财政投入，制定相关优惠政策和提供便利的条件，以促进旅游业的快速发展。另外，武当山、峨眉山等旅游业的兴起，进一步证实了政府在旅游业发展中的积极作用。特别是武当山，当地政府积极响应省委、省政府的号召，深化文化与旅游的结合，当地政府通过文化创新提升旅游资源内涵，打造出具有独特魅力的文化旅游品牌。政府还注重旅游宣传和品牌建设，通过媒体发布、社交网络推广和官方网站更新等多样化的宣传手段提升目的地的知名度和吸引力。政府在推动旅游发展中要加强旅游服务质量、优化旅游环境和提升居民文明素质。政府通过这些措施能够为游客提供更加优质的旅游体验，从而促进旅游业的可持续发展。除此之外，旅游者作为关注者之一，作为旅游活动的直接消费者，他们的存在与参与直接影响旅游业的生存及发展。旅游活动如果缺少了旅游者的参与，其存在的意义便荡然无存。旅游者的消费行为促成了旅游景点及相关服务的经济效益，这些效益关系到旅游业的繁荣，也决定了旅游景区乃至整个旅游行业的未来走向。因此，对旅游景点起着决定性作用的是旅游者的需求、偏好和满意度等关键因素。

4. 引来开发者

政府组织和投资商是景区的主要的开发者，旅游景区的开发者都要参与景区的发展中。政府为促进新景区的快速发展，进行了一系列的政策支持和资金投入，这些对景区的开发起到决定性作用。例如，河南少林、湖北武当、四川峨眉等地的旅游发展便是证明。政府的角色不仅限于直接投资，为促进旅游业的健康发展，还要创造有利的政策环境。与此同时，投资商的重要性日益凸显，其是市场经济条件下旅游资源开发的主体。市场经济的竞争机制要求投资商能够准确识别并开发潜在的旅游资源，实现旅游项目的商业成功。旅游的吸引力是影响潜在旅游资源能够持续发展的重要因素。评估一个旅游项目价值的关键因素是旅游者的人数及其发展前景，这直接关系到旅游效益的实现。政府和投资商追求的共同目标是旅游效益的最大化，即追求经济效益与社会效益的最大化。

二、中国武术文化与旅游优势互补

（一）武术文化的优势

1. 不易复制替代的优势

武术文化具有独特且不易复制替代的特质，这是旅游资源的价值所在。自然风光虽然各具风貌，在本质上存在一定的共性与可替代性。山川河流、森林草原等自然景观在全球范围内普遍存在，依托特定自然资源的许多旅游活动如登山、探险等，其本质上并不局限于某一地理位置。相较之下，武术文化展现出了明显的区别性和唯一性。

武术承载了深厚的历史文化价值，是一种深植于特定文化土壤的艺术与技能。每种武术流派都由特定的社会环境、文化背景、哲学思想等多重因素共同塑造而成。这种文化的深度和复杂性，决定了其不易被复制和替代。例如，少林寺和武当山不仅是武术练习的场所，更是武术文化精神的象征，吸引了无数海内外游客慕名前来。

武术文化的独特性在国际旅游市场中尤显珍贵。它是一种体育运动，更是一种文化的展示，能够为游客提供深刻的文化体验和精神享受。武术文化相比于自然景观，更能体现一个国家或地区的文化特色和历史深度。这种文化的传播和体验，为旅游业的发展提供了新的视角和动力，也为维护和传承文化遗产提供了有效途径。

2. 民族性优势

中华民族在长期的社会实践中对武术的发展历程进行不断探索、总结、传承和创新。它融入了哲学、道德、医学等多个方面的知识，包含了丰富的实战技巧，是中华文化多样性和综合性的体现。武术深深植根于中华民族的文化土壤之中，反映了民族性格、思想观念和审美情趣，是独特的民族文化资源。从古至今，无数武术家惩恶扬善、勇敢挑战的英雄事迹，成为口口相传的民间佳话，强化了武术文化与民族精神的联系。它所倡导的不单是身体的力量，更重要的是心灵的修炼和品格的塑造。这种深入骨髓的文化认同感，使武术文化在众多文化资源中脱颖而出，成为体现民族精神和文化自信的重要标志。杂技、茶艺等其他旅游资源虽然各具特色，但往往只能代表某个地区或某个时期的文化现象，难以全面代表中华民族的精神面貌。武术文化所体现的民族性优势，是其他任何一种旅游资源所无法比拟的。

3. 可持续发展优势

在持续发展的框架下，武术文化展现了其深厚的潜力和多样化的发展途径。例如，少林寺将传统武术与现代艺术表演相结合，推出了大型舞台实景剧"禅宗少林"，拓展了武术文化的表现形式，引起广泛关注，实现了文化与经济效益的双赢。少林药局的开业为武术文化的多元化发展开辟了新领域，这是武术文化与医学知识结合的新路径。武术文化在现代社会中被广泛应用，在建设"少林武术城"的过程中，整合了武术研究、培训、表演及旅游观光等方面，构建了综合性的文化产业基地，进一步证明了武术文化的可持续发展性。与此同时，其他武术胜地如峨眉、崆峒、佛山等地也在积极推广自身的武术文化品牌，通过与地方经济发展相结合的方式，探索武术文化资源的新型开发模式。在这一背景下，武术文化既是体现中国传统文化魅力的一个方面，也是一种可持续发展的旅游资源。通过多角度、全方位的开发与利用，武术文化能够不断地与现代社会相融合，创新其表现形式与发展路径，从而保持其生命力与时代感。

4. 市场推广的优势

武术文化在市场推广中拥有广泛认知度与社会声望，这是其具有独特的优越性。在国内外，武术皆为众所周知之事物，其在多数人心中既是技击术之佼佼者，亦兼具神秘色彩。武术基于其深厚的文化底蕴与历史传承，使其在市场推广上具有独特的优势，更容易被广泛接纳。

武术文化能够在国际舞台上进行普及与推广，得益于其良好的社会形象和广泛的影响力。全球范围内，无数热爱武术的人士通过学习和练习武术，提升个人身体素质，更是在精神文化层面上与中华民族传统文化进行了深度的交流。武术文化在国际上的传播和接受，展示的是一种跨文化的交流模式，也加深了不同文化背景下人们对于中华文化的认知和欣赏。在国内，武术文化的传承和发展更呈现蓬勃的生机。众多武术馆校的存在，不仅为武术爱好者提供了学习和练习的平台，也促进了武术技艺的普及。同时，这些武术馆校通过组织各种武术比赛、展示和交流活动，增强了公众对武术文化的兴趣和热情，成为推广武术文化的重要基地。武术旅游是一种新兴的旅游模式，通过将武术文化与旅游资源相结合，充分利用了武术文化的优势，吸引众多对武术感兴趣的旅游者，增进了武术文化的传播，同时为相关地区的旅游业带来了新的增长点。武术文化的独特魅力，为旅游者提供了独一无二的文化体验机会，增加了旅游目的地的吸引力。

（二）旅游的优势

1. 产业成熟度高

旅游产业源于其自身所具备的独特优势和外部环境的有力支持，迅速成为全球经济的重要组成部分，在其组织结构、服务质量、市场营销等方面反映了产业的成熟度。全球经济的持续增长，人们的可支配收入增加，闲暇时间增多，这些都为旅游活动的扩展提供了经济和时间基础。技术进步和交通设施的改善，特别是航空、铁路和公路网络的扩展，极大地促进了人员的跨区域流动性，降低了旅游的时间成本和经济成本。同时，生活方式的变化，特别是对高质量生活追求的普遍增长，也促进了旅游需求的持续增长。现代社会中，压力与挑战无处不在，旅游逐渐成为当下一种流行的放松方式，旅游可以缓解身心压力，丰富人们的精神生活。在旅游活动的推动下，相关产业如住宿、餐饮、交通、娱乐等随之蓬勃发展，进而形成了一个复杂而完善的产业链。这不仅为当地经济发展注入了活力，还为社会就业提供了大量机会。与此同时，旅游的普及还促进了文化交流和理解，增进了不同文化和国家之间的友谊和合作。

2. 发挥综合功能

改革开放以来，中国旅游业经历了全面而快速的发展，旅游产品开发建设以及其相关的配套设施明显改进。旅游业在中国蓬勃发展，覆盖自然景观、历史遗迹以及丰富的社会生活体验，形成了多元化的旅游资源体系。随着度假旅游、滑雪旅游、生态旅游、会展旅游等适应国际潮流的旅游形式的快速兴起，一系列旅游产品在全球范围内享有盛誉。旅游交通条件的显著改善，包括民航、铁路、高速公路、江河游船以及城市出租车服务的全面发展，为旅游业提供了基础设施支撑。旅游餐饮、娱乐、购物等服务在旅游需求刺激下，实现了数量和质量双重提升，同时旅游就业人数持续增加，为社会提供了大量就业机会。旅游业作为国民经济的重要组成部分，旅游业地位的确立标志着旅游业进入了新的发展阶段。旅游产业对国民经济和社会发展的贡献越发显著，国内旅游业的快速发展促进了相关行业的发展，扩大了国内市场需求，提高了经济活力。更重要的是，旅游业在优化投资环境、促进环境保护、弘扬民族文化、更新社会思想观念、提升人民生活质量等方面发挥着不可忽视的作用。旅游业已成为推动国民经济增长和地区经济发展的重要引擎。

3. 发展潜力巨大

中国国内旅游业，自 20 世纪 80 年代中期以来逐渐崭露头角，并在 90 年代迅速蓬勃发展，如今已成为居民消费不可或缺的一部分，也成为扩大内需的重要推动力量。旅游业的兴起表明国民经济已达到一定水平，城镇居民对经济和文化活动的需求不断增加。国内外市场的融合和互补为中国旅游业提供了更广阔的市场基础和发展机遇。该行业之所以能够持续增长，源于其深厚的市场需求与独特的文化吸引力。旅游促进了地区经济的增长，加强了文化的交流与理解，推动了区域经济和文化的共融发展。旅游业的发展还促进了就业，提升了服务业水平，进而有力地支撑了国民经济的全面进步。

未来，随着居民生活水平的提高和消费观念的进步，旅游业将继续蓬勃发展。在这个过程中，旅游业必须不断探索新的发展途径，优化结构和提升品质以满足市场需求的变化。因此，对旅游业来说，开拓新视野、创新服务模式将是实现长期发展的关键策略。

（三）武术文化与旅游的相互补充

1. 武术文化优势对旅游的补充

（1）增加旅游者数量是至关重要的。武术文化与旅游业之间的相互促进作用日益凸显，这成为推动旅游业增长的关键因素之一。全球范围内，武术的普及和推广带来了显著效果，其影响力已覆盖五大洲，吸引了大量热爱武术的人群。这一现象体现在直接参与武术锻炼的人数上，也包含那些对武术文化有浓厚兴趣，但未直接参与锻炼的广泛群体。武术文化因其深厚历史底蕴和独特文化内涵吸引着世界各地的游客前来探寻及体验。随着武术文化的不断对外推广，国际的文化交流与合作日益增加，为武术文化的旅游市场提供了广阔的空间和可能。这进一步增加了目的地的吸引力，也促进了旅游业的多元化发展。增加武术文化旅游活动可以为旅游目的地带来新的活力，增强旅游市场的吸引力。通过组织各类武术表演、比赛和体验活动，旅游目的地能够吸引更多的游客，增加旅游消费，推动当地经济的发展。

（2）强化旅游资源的文化内涵是关键。武术文化是一种旅游资源，这契合了旅游资源发展的新趋势，是一种从自然景观向历史文化资源的转变。武术源远流长，拥有丰富的历史底蕴和独特的艺术形式，为旅游业带来了新的活力和深度。通过开发武术文化旅游项目，可以拓宽旅游资源的选择范围，丰富旅游目的地的文化内涵，吸引对中国传统文化感兴趣的游客。武术文化的旅游化促进了地方文化的保护与传承，并提升旅游体验的品质。游客在体验武术文化时，不仅能欣赏到精湛的武术表演，还能深入了解其历史、哲学和技巧，实现了文化与旅游的完美融合。

（3）强化旅游资源的文化品位至关重要。在全球化背景下，人们对具有独特文化特色的旅游体验的需求不断增长。武术文化的融入使旅游活动更加多样化，让游客深刻感受中华文化的魅力。武术通过各种形式的表现（如武术表演、武术教学、武术体验等），为旅游地提供独具特色的文化产品。这些产品丰富了旅游市场内容，加深了旅游地的文化内涵，提升了其吸引力和竞争力。武术文化的传播，有助于促进文化交流，加深外国旅游者对中国文化的了解和认识，增强文化自信与文化影响力。通过武术文化的融入，旅游资源得以赋予更高的文化价值，从而显著提升旅游的文化品位。

2. 旅游优势对武术文化的补充

（1）促进武术文化的传播。旅游业的蓬勃发展为各种文化的传播提供了新的平台和机遇，尤其对于武术文化而言，这种结合展现了独特的价值和重要性。旅游作为一种文化传播的载体，它的功能和优势在于能够直观、全面地将武术文化的精髓和特色呈现给来自世界各地的游客。游客通过亲身体验武术表演、参观武术学院以及与武术大师的交流，不仅获得了武术文化的视觉享受，还能深入了解其背后的历史、哲学和精神内涵。武术作为一种古老的文化遗产，其传播和弘扬需借助多种形式和渠道。传统的文化传播方式如文字、语言虽然稳固可靠，但在当今快速发展的社会中，可能无法满足人们对文化多样性和即时性的需求。现代传播工具如电视和网络虽然广泛，但在深入传达武术文化的精神实质方面仍有局限。旅游融合了传统与现代的传播方式，打造了一个立体多角度展现武术文化的平台。旅游不仅是一种文化传播手段，更是一种文化体验和交流过程，让游客跨越地域和文化界限，直接感受武术文化的魅力。这种亲身体验增强了文化传播的效果，加深了游客对武术文化的理解和欣赏。同时，旅游促进了文化之间的互动和融合，为武术文化的国际传播和推广开辟了新途径。

（2）旅游业为武术文化的发展带来了重要机遇。在文化交流的背景下，武术文化得以与外来文化相互融合，从中汲取精华，使其不断革新和丰富。通过旅游这一平台，来自不同文化背景的游客接触到武术，能够深化对中国传统武术文化的理解和认识，同时为武术文化的传播和发展注入了新的活力。

　　旅游为武术文化提供了展示和交流的平台，在多元文化的对比和交流中，武术文化在全球范围内展示其独特魅力。通过与其他文化相互交流、融合，武术文化在保留传统精髓的同时，能够创新发展，吸纳外来文化中的优秀元素，从而更加丰富多彩，更具包容性。这种交流与融合不仅丰富了武术文化本身，还加强了社会对其价值的认可和尊重。此外，旅游业的经济效益和社会效益引起了社会各界对武术文化保护与发展的重视。地方政府通过制定相关政策和投资，致力于武术文化设施的建设和完善，如武术影视城、纪念馆等，以保护和传承这一宝贵的文化遗产。这些努力不仅在经济和社会层面带来了显著效益，也在全球范围内提升了武术文化的影响力和知名度，进一步推动了其在世界舞台上的发展和传播。

　　（3）有利于实现武术文化的价值。第一，文化价值的实现。武术作为民族传统文化的重要组成部分，其文化内涵的丰富和发展是对本身的完善，也是对民族文化整体的贡献。通过旅游这一平台，武术文化得以更广泛的传播和认知，进而促进了文化价值的实现。第二，社会价值的实现。武术所弘扬的价值观念如爱国、自强、坚韧不拔、锄强扶弱等，是武术文化传承和发展中的核心，在旅游活动中均得到体现，促进了社会的凝聚，形成向上向善的精神风貌。通过旅游活动的推广，武术不仅可以在国内更快的推广，更能在国际上树立良好的形象。这有助于提升国人的民族自豪感，激发国人的爱国主义情感，展现武术文化的社会价值。第三，经济价值的实现。经济价值的实现可通过旅游活动直接反映。武术文化旅游的兴盛发展，为地方政府和相关企业带来可观的经济收益。更重要的是，这种收益的增加，还促进了旅游区域居民生活条件的改善。通过参与武术文化旅游的各项活动，当地居民可获得更高的经济收入，从而提高生活质量，这既体现了武术文化的经济价值，也反映了旅游对于地方经济和社会发展的积极影响。第四，政治价值的实现。在历史进程中，武术与政治、军事紧密相关，对各朝各代的政治军事贡献显著。当前，武术的这一作用似乎有所减弱，但武术文化通过旅游的方式在国际舞台上展现其独特魅力，这有助于增进国际友好关系，展现了中华文化的魅力和影响力。少林武僧访问俄罗斯、美国等国，通过展示少林功夫，赢得了国际社会的广泛认可和高度评价，这是对武术技艺的认可，也是对中华文化的肯定。俄罗斯总统访问少林寺，更是引发了全球媒体的广泛关注，从侧面反映了武术文化在国际交流中的独特魅力和政治价值。

三、中国武术文化与旅游的契合点

（一）武术与旅游的文化契合

在当代社会，武术文化与旅游业的蓬勃发展，彰显了人类对身心健康和精神满足的迫切需求。随着经济的飞速增长和生活水平的提高，人们对于文化娱乐活动的追求越发强烈，特别是那些能够促进身心健康、符合高品质生活追求的活动。武术是中国传统文化的重要组成部分，承载着深厚的历史文化价值，同时是一种有效的身体锻炼方式。它在提高个人身体素质、培养意志力和毅力方面发挥着重要作用。旅游活动，作为一种探索未知、体验多样文化的方式，满足了人们对于精神文化生活的追求。旅游为人们提供了深入了解不同地区历史文化、自然景观和社会风俗的机会，从而扩展了他们的视野，丰富了知识和体验。将武术文化与旅游相结合，不仅可以丰富旅游的文化内涵，提升旅游体验的品质，还能有效地传承和推广中国传统文化。参与武术表演、学习武术技艺等活动，让旅游者能够直接感受武术的魅力和深度，同时增进对中国文化的理解和认识。这种融合为促进文化交流与传播、提升人们身心健康和生活品质提供了良好的平台。

武术与旅游契合的真正意义在于其提供的文化体验和交流，而非经济利益。参与者将经济视为参与活动的必要条件，而非主要目的。这种体验和交流丰富了个人的生活，也促进了不同文化之间的理解和尊重。每一件与武术和旅游相关的事物都承载着独特的历史、民族特色和文化氛围，通过与之接触，人们能够深入体验并吸取知识，促进自身的身心愉悦。此外，参与这些活动的过程中，不同文化的交流和传播得到加强，同时对文化的保护起到了积极的作用。文化资源是每个国家、地区、社会乃至当地居民宝贵的财富。在一定意义上，这些活动是保护和传承民族文化的重要手段，以有效开发和利用文化资源，重视对民族和当地文化的挖掘与保护。

（二）武术文化产业和旅游业的经济契合

在当代经济结构中，武术文化产业与旅游业的融合展现了跨界合作的新趋势。它们作为国民经济中的重要组成部分，相互之间的联系与互动变得更加显著。武术文化产业，植根于深厚的历史文化土壤之中，承载着丰富的文化价值，同时蕴含着巨大的经济潜力。旅游业是地区经济发展的关键推动力量，对文化资源的需求十分明显。在这样的背景下，二者的融合是促进经济发展、提升文化价值的有效路径。从系统论的视角看，武术文化产业与旅游业的融合不仅推动了各自产业的发展，也为整体经济系统的运行做出了积极贡献。武术文化的推广，为旅游业提供了独特的文化产品，吸引了大量的文化旅游消费者，进而激发了旅游消费的增长。反之，旅游业的兴盛也为武术文化产业提供了更广阔的市场和更多的发展机遇。这种相互促进、相互依存的关系，不仅加强了武术文化的全球传播与影响力，也为地方经济的多元化发展带来了新的活力。

旅游业和武术文化产业的结合显著促进了国内外的经济增长，推动了相关产业和部门的发展，为经济注入了新活力。这种融合发挥了两个行业的互补特性，共同创造了新的经济增长点。旅游业需求的增长与武术文化的传播互为支撑，二者联系紧密。一方面，通过举办各种武术展示和体验活动，吸引了众多旅游参与者，既丰富了旅游内容，又为武术文化的传播与发展搭建了新平台。另一方面，随着武术文化产业的发展，更多以武术为主题的旅游项目和产品得到开发与推广，满足了市场多样化的需求，并推动了旅游业的进一步发展，形成了互利共赢的局面。同时，政府对于旅游业和武术文化产业的支持与投入，进一步促进了两个产业的发展。通过政策扶持和资金注入，不仅优化了产业环境，提高了产业质量和效益，还使旅游业与武术文化产业能更好地适应国家的产业政策，为产业结构的优化和调整提供重要支持。

发展旅游业与武术文化产业对于调整和优化国家产业结构具有显著作用。两个行业都属于劳动服务性行业，是第三产业的重要组成部分。它们的快速发展有助于增加第三产业在国民经济中的比重，能够通过对设施、设备及物资消耗的需求，推动了相关服务行业的发展，丰富整个产业体系。除此之外，武术文化消费和旅游消费作为较高层次的消费活动，能够吸引并形成大规模的消费群体，从而为市场提供强劲的需求动力。在市场经济的背景下，这种需求的扩大有助于稳定市场供求关系，促进货币流通速度，增加外汇收入，并为国家财政贡献更多税收。同时，旅游业与武术文化产业的发展还创造了新的就业机会，促进了地方经济的发展，有助于推动社会的稳定与和谐。旅游业作为第三产业中的重要部分，一直被视为经济增长的新引擎。它能直接增加地区经济收入，还能带动交通、餐饮、住宿等相关产业的发展，形成产业链的良性循环。在此基础上，武术文化通过对其消费潜力及文化价值的开发利用，为旅游业增添新的内容与形式，吸引更多的国内外游客，形成新的消费热点，是一种独特的文化资源。

（三）武术文化产业和旅游业的产品契合

1. 产品的非实物性

武术文化与旅游业的融合呈现出一种特殊的产品形式，即非实物性产品。尽管这些产品或服务可能涉及一些实物元素，但其核心吸引力来自于无形的服务和体验。这种无形性质使得交易焦点不在于实物的交换，而在于通过武术文化活动与旅游体验所转化出的利益，如参与者获得的经历、感受及身心满足等。这些满足感及印象的形成，均为无形，体现了一种特别的价值转换方式。在非实物性产品中，其价值和使用价值不依赖于任何具体的实物，而内含于所提供的服务中。这一特性促进了对武术文化的深入体验与理解，以及旅游体验的丰富多样化。参与者在这个过程中，不仅能感受到武术文化的吸引力，还能体验到旅游目的地的独特特色和文化内涵。

2. 产品的不可储存性

武术文化产业与旅游业的产品特性，体现在其服务的即时性与直接劳务性上。由于这些服务的本质是无形的，它们无法储存，一旦提供即被消费，无法为未来需求保留或复制。这种特性要求提供者在服务发生的同时，确保质量与效果，因服务一经进行便无法撤回或存储。在旅游业和武术文化市场中，这一特性尤为明显，因为旅客和参与者的体验直接受到服务质量影响。而服务的不可逆性对提供者的专业性与响应能力提出了更高要求。

3. 产品的不可转移性

武术文化和旅游产品的不可转移性源于旅游资源及设施的地理位置固定性，这些资源和设施是武术文化和旅游服务的基础，限制了产品的流动性。武术文化与旅游产品之所以独特，还因为消费过程中的个人化体验。消费者需亲身参与，他们通过体验获得的感受无法通过第三方转移或分享。武术文化与旅游产品的所有权问题也凸显了其不可转移性。消费者所支付的仅为使用权的费用，无法获得对文化或旅游资源的长期所有权。这种权利的限制加强了产品消费的独特性，使得体验成为一次性的，无法复制或转让给他人。

4. 产品的生产和消费是同时性的

武术文化产业与旅游业在产品生产和消费模式上展现出显著的同步性特征。这意味着，不论是提供给消费者的武术文化体验还是旅游服务，其真正的价值都在消费者参与的瞬间得以实现。这类产品或服务的特性决定了它们必须在同一时间、同一地点内完成生产和消费，因为它们是无形的且无法储存的。因此，人们每一次的消费体验都是独一无二的，即便相同的消费者对相同的服务再次消费，所获得的体验也会因时间、环境、个人心理状态等因素的不同而有所差异。这种同步性对产品的生产提出了特定要求，即必须在消费者的需求出现时即刻提供，为消费者带来物超所值的消费体验。在武术文化和旅游服务的消费过程中，消费者的参与既是产品生产的一部分，也是消费体验形成的一部分。这种消费模式的参与性强调个性化体验的重要性，并且指向了服务提供者在满足消费者需求、创造独特体验方面的挑战与机遇。

第二节 中国武术文化旅游资源的开发

一、中国武术文化旅游资源的解析与特征

（一）中国武术文化旅游资源的解析

中国传统文化底蕴深厚，而武术作为其中一门古老的艺术形式，经过数千年的沉淀与发展，不仅融合了儒、道、墨等多家思想，还吸纳了中国传统的哲学、美学、医学、法学和宗教学等元素，从而形成了具有鲜明民族特色的传统体育项目。武术是一种身体锻炼的方式，更是一种文化的传承和表达，它展现了中华民族在体育运动方面的深邃智慧和独特审美。武术的内涵丰富，蕴含着强烈的哲理性、科学性、伦理性和艺术性。这些特性体现了人类体育运动共有的强身健体功能，更加深了武术作为一种文化现象的独特价值和意义。因此，武术超越了体育的常规范畴，成为连接人与自然、人与社会的纽带，有助于实现身心的和谐统一。在武术文化中，中国传统文化的价值观、人生观和世界观得到全面的体现和传播。武术不只是一种防身之术，更是一种生活的哲学，能在人们面对生活挑战时提供思路，指导人们在物质与精神、个人与社会之间寻求平衡与和谐。通过武术的练习，个体能够培养出坚韧的意志、高尚的品德和审美的情趣。同时，武术作为中国传统文化的重要载体，对其文化内涵与结构的深入研究，也为体育文化的探索开辟了新的视野与维度。通过剖析武术文化的类型结构，可以更加深入地理解文化如何渗透并影响体育，以及体育如何展现文化的多样性与丰富性，进而揭示体育与文化的内在联系与互动关系。

武术文化旅游所展现的多元文化层次，可借鉴张岱年先生的"三层次结构"文化概念，以及塔尔科特·帕森斯的"结构功能主义"学说，进行深入的类型结构探讨。武术文化依据其表现形式可分为三个层次：技与术的"表层"，即物质文化层，聚焦于武术作为身体技艺和实战技术的直观展现；礼与艺的"中层"，即制度文化层，凸显武术在社会制度与习俗中的位置与功能，包括礼仪、教育、组织等方面的体现；道

与理的"深层"，即精神文化层，探索武术所蕴含的哲学思想和精神追求，如图 8-1 所示。技与术的表层，即物器技术层，强调武术作为一种身体技能和实战技术的物质和形式方面，是文化最直观的表现。礼与艺的中层，或制度习俗层，不仅反映了武术在社会制度和习俗中的地位与作用，还体现在礼仪、教学、组织等方面，构建了连接物质与精神层面的桥梁。道与理的深层也是心理价值层，这一层面探究武术所蕴含的哲学思想和精神追求视为武术文化的核心。此三层结构相互关联，构成一个有机整体，每一层次不仅自成体系，而且与其他层次相互作用，共同推动武术文化的发展与传播。

武术物质文化 （表层）	武术制度文化 （中层）	武术内涵文化 （深层）
培训班、服装器材、武术景点、旅游纪念品、武术演员、武打设计、劳务输出、演出、教拳等	高中级教练员岗位培训制度、武术管理干部培训制度、武术人员出国审批制度、全国武术项目评比制度、武术馆校管理与评比制度、武术段位制度等	武术与古代哲学、伦理学、兵学、中医学、史学、宗教、美学等

图 8-1　武术资源分类情况

（1）武术文化的"表层"。即物质文化层，涵盖与武术相关的各种物质设施，包括技术手段、练习器械、专用场馆与特定服饰等元素。这一层面构成了武术文化的基础架构。这些物质元素不仅直观地展现了武术技术的动作技巧和形态美学，如手型手法的变换、步型步法的灵动、拳法腿法的威猛以及翻腾跳跃的灵动，更在无形中传递着武术文化的独特魅力。同时，器械的使用和形态，场馆的布局及服饰的设计也在无形中展现了武术文化的独特风貌。此外，深入探讨这一层面，会发现它承载着丰富的功能价值。无论是健身娱乐功能，还是技术培训、竞赛表演等方面，武术文化的物质层面都发挥着不可或缺的作用。同时，场馆、器械和服饰等也具备商业经济功能，为武术的普及和发展提供了物质基础和经济支持。这些功能丰富了人们的体育生活，还促进了武术作为一种体育项目的传承与发展。通过这些多元化的功能，武术的健身、娱乐、自我防护的价值得到了进一步开发，同时，其在竞赛表演和商业经济方面的价值也被充分挖掘。这有利于推动中国武术的全球传播，也为武术文化的可持续发展提供了动力。因此，武术文化的物质层面在维护和传承武术精神、在实现其社会文化功能方面发挥着重要作用，是推动武术全球传播和可持续发展的关键力量。

（2）武术文化的"中层"，即制度文化层，是对武术社会实践活动的深刻体现。这一层次广泛涉及了武术的组织结构、传播与传授方式、礼仪规范、品德修养的培育、技能的演练实践、相关的书籍与论著、习俗禁忌的遵循以及保健药品的运用等方面。这些元素共同构成了武术文化的核心内涵。通过深入探究这一制度文化层，能更加全面地把握武术的组织结构、传播渠道以及教学方法，这对于推动武术文化的传承与发展至关重要。

在武术文化的组织方式中，不同的武术流派与团体通过特定的组织形式，形成了独特的社会文化现象。这些组织形式的独特性不仅有助于武术知识与技能的传承，更促进了武术精神与道德的内化。在传播方式上，武术文化紧跟时代步伐，充分利用现代传媒技术的力量，将传统的师徒口授和实践演练与现代的书籍、影视、互联网等传播方式相结合，使得武术文化得以广泛传播，深入人心。武术文化的礼仪规范和品德修养反映了武术的精神追求和伦理要求。尊师重道、勇敢坚韧、自律自尊等品质不仅是武术精神的表现，更是对个体品德的塑造与提升。技能演练和套路练习展现了武术的艺术魅力，也是对实战技能的锻炼和提升。书籍论著和习俗禁忌是武术文化知识传承的重要载体。它们承载了武术的理论知识、技术细节和历史发展，使得武术文化得以延续和发扬。同时，习俗禁忌体现了武术社群对于道德规范和行为规范的重视，为武术界的和谐与秩序提供了有力保障。武术文化的中层还揭示了武术作为一种文化现象，即具有体制建设的功能，承担着道德教育、竞赛表演、娱乐观赏与文化传播等多重角色。体制建设功能强化了武术组织的纪律性与系统性，保障了武术传承的有序性。道德教育功能通过武德修养的强调，培养个体的品德与社会责任感。竞赛表演功能和娱乐观赏功能则充分展现了武术的艺术价值和观赏性，增强了武术文化的社会吸引力。而文化传播功能通过书籍、影碟的出版发行，使得武术知识与技能得以广泛传播。武术文化的"中层"是武术文化体系中的关键一环，深入研究并合理利用武术文化的"中层"，有助于进一步挖掘武术文化的社会价值和经济潜力，推动武术文化的传承与发展，使其在现代社会中发挥更广泛的作用，展现其独特的魅力和价值。

（3）武术文化的"深层"。武术文化的"深层"层面，是其作为精神文化现象所展现的独特内核。在这一层面上，武术与民族性格、心理和情感紧密相连，共同构成了丰富而深厚的文化内涵。这种文化层次的丰富性，使得武术成为一种特殊的精神符号，其不仅承载了历史的积淀，更代表了民族的精神追求和价值观念。深入探究武术文化的深层，可以发现其背后蕴含的民族精神和文化理念。武术所展现的，既是一种竞技与对抗的精神，也是一种追求内心与外在和谐的过程。通过不断的学习，武术追求美的展现、德的体现以及智慧的积累。这种追求不断强化着习武者的伦理观、信仰观、审美观和修养，形成了独特的个人品格和社会价值。武术的实践和理论基础，反映了一种深层的文化自觉和文化自信。它通过丰富的文化内容和精神内涵，为习武者提供了思想教育的平台、精神信仰的支撑以及审美欣赏的途径。因此，武术文化的深层维度不仅是对民族精神的传承与发扬，更是对人类追求精神升华和文化自我完善的生动体现。

武术文化旅游资源在经济领域内的价值展现可谓丰富多彩，涵盖了表层、中层和深层三个层次结构，而表层和中层结构更是其中的核心体现。在表层结构上，武术文化以其独特的技术和技击动作，通过培训传授、书籍音像制品的发行以及器械服饰的生产销售等形式，直接触及武术文化的物质面向，为经济带来了显著的推动力。这一层次的经济活动易于捕捉和量化，对促进地方经济发展具有直接影响。中层结构则进一步挖掘了武术文化的精神内涵和实践价值。无论是礼仪规范、道德修养的教育传授，还是武术保健药品的研发销售，抑或是武术影视作品的制作发行，都展现了武术文化在经济领域的广阔应用。此外，通过组织各种比赛，赚取门票、电视转播费、广告费和赞助费，发行武术彩票，组建职业俱乐部，举行各种类别的制度评定，组织国际武术文化交流活动，以及开展具有民族传统风情的武术旅游和文艺演出，均为中层结构贡献了丰富的经济价值。这一层次的经济活动推动了武术文化的传播与交流，也促进了相关产业的发展和经济增长。深层结构的经济价值，虽然不如表层和中层结构那样直接可见和具体操作，但其通过上述两层的活动，间接地实现了文化精神领域的经济效益。武术文化所蕴含的民族认同感和凝聚力，能够激发人们对国家和民族事业的热爱与奉献，这种精神力量是推动社会进步和经济发展的重要动力。虽然深层结构的经济价值相对难以直接量化，但它通过表层和中层结构的活动，间接地影响着经济领域。

中国地域广阔，自然景观独特，孕育了丰富的武术文化和旅游资源。诸如河南嵩山少林寺、湖北武当山、四川峨眉山、山东梁山及福建南少林等历史悠久的名山古迹，这些不仅是武术流派的发源地，更是武术旅游资源的瑰宝。这些地方的特殊地理位置和独特的文化背景，促进了不同武术派别的发展，每个派别都有其独特的武术内涵和表现形式，武术建筑、服饰等文化产品，都彰显了地域文化的多样性和武术文化的深厚底蕴。武术旅游资源的开发，展示了中国武术文化的魅力和深度，吸引了大量国内外游客前来体验。游客通过观看武术表演、学习武术技艺、参观武术历史遗迹等方式，深入感受中国武术的精髓和魅力。同时，武术旅游还融合了餐饮、宗教、建筑等多种文化元素，如少林寺的斋食文化、武当山的道教文化以及各地独特的武术古建筑群，为游客提供了更加丰富多彩的旅游体验。随着武术旅游产品开发规模的不断扩大，武术旅游已成为具有广泛影响力的文化品牌，有力推动了旅游业和相关产业的发展，同时促进了中国武术文化的传承与发展。武术旅游的开发是对自然景观和文化遗产的保护和利用，更是一种文化传播和国际交流的重要途径。展望未来，武术旅游业的发展将更加注重多元化、综合化的开发策略。旅游文化不局限于单一景点的开发，而将多个武术文化点连接起来，形成武术旅游线路，为游客提供更加丰富和深入的文化旅游体验。中国武术文化旅游资源的类型划分如表8-1所示。

表 8-1　中国武术文化旅游资源的类型划分

依据	旅游学			
类型	武术旅游资源			
分类	自然资源	人文资源		社会资源
		有形资源	无形资源	
主要内容	山川、森林、气候、自然景观等	武术景点和武术产品，如寺庙、武馆、武术圣地等	武术的思想观念，如武德、尚武精神等	民俗风情活动，如少林武术节、国际武术文化节、擂台赛等

　　中国武术文化旅游资源的经济价值正在迅速增长，表现在多个产业化市场的蓬勃发展中。武术技术产业市场展现了武术技术的广泛传播与交流，涵盖各种形式的竞赛表演、健身娱乐活动，还有针对普通人群的技能培训，以及相关的图书和光盘出版业务。此外，武术用品产业市场正逐步扩展，从器械到纪念品、服饰乃至保健品等，均涵盖其中，反映了消费者对武术文化商品的需求日增。与此同时，武术人才市场显现出其重要性，高水平运动员、民间武术家及经纪人等专业人才的培养与交易，为武术文化的传承与发展提供了强大的人才支撑。武术文化产业市场的拓展，特别是旅游市场、文化活动和信息市场等，为武术文化的传播提供了更多途径，也为人们提供了更多接触和了解武术文化的机会。金融市场在武术文化的产业化过程中发挥了重要作用。通过彩票、基金、募捐等多种方式筹集资金，为武术文化活动的举办提供了强有力的资金支持。影视生产市场，包括录像、电视剧、电影的制作出版发行等，更是将武术文化的魅力通过视听媒介传递给了全球观众，极大地提高了武术文化的国际影响力。虽然武术文化的产业化市场仍处于发展的初级阶段，但通过对这些市场的不断开发与完善，无疑会进一步促进武术文化经济价值的实现。随着市场的深入挖掘和资源的有效整合，武术文化旅游资源有望在未来成为推动中国文化产业发展的新引擎。

　　武术文化旅游资源的开发，正成为地区经济增长的一股不可忽视的推动力。随着市场经济的蓬勃发展，武术资源的产业化运营日益显露出其在促进经济效益提升中的独特优势。《体育强国建设纲要》的发布，不仅彰显了国家对体育产业的重视，更预示着武术文化旅游等细分领域将在未来成为国民经济的重要支柱。这一战略定位，为武术文化旅游资源的开发提供了广阔的空间和无限的可能。湖北武当文化武术节和河南温县陈家沟的成功案例充分展现了武术文化旅游在促进地方经济发展、增加就业机会、提高当地居民收入等方面的巨大潜力。这些活动通过吸引游客和促进相关产业链的发展，实现了经济效益的显著提升。特别是在陈家沟，太极拳教育培训的蓬勃发展，带动了当地教育培训行业的增长，还促进了餐饮、住宿等相关服务业的发展。这种模式的成功，说明武术文化旅游资源的开发可以作为地方经济发展策略的重要组成部分，应该进一步加强对武术文化旅游资源的挖掘和整合，通过多元化的产业链条，实现经济效益的最大化。

（二）中国武术文化旅游资源的特征

旅游资源的独特性对游客往往具有强大的吸引力，这种独特性是资源开发中的关键及旅游地产生旅游效益的主要动力。在探究武术文化旅游资源时，借助民俗旅游资源研究方法的应用，揭示其固有的特征。

1. 武术文化旅游资源的地域差异性

地域文化的差异使得武术风格变得多彩多样，武术门派也因此而蓬勃发展。在特定的地理环境和文化氛围中，外来武术往往难以保持其原有特色，而逐渐被本土文化所融合和同化，这恰恰体现了武术文化的地域特色和传承发展的复杂性。各地的武术流派和风格独具特色，地域文化对武术发展有深刻影响。例如，河南是中国武术人数最多的地区，更是少林拳和太极拳等著名武术流派的发源地，其强烈的武术文化氛围和深厚的武术传统，为武术旅游资源的开发提供了独特的价值。而河北的沧州、孟村等地，以其悠久的武术历史和侠义文化，成为武术文化旅游的亮点。这种由地域特色所孕育的武术文化，反映了各地不同的民俗风情和历史传统，也为武术旅游业的发展增添了丰富的内涵。地域差异性还体现在民间习武风气和传统上，不同地区的武术习练风气和习武传统存在显著差异。这些差异是地理环境和历史演变的结果，也是文化积淀和社会发展水平不同的反映。例如，江苏沛县等地的习武风气，虽然不位于传统的武术大省，但其武术文化的活跃度和社会影响力不容忽视，其武术文化在不同地域间表现出鲜明的多样性和广泛性。然而，武术文化旅游资源的地域差异性也导致了产业开发的不平衡，不同地区在产业资源价值、市场容量和效益规模上存在较大的差异。这种不平衡影响了武术文化旅游业的整体发展，也对地方经济的增长和文化传承提出了挑战。因此，对武术文化旅游资源的开发和利用，需考虑到各地区的特色和差异，采取差异化的策略，以促进武术文化旅游业的均衡发展，同时保护和传承地方武术文化的独特性。

2. 武术文化旅游资源的可探究性

中国武术文化旅游资源之所以备受瞩目，关键在于其深厚的文化底蕴与独特的可探究性。武术不仅是一门技艺，更是中华传统文化的重要载体，融合了哲学、中医、养生、气功、兵学、美学等多个领域的精髓。这种文化的多元性为武术披上了一层神秘而传奇的面纱，使旅游者对其充满了好奇与向往。武术文化的探究性除表现在其内容的丰富性上，还在于其精神性的深度。武术的精神内涵并不是显而易见的，而是隐藏在每一招每一式的背后，需要通过深入体验和感悟来逐渐领悟。这种深度的体验和探究过程，能够激发旅游者对武术乃至整个中华文化的兴趣和热爱。为了让旅游者能够更全面地体验和探究武术文化的魅力，应该提供了多种方式和途径：旅游者可以观看精彩的武术表演，感受武术的力与美；可以参与武术教学，亲身体验武术的招式与技巧；可以访问武术历史遗迹，了解武术的起源与发展。这些活动不仅让旅游者在视觉上得到享受，更在心灵上得到触动，使他们在不同层次上理解和感受武术的魅力。这种多维度的探究和体验机会，为旅游者提供了丰富的知识内容，更为他们提供了深度的文化体验。

3. 武术文化旅游资源的无形性

武术文化旅游资源的无形性体现在其非实物性的服务或劳动上。武术作为一种文化表现形式，其价值和使用价值主要凝结在无形的服务中，包括提供的文化体验和精神享受。因为武术旅游主要满足人们对文化消费和精神消费的渴求，它自然归属于服务型的第三产业范畴。在这一产业中，武术旅游的核心竞争力在于其依托的文化服务。这些服务通过为游客创造深刻的文化体验、独特的感受以及值得回忆的亲身经历，从而满足他们身心层面的需求。这种无形的满足形式使得武术文化旅游资源与传统的物质性旅游资源，如自然风景或人造景点，形成了鲜明的对比。参与武术文化旅游的游客，他们所获得的不仅是视觉上的盛宴，更多的是通过亲身实践和深度体验，去探寻武术文化的内在精髓，从而得到精神上的充实和文化上的认同。这种文化服务的提供，要求旅游业者既关注服务的质量和内容，也需深入挖掘武术文化的深层价值，以更加丰富和多样的形式，满足不同游客的文化和精神需求。

4. 武术文化旅游资源的重复使用性

中国武术文化旅游资源在多次利用方面展现了其独特的优势。其内在的稳定性和节律性，使得这一资源几乎不受季节性因素的影响，能够在全年不同时间段内保持高效利用。这一特征在武术表演、比赛、教学以及体验活动中得到充分体现。同时，由于大部分武术资源为非消耗性质，其硬件设施和场所可以经受多次使用而不致损耗，这为武术文化的传播和旅游活动的持续开展提供了坚实的基础。

此外，武术教学和体验活动也是武术文化旅游资源的重要利用方式。这些活动通常以武术馆校、武术文化村等为载体，通过向游客传授武术技艺、讲解武术文化，游客能够亲身体验武术的魅力，深入了解武术文化的内涵。这种教学方式不仅促进了武术文化的传播，也提高了游客对武术文化的认同感和归属感。例如，通过对少林寺武术表演的定期安排，既可以丰富旅游资源的内容，也能够提高旅游目的地的吸引力，同时可以增加旅游的经济效益。通过合理利用和开发这些资源，武术旅游资源的教育和体验功能得到充分的发挥，同时进一步推动武术文化旅游的发展，促进武术文化的传播和交流。

5. 武术文化旅游资源的特色性

武术文化旅游资源以其特有的自身魅力成为民俗旅游领域中的亮点。相较传统的自然景观旅游而言，武术旅游融合了自然、人文及社会旅游资源，让游客在欣赏风景外，能够获得更深层次的文化体验。游客在参与武术演示的过程中，不仅可以欣赏到美丽的自然风光和宏伟古朴的建筑，还能通过学习武术的相关文化和知识，深入体验武术的技巧与背后丰富的文化内涵。这种允许游客亲身参与体验文化的方式突破了传统旅游活动的局限，让游客亲身感受武术文化的精髓。武术旅游的个性化特征满足了市场对于新型旅游形态的需求，引导了旅游市场的发展方向。相较于传统旅游资源，武术文化旅游资源的独特之处在于其能够提供独一无二的交互式体验，让游客在畅游自然风光的同时，也能够获得文化上的充实和精神上的满足。这种旅游形式不仅展示了武术文化的深厚底蕴和独特魅力，还为推动文化旅游的发展提供了创新的视角和思路。

6. 武术文化旅游资源产品的不可转移性

中国武术文化旅游资源的不可转移性体现在其独特的空间属性和消费模式上。由于旅游资源和设施的空间位置固定不变，武术文化旅游产品得以在特定的地理环境和文化背景中扎根生长，这些因素共同构成了武术文化旅游产品不可替代的核心价值和吸引力。因此，武术文化这类旅游产品无法通过可见的直接方式对其进行移动或转移，也不能将其复制到其他地点。这确保了其唯一性和地域性的特征。在消费模式方面，武术文化旅游产品着重强调游客的亲身体验，其价值在于游客是否能够直接接触和亲身体验到武术文化的精髓。这种消费具有高度的独特性和独享性，每位参与者的体验都是独一无二、无法复刻的，不能通过任何方式让第三方代替或转移。因此，购买武术文化旅游产品不仅是对物质资源的利用，更是一次深层次的文化与精神的体验。同时，鉴于游客只能在特定时间和地点亲身体验武术文化旅游产品，游客无法获得其消费后的所有权，而只是暂时地享有使用权。也就是说，即使消费者为体验此类旅游产品支付了费用，他们也不能拥有、转让或借用旅游资源和设施。这种所有权和使用权分离的表现，进一步凸显了武术文化旅游资源的不可转移性的特点，同时强化了武术文化旅游的独特价值和体验方式。

7. 武术文化旅游资源产品需求的高弹性

武术文化旅游并不是一种简单的体育活动或观光项目，它融合了深厚的文化内涵和历史价值，是满足人类高层次精神文化需求的一种方式。武术文化旅游是一种融合了历史价值、文化内涵和高层次精神文化需求的综合体验，超越了单一的体育活动和观光项目，成为了一种满足人类精神文化需求的方式。在追求体验的过程中，游客的消费行为受到生理和安全等基本需求的制约。这些基本需求的满足与否直接关系到对武术文化旅游产品的需求弹性。一旦这些基本需求受到威胁或无法得到满足，对武术文化旅游产品的需求便会受到影响，游客对武术文化旅游的兴趣和投入就会发生变化，显示出需求的不稳定性。因此，武术文化旅游资源产品的销售波动，反映了市场需求的不稳定性和变化性。这种不稳定性来源于多种外部因素的影响，包括经济条件、社会稳定性、环境变化等。武术文化旅游资源在管理和推广方面应充分考虑这些外部因素的变化，了解它们对人们基本需求满足程度的影响，避免影响游客的旅游体验。

二、中国武术文化旅游资源开发的原则与依据

（一）中国武术文化旅游资源开发的原则

现代与传统武术间的分歧，体现了社会变迁对其社会功能的影响。中国武术文化作为独特旅游资源，在开发时应注重对其精神文化内涵的深入挖掘，保证原汁原味，彰显特色，平衡展示与乐趣，兼顾保护与开发。开发者需具备专业及多方面文化素养，遵循开发原则，以促进武术文化旅游资源效益的最大化。

1. 为武术文化旅游业服务的原则

对于中国武术文化旅游资源开发，要时刻遵循服务武术文化旅游业的基本原则，对此应深入研究旅游业的发展规律与游客的心理活动。开发过程中，要保障所选项目既能满足旅游市场的需求，又能够维护资源的长久利用，就必须对武术文化旅游资源的经济、科学、文化和美学价值，以及其功能作用进行全面深入的评估。在对旅游开发项目进行筛选以及规划其内容和核心要点时，应尽量避免那些品位不高、可能败坏社会风气或破坏环境等因素。除此之外，对于所开发的项目应严格遵循国家的法律法规，去除有关封建迷信等消极因素，以确保项目的合法性和社会文化的健康发展。经过细致的筛选与周密的规划，推动武术文化旅游资源的高质量发展，同时注重保护并传承中国武术文化的核心价值。要致力于为游客提供深刻且富有意义的文化旅游体验，这不仅丰富他们

的旅行内容，也加深他们对中国武术文化的了解。这种开发模式不仅有利于武术文化的广泛传播，也为旅游业的长期稳定发展奠定了坚实的文化根基。

2. 特色性和古朴性相结合原则

武术，作为一种充满国家特色与文化底蕴的传统体育形式，在新时代背景下进行旅游开发对于推广和传播武术文化具有重要作用，可加深全球范围内对这一独特文化的认知和了解。在开发武术旅游产品时，关键在于将武术的独特性与地方文化特色紧密联系起来并充分利用"人无我有，人有我优"的资源优势。为确保项目能够顺利进行，要利用起旅游资源的珍稀性、历史悠久性、独特性、规模性、观赏性、完整性和组合性等核心要素进行精心设计和规划。通过突出武术旅游的特色，与地方民俗资源的乡土气息和古朴风情相结合，可进一步提升旅游产品的吸引力，同时能让游客更深入地了解武术文化的深厚历史背景。此外，将武术资源与当地的人文魅力和自然景观相结合，能够创造出独具特色的武术旅游体验，满足不同游客的需求，推动文化旅游产业的蓬勃发展。

3. 保护性和经济性互补原则

在开发武术文化旅游资源时，经济效益与文化遗产保护的平衡至关重要。过度商业化可能会损害武术文化的本质，因此，在开发过程中要强调对文化遗产的保护和传承，而非单纯地追求经济利益。通过科学的规划与管理，能够实现对武术文化资源的有效保护和可持续利用，从而推动旅游资源的长期发展。同时，在开发时应采取一系列保护措施，减少对自然环境和社会文化的负面影响，确保地区的生态平衡与社会和谐。这种保护性开发不仅限于对武术文化遗产的物理保存，更要对武术文化进行活化利用。例如，通过举办武术展演、教学活动和文化节等活动，让更多的人接触和参与到武术文化中，从而推动武术文化的传播和发展。这种活化利用既丰富了旅游产品，又促进了武术文化的传承和普及。在经济性开发方面，应坚持可持续发展的原则，避免过度开发和环境破坏。开发者应通过采取环保措施与合理规划旅游容量，避免旅游活动对文化遗产造成损害。同时，提升服务质量和旅游体验，也是实现经济效益增长的重要途径。

4. 文化性和科学性相融合原则

武术旅游资源的核心包含两个部分：自然资源以及社会文化景观资源。人文景观是人类文化发源地的体现，其中蕴含着深厚的历史、地理、人类学、文化和美学价值。因此，在武术旅游资源开发过程中，有必要深入挖掘文化内涵，并在项目规划、设计、开发和宣传到产品管理等方面展现当地文化的独特魅力。同时，科学的规划和设计是开发武术旅游资源的基础，其目标是通过高标准、高质量的开发过程，充分展示武术文化的精髓，并排除那些不符合现代文化审美和价值观的元素。这一过程需要对武术文化有深刻理解和尊重，也需要贯穿整个开发过程的科学方法论，以确保武术旅游资源的可持续发展和利用。

5. 创造性原则

创造性原则强调，在武术文化旅游资源的调查开发中，要充分掌握和识别所有具有旅游发展价值的武术文化资源，包括客观资源和现有资源，以及涵盖那些能够满足游客日益多样化和个性化需求的资源。随着社会发展和文化交流的深入，人们对武术文化旅游的需求逐渐呈现出多元化特征，这要求资源开发具有前瞻性和创新性，从而挖掘具有利用价值和未来发展潜力的武术文化资源。此外，考虑到人们的美感和审美能力、受教育程度、居住环境、性格偏好等因素，武术文化旅游资源的开发应充分考虑差异。也就是说，在发展过程中，既要尊重和保护武侠文化的传统特色，又要通过创新的方式，使其更好地适应现代社会的审美需求和文化潮流，从而增强武术文化旅游资源的吸引力和竞争力。

6. 参与性和趣味性并重原则

参与性和趣味性是吸引游客并增强民俗文化魅力的关键。武术旅游之所以成为新的旅游亮点，根源在于其能够让旅游者亲身体验所蕴含的风俗习惯，参加各种武术活动，深深感受文化的独特魅力。世界旅游发展趋势表明，专业化参与活动趋于独立发展，而偶发性的参与活动贯穿于各式各样的旅游体验之中。在武术旅游领域，突破传统的静态展示，激发游客的参与和体验欲望，是增强旅游吸引力的有效策略。通过让游客直接参与武术服装的试穿、器材的使用和学习简单的武术动作，可以丰富旅游体验，增强游客对武术文化的兴趣和了解，并促进他们成为回头客。此外，景区可以通过举办武术文化知识讲座、研讨会和知识竞赛等活动，进一步加深游客对武术文化的了解，提高整个旅游体验的文化水平。

（二）中国武术文化旅游资源开发的依据

1. 中国武术自身拥有独立完整的文化体系

中国武术文化，作为中华民族传统文化的一颗璀璨明珠，承载了深厚的民族文化底蕴和别具一格的哲学智慧。它不仅生动体现了中华民族的价值观、人生观和世界观，更成为中华文明漫长发展历史的鲜活见证。武术文化在继承与发展中，形成了具有鲜明民族特色的传统体育项目，表达了中华民族的思想情感和审美情趣，展现了其独特的民族文化特点。武术文化之所以能独立成为一个完整的文化体系，在于其丰富的实践技艺，并融合了中国哲学、美学、医学、法学等多个领域的知识，展示了一种集科学性、哲理性和艺术性于一体的文化形态。在这一文化体系中，武术可以是一种身体技巧的展现，也可以是一种文化和精神的传承。它在长期的历史发展过程中吸纳了社会各个领域的精华，形成了一套独特的价值体系和世界观。因此，要有效开发中国武术文化旅游资源，关键在于深入并全面地理解武术文化的内涵。通过组织武术文化旅游活动，能够向游客充分展示中华武术的丰富内涵和精湛技艺，使游客亲身体验到武术文化背后所蕴含的深刻文化价值和哲学智慧。这种独特的旅游方式不仅能够加深游客对中国传统文化的了解和欣赏，还能有效推动中华武术文化的广泛传播和持续发展。

2. 隶属民俗文化旅游资源，开发潜力巨大

中国武术现已成为备受全球关注的文化现象，它蕴含着丰富的民俗旅游资源，独具民族文化魅力。它超越了简单的体育运动范畴，成为中华民族千百年来文化积淀和精神追求的集中体现。在民俗旅游的广阔背景下，深入挖掘和利用武术文化旅游资源具有深远的意义和巨大的发展潜力。这不仅能够为旅游市场注入新的活力，还能为武术文化的传承与发展提供新的机遇。

（1）地域性。中国武术历史悠久，各地域的武术风格独具特色，如少林、武当、峨眉等。这些风格的形成与各自的地域环境、历史渊源

以及社会文化紧密相连。地域性为武术的多样化提供了肥沃的土壤，也为旅游者提供了深入了解中国不同地域文化的独特视角。借助武术，旅游者能够亲身感受各地域文化的独特魅力和深厚底蕴。

（2）神秘性。中国武术在其漫长的发展历程中，巧妙地融合了诸多传统文化元素，如道家哲学、中医理论等，从而赋予了武术一种难以言喻的神秘魅力。其中，武术所强调的内功修炼、气功等概念，对于外界来说，更是充满了探索与好奇。武术不仅是一种身体的锻炼方式，更是一种深刻的精神文化传承。这种深厚的文化底蕴和神秘的氛围，使得武术文化旅游资源对游客具有强烈的吸引力，进一步激发了他们对中国传统文化的好奇心和探索欲望。

（3）参与性。随着民俗旅游的发展，游客对参与性和互动性的旅游体验需求不断增强。武术文化旅游正好迎合了这一趋势，为游客提供了亲身参与和体验的机会。游客可通过学习基础的武术动作、了解武术背后的哲学思想等方式，深入感受武术文化的独特魅力。这种参与式的体验不仅增强了游客对武术文化的理解，还促进了他们与当地文化的深入交流，进一步拉近了游客与地域文化之间的距离。

（4）文化性。武术作为民俗文化的一部分，承载着地域文化的特色和精髓。通过武术文化旅游的开发，可以有效地保护和传承武术这一非物质文化遗产，同时为旅游目的地带来新的发展机遇和经济效益。深入挖掘武术文化旅游资源的潜在价值，不仅有助于推动地方经济的蓬勃发展，更在更深层次上促进了文化的传承与国家间的文化交流与互鉴。

3. 武术具有很高的旅游价值

旅游与武术，二者皆为社会消费的重要组成部分，它们的繁荣与社会经济增长紧密相连，对经济起到了积极的拉动作用。通过举办武术文化的旅游活动，不仅能够推动经济的进一步发展，还能够加深不同文化间的交流与理解，从而助力文化多样性的保护。文化旅游的发展，尤其是以武术为核心的文化旅游，为武术的传承提供了新的平台，同时使其能够更广泛地向国际社会展示中华文化的魅力。结合武术与旅游业的发展可以看出，武术不仅是一项传统的体育活动，更是一种蕴含深厚文内涵的艺术形式。通过武术文化旅游的开发，可以有效地促进中华传统文化的国际交流和传播，同时为保护和传承这一历史性文化资源提供了有效手段。因此，武术文化旅游资源的开发不仅有助于传统文化的延续与传承，更有助于促进文化多样性发展，为经济社会的和谐发展注入了新的活力。

中国武术文化蕴含着深厚的艺术价值，是独特的旅游资源。而作为一种表演艺术，它不仅能够为观众带来美的享受，更能激发观众内心的奋斗精神和爱国情感。从美学角度审视，中国武术之美主要分为阳刚与阴柔两大表现形式。阳刚之美通过展现武术的力量与能量，触动人的情感，如少林寺的少林拳便淋漓尽致地体现了外家拳的阳刚之气。阴柔之美则如同细流悠悠，烟云缭绕，强调事物的和谐与统一，这在陈家沟太极拳等内家拳中得到了充分展现。这种艺术性表现于形式上的美，更在于它所承载的文化意义与精神价值。中国武术通过其独特的美学表现，为观众提供了一种深度的文化体验，使人们在欣赏的过程中，能够深刻地感受到中国文化的博大精深。

中国武术，融合了深邃的哲学思想和丰富的实践内容，为旅游资源的开发提供了独特的价值。它是一种锻炼身体的技艺，更是精神文化的一种卓越体现。中国武术深受中国古代哲学的熏陶，特别是道家与禅宗的思想精髓，这些哲学观念在武术的实践中得到了生动的体现与深化。比如，太极拳所强调的"以静制动、以柔克刚"的原则，正是道家哲学中辩证思维的巧妙运用；少林拳则鲜明地展现了禅宗"内外兼修、身心并重"的精神追求。

武术承载着深厚的历史文化底蕴，涵盖了多样化的武术套路和技法，汇聚各具特色的门派，以及武术器械、服饰、音像制品和书籍等丰富元素。这些元素均为武术文化的重要组成部分，为旅游业提供了丰富的内容和形式。以河南为例，该地区成功地将武术与旅游产业相结合，创新性地推出了以少林、太极为主题的旅游项目，不仅推动了武术文化的传承与弘扬，更促进了当地经济的蓬勃发展。通过武术展演、体验及相关文化商品的销售，吸引了大量国内外游客，成为河南旅游的亮点之一。武术旅游的开发，展现了中国武术文化的独特魅力和价值。它为游客提供了一种全新的旅游体验方式，还为中国武术文化的传播和推广提供了广阔的平台。游客可以通过观光、体验、购买武术相关商品等多种方式，深入领略中国武术的深厚历史、精湛技艺和文化内涵，从而增强对传统文化的认知与兴趣。随着武术旅游的兴起，相关产业链也得到了拓展，包括武术表演、教育培训、装备制造、文化产品开发等领域，为当地创造了更多就业机会和经济收入。同时，通过科技和艺术的融合，创造出更多包含传统文化和武术特色的新型艺术形式，为文化旅游业的发展注入了新的活力。

4. 武术文化旅游具有广阔的市场

中国武术文化旅游市场展现出巨大的潜力和广阔的发展前景。这种潜力主要来源于两个方面：市场需求端的强烈人气和供给端的扎实实力。

在市场需求层面，中国武术是一种深受大众喜爱的民间体育活动和一种高雅的文化教育现象，经过数千年的历史积淀，已拥有广泛而深厚的群众基础。这种基础不仅在国内扎根，其影响力更延伸至国际，预示着客源市场的巨大潜力。国际上，中国武术被普遍认可为中华民族宝贵的文化遗产，对全球体育文化产生了不可忽视的影响。诸多国家和地区的武术流派，如日本的柔道、空手道，韩国的跆拳道，泰国的泰拳等，都或多或少地源于中国武术或直接受到其启发。这种跨文化的交流与融合，彰显了中国武术文化在全球范围内的广泛吸引力和传播力，进一步凸显了其在国际旅游市场中的巨大发展潜力。

在供给端层面，中国广袤的地域孕育了各具特色和风格的武术流派，共同构成了绚丽多姿的武术文化景观。中国武术文化旅游在产品设计上充分考虑到不同年龄段、性别和需求的游客，提供了多样化的旅游项目。年轻人可以选择学习南拳或劈挂拳等动作幅度大、强度高的武术，感受其激烈与挑战；而老年人则更适合参与太极拳等注重呼吸与内在修养的武术，既能领略武术文化，又能实现养生之道。性别差异也是武术文化旅游产品设计时考虑的因素之一，针对不同性别需求的考虑，为男性设计更加注重实战和竞技的体验，而为女性设计强调防御和自我保护的课程。武术文化旅游还可根据学习时长和游客需求提供灵活的选择。对于时间充裕的游客，可以安排深入学习完整套路的体验；对于时间有限的游客，可以提供简化套路的快速体验，让他们在短时间内能感受到中国武术的精髓。同时，针对不同需求的游客，如强身健体或提升自我防护能力，武术文化旅游也提供了相应的训练项目和实用技巧学习。中国拥有诸如少林寺、武当山、峨眉山等知名旅游景区，它们以其自然风光、人文景观和深厚的历史文化背景吸引着众多游客。将这些资源与中国武术文化紧密结合，既可以丰富旅游体验，还能进一步提升景区的文化价值和吸引力。例如，河南省温县成功地将地方自然美景与武术文化融合，为旅游开发提供了有益的模式。这种模式不仅提升了游客的满意度，还促进了当地经济的繁荣和文化的传承。

第三节　中国武术文化旅游品牌创造

一、烟台国际武术节与生态旅游品牌构建

烟台被誉为"中国武术之乡"，是"螳螂拳"的发祥地，通过举办烟台国际武术节，烟台已在全球武术界确立了其不可动摇的地位。这一盛大的节日不仅为海内外的武术爱好者提供了难得的展示与交流舞台，更成为了传播与弘扬中国传统武术文化的璀璨明灯，搭建起不同国家人民之间友好往来的桥梁。烟台国际武术节的成功举办，展现了中国传统文化的魅力，加深了全球对中国武术文化的理解与认识。通过武术节吸引的海外武术爱好者和螳螂拳传承者的参与，促进了文化旅游业的发展，带动了相关产业的兴旺。

作为山东体育产业的标志性品牌，烟台国际武术节在促进武术文化传承、交流及传播方面所展现出的价值已不言而喻。然而，品牌的持续发展还需着眼于更深层次的战略规划，特别是在经济价值创造方面。通过精心打造旅游品牌，烟台可以进一步提升其国际武术节的品牌价值，为当地及周边地区的经济发展注入新的动力。通过更深层次的旅游品牌战略规划，如加强与国际武术组织的合作，拓展武术文化的商业模式，以及通过科技手段提升文化旅游的体验等，可以进一步提升其国际武术

节的品牌价值，进一步促进烟台及周边地区的经济发展，为中国传统武术文化的全球传播和交流提供更加坚实的平台。

烟台坐落于胶东半岛东北部，是一座闻名全国的海滨城市，不仅拥有深厚的历史底蕴，还以其迷人的自然风光著称。蓬莱阁的仙境之美、养马岛的旖旎风光，都是游客心驰神往的旅游胜地。然而，尽管烟台的自然资源得天独厚，但相较于青岛等省内城市，其游客流量仍显不足。因此，烟台旅游业的振兴，急需探索新的途径，以吸引更多的游客前来体验。

2017 年，体育总局发布《关于举办全国体育旅游产业高级研修班的通知》，旨在通过体育旅游示范基地建设、体育旅游精品赛事与线路开发等方面，全面提升体育旅游产业链的价值，推动旅游与体育深度融合，为地方旅游业发展注入新动力。2021 年，文化和旅游部发布《开好局起好步推动文化和旅游工作开创新局面　2021 年全国文化和旅游厅局长会议工作报告》明确指出，发展乡村旅游、工业旅游、体育旅游及研学旅游，意在拓展旅游新市场。该政策体现了对体育旅游发展的重视，并对城市体育与旅游事业的融合共同发展起到了积极的引导和激励作用。

体育与旅游的融合发展，可以促进两者优势的互补，还能为旅游业和体育事业的稳定发展与活力保持提供新的动力。烟台应抓住这一机遇，充分发挥自身优势，推动体育与旅游的深度融合。一方面，可以依托烟台丰富的自然资源和人文景观，开发具有地方特色的体育旅游项目，如海滨马拉松、海岛帆船赛等，吸引更多的游客前来参与。另一方面，加强体育旅游基础设施建设，提升服务质量，为游客提供更加舒适、便捷的旅游体验。

在全球化的经济文化大背景下，如何在保持民族性、独立性的同时实现文化的共享，成为我们面临的重要课题。通过烟台武术节及其生态旅游品牌的建设，展现文化自信；通过推广中国传统武术文化，让更多的人了解并喜爱上这一独特的文化形式，从而进一步提升烟台武术节及生态旅游品牌的国际影响力。

另外，品牌若想在海外市场深耕，必须在国内市场上将品牌做强做大，确保品牌具备鲜明的民族特色，免受外来文化的侵蚀。同时值得注意的是，随着一些影视作品的普及，西方国家对中国传统武术已经有了一定的了解和认识。此现象为品牌在海外的渗透与市场开拓提供了便利，为品牌的国际化打下基础。

（一）丰富旅游品牌产品内容

烟台武术节，作为年度盛事，定于每年 8 月 8 日全民健身日前后隆重举行，为期约 15 天。然而，仅仅依靠武术赛事本身，难以形成持续且显著的经济效益。因此，烟台应充分挖掘和整合其独特的地缘特色、深厚的武术文化以及丰富的生态旅游资源，通过创新融合，打造具有鲜明区域特色的品牌，从而突破时效性的限制，实现品牌影响力的持续发展。

为实现这一目标，可以采取以下多元化策略：

第一，在烟台市体育局领导下，常年开设特色武术培训班。以螳螂拳、戚家拳等烟台起源武术为主，由专业人员授课，以此为契机，对品牌进行最大限度的宣传。

第二，在烟台的知名旅游景点定期举办文艺演出活动，以武术表演为核心内容。通过选取表现力强的武术项目，吸引游客的眼球，让他们在欣赏精彩表演的同时，感受到武术文化的魅力。

第三，组织武术交流夏令营和冬令营，利用学生假期，夏季在海边景区，冬季在雪景地区开展，以儿童青少年为主要受众，培育其"终身武术"的观念，促进武术文化的传承与品牌的持续发展。

第四，实施螳螂拳、戚家拳等武术流派的追根溯源活动，让武术爱好者深入了解这些流派的起源、发展和特点。通过参与活动，游客能够更深入地理解武术文化的内涵和价值，从而增强对品牌的认同感和归属感。

第五，在景区附近建立武术主题度假酒店，设立武术项目专题展馆，为游客提供深度体验。

第六，在社区和学校开展武术文化周活动，通过举办讲座、展览、表演等形式，让更多的人了解和接触武术文化。这不仅可以扩大品牌的影响力，还可以为武术文化的传承和发展奠定坚实的基础。

第七，创建"武术大师"巡回表演小组，邀请知名武术大师组成表演团队，定期在全国进行巡演。借助大师的影响力和号召力，宣传烟台武术节品牌，吸引更多人的关注和参与。

第八，武术赛事的组织应以群众参与为主，专业组为辅，尽量满足群众需求。

实施上述多元化策略，能有效打破时效性对品牌发展的限制，促进烟台武术文化与旅游的深度融合，实现经济与文化的双重增值，推动品牌持续健康发展。

（二）招收专业性强的人才

在现代社会中，人才是推动各领域发展的核心要素。特别是在体育旅游行业，对具备深厚专业知识和技能的专业人才的需求日益增加。体育旅游品牌的壮大，离不开旅游和体育两大领域吸引和培养优秀人才。在人才引进策略上，应重点关注那些具备旅游和体育专业背景的候选人。此外，也不能忽视宣传销售、组织管理等方面的人才引进，通过构建多个专业团队，精准地将人才分配到需要的岗位上，确保他们在完善的社会保障制度下能够充分发挥潜能。为了促进人才的快速成长，开展专业的业务培训课程是必要的措施。通过系统、高效的培训，帮助人才快速适应市场需求，激发他们的潜能。同时，定期的工作总结和反馈机制，能够促使人才在实践中不断提升自身的能力和业务水平。体育旅游行业的发展不仅需要专业人才的积累，更需要注重人才的成长和发展。在人才策略的实施过程中，应注重培养人才的创新意识和解决问题的能力，以应对市场变化带来的挑战。通过科学的人才培养和管理机制，体育旅游品牌能够吸引和留住高素质的专业人才，为品牌的可持续发展提供强大的人力资源支撑。

（三）开展品牌宣传工作

绿道体育旅游品牌，特别是那些以绿色、低碳、环保、休闲、生态为核心理念的品牌，必须借助精准的宣传策略来塑造其独特的品牌形象，并吸引与之相契合的目标消费群体。为了提升品牌知名度和影响力，绿道体育旅游品牌应积极借鉴成熟品牌的建设经验，采用多元化、多层次的宣传策略，以期在激烈的市场竞争中脱颖而出，实现理想的宣传效果。

体育局指导下的品牌宣传是一种官方背书方式，能够增强品牌的权威性和信赖度。在各市区设立的大型广告牌，不仅显著提高了品牌的可见性，更以直观的方式向公众传递了品牌的核心理念，为品牌形象的初步建立奠定了坚实基础。此外，利用明星效应进行品牌代言，是当前品牌推广中常见且效果显著的策略。明星的广泛影响力和高度关注度能够快速提升品牌知名度，对于短时间内扩大品牌影响力具有重要作用。网络作为信息传播的快速渠道，对于品牌宣传尤其重要。通过建立品牌网站，发布烟台特色景区照片及武术节相关内容，不仅能够丰富品牌的文化内涵，还能为公众提供详尽的品牌信息，消除疑虑，增强信任。在内容策划上，应注重多样性和深度，力求满足不同年龄段消费者的需求，能进一步增强品牌的吸引力。品牌宣传内容的设计需具有独特性和创新性，凸显品牌特色，以在激烈的市场竞争中脱颖而出。通过独特的宣传方式和内容，可以有效捕捉目标消费者的注意力，加深品牌印象。同时，宣传策略的选择需考虑到目标消费群体的特性和偏好，确保宣传活动能够触达最终用户，从而实现宣传效果的最大化。

（四）建立具体观光游览路线

烟台依托其得天独厚的海洋资源，已经发展成为极具吸引力的旅游目的地。烟台有众多景区，如蓬莱阁、三仙山景区、八仙过海景区、长岛、养马岛、海昌渔人码头、东炮台、金沙滩等，这些景区共同构成了烟台丰富多彩的旅游画卷，既展现了其迷人的自然风光，又彰显了深厚的文化底蕴。为了更高效地展现烟台的旅游资源，合理的路线规划显得尤为重要。根据景点的地理分布，可以将烟台的旅游资源划分为东西两大游览区域。东区以自然风情为主线，涵盖海阳旅游度假区、昆嵛山国家级森林公园、养马岛、海昌渔人码头景区以及金沙滩海滨公园。游客可沿此线路，尽情领略烟台东部海岸线的瑰丽风光与生态魅力。而西区以文化体验与历史探寻为核心，包括招远罗山黄金文化旅游区、龙口南山旅游景区、蓬莱阁、八仙过海景区以及长岛旅游度假区，这一线路侧重于文化体验与历史探索。从招远罗山黄金文化旅游区开始，游客将踏上一段探索古代文明和传说的旅程，途经龙口南山旅游景区，最终抵达富有传奇色彩的蓬莱阁和八仙过海景区，旅程在长岛旅游度假区达到高潮，那里有迷人的海岛风光，也有丰富的水上活动。通过这样的路线规划，不仅能够充分展示烟台的旅游资源，还能满足不同游客的个性化需求，让每位游客都能在烟台留下难忘的旅游回忆。

除了上述的十大景区外，莱州的大基山、黄金海岸、云峰山及中华月季园，栖霞的栖霞太虚宫、国路夼生态旅游区、十八盘林场，莱阳的濯村樱花小镇、蚬河公园、娘娘山及梨乡风情旅游区等，同样是自然与人文交相辉映的宝藏之地。通过巧妙规划，将这些景点串联成一条完整的旅游路线，不仅能够促进区域内旅游资源的整合与高效利用，更能为游客带来一场丰富多彩、深度体验的旅程。烟台武术节作为该市文化盛事，其举办地点遍布烟台各区，如牟平区昆嵛山武校、芝罘区南山公园、莱山区东川武术俱乐部等，与众多旅游景点的地理分布高度契合。通过武术节的举办，这些景区得以进一步彰显其特色与魅力，吸引更多游客前来探访与体验。通过对旅游路线与武术节活动的有机结合，不仅推动了烟台文化旅游资源的深度开发，也促进了文化旅游经济的繁荣增长。这种结合不仅限于物质层面的资源整合，更重要的是在精神文化层面上，加强了人与人之间的交流与理解，增进了不同地区、不同文化背景的游客之间的相互认知与尊重。这种文化的互鉴与交流，为烟台的旅游发展增添了独特的文化魅力与价值。

二、依托于"一带一路"的"佛山武术丝路行"旅游品牌建设

（一）"佛山武术丝路行"旅游品牌建设方向

1. "佛山武术丝路行"竞技旅游品牌的建设

佛山是中国南方的一个具有深厚武术文化底蕴的城市，该城市已经将其独特的武术传统转化为一种新的旅游吸引力。在"一带一路"倡议的推动下，佛山积极打造"佛山武术丝路行"竞技旅游品牌，通过举办武术竞赛活动，加强与世界各地的文化和体育交流，展现武术文化的独特魅力。佛山武术种类繁多，咏春拳、蔡李佛拳、洪拳等享誉国内外，它们不仅是佛山武术的精髓，更是连接全球武术爱好者的纽带。每

年在佛山举办的世界级拳赛和武术竞赛，不仅让武术爱好者近距离感受武术的博大精深，也推动了当地旅游和体育产业的蓬勃发展。通过这些活动，佛山既展示了其丰富的武术遗产，也促进了国际的武术技术交流和文化理解。这种以竞技体育为核心的品牌建设策略，有效地将传统文化与现代旅游业结合起来，为沿线国家提供了一个通过武术加强相互交流和理解的平台。精心组织的武术比赛和相关文化活动，不仅能吸引更多国内外武术爱好者的目光，也能激发人们对中国传统文化及其现代价值的兴趣。这一品牌建设策略不仅巩固了佛山作为武术文化发源地的地位，也为促进全球文化多样性和理解作出了积极贡献。它展示了一种创新的模式，将文化遗产转化为现代旅游资源，为佛山乃至全球的旅游业和文化交流注入了新的活力。

2. "佛山武术丝路行"影视旅游品牌的建设

随着全球文化交流的加速，影视作为传播文化的重要途径，在推广佛山武术方面扮演着极其关键的角色。历史上很多武术巨星如叶问、黄飞鸿、李小龙等的传奇故事和精湛技艺，都被制成电影、电视剧等影视形式，跨越国界传播至世界各地，极大地提升了佛山武术的国际声誉。当前，借助影视作品的强大影响力，深化"佛山武术丝路行"旅游品牌的建设，已成为推动文化旅游发展的新引擎。打造独特的影视旅游产品，吸引海内外游客深度体验佛山武术文化，既可促进文化传承，又能激发旅游消费，推动地方经济发展。利用互联网等新媒体平台，可实现佛山武术影视作品的广泛传播，提高品牌影响力，吸引更多人士前来体验，形成文化与旅游相互促进的良性循环。通过丰富多样的影视作品展示，可以更直观、更生动地传达佛山武术的魅力，加深观众对佛山文化的理解与认同，从而促进旅游文化品牌的深度打造与广泛传播。

（二）"佛山武术丝路行"旅游品牌的建设

1. 以品牌建设方向为基础，加强佛山武术旅游品牌推广

深化"佛山武术丝路行"品牌建设，需围绕佛山武术的独特性及品牌方向进行推广，旨在让"一带一路"沿线国家深刻感受到佛山武术文化的魅力。佛山作为武术文化的重要发源地，其丰富多彩的武术文化是中国传统文化的重要组成部分，也是中国对外文化交流的重要桥梁和纽

带。因此，加强佛山武术旅游品牌的推广，对于传递和弘扬佛山武术文化具有重要的价值和意义。在品牌推广策略上，利用现代媒体资源进行有效宣传至关重要。通过在"一带一路"沿线国家的电视、网络、社交媒体等渠道上投放广告，展示佛山武术的多样性和丰富性，能够有效吸引全球目光，增加佛山武术的国际知名度。此外，加强与佛山武术相关的用户产品体验，如举办国际武术竞技赛事，邀请世界各地的武术爱好者和专家参与，不仅能够扩大佛山武术的影响力，还能为参与者提供亲身体验佛山武术文化的宝贵机会。根据佛山武术文化的特点，设计具有吸引力的宣传口号和形象，结合现代媒体和广告手段，深化公众对佛山武术文化的认知和理解。通过多元化的品牌推广方式，将佛山武术文化推向全球舞台，让更多的人领略到佛山武术的独特魅力，从而推动佛山武术文化的广泛传播和深远影响。

2. 以品牌传播定位为依靠，找准旅游品牌建设的切入点

佛山武术文化，作为一个独具魅力的旅游品牌，其建设目标的实现离不开精准的传播定位。在这一过程中，需明确并凸显佛山武术文化与其他品牌的差异点，确保目标群体能够深刻感受到这些独特之处。佛山武术文化品牌建设涉及多个维度，每个维度都展现着其无可替代的特色。为了更有效地进行品牌传播，需深入分析目标受众及其信息接收习惯，确保传播策略能够精准触达。在"佛山武术丝路行"养生品牌建设中，特别强调了对养生群体的关注，主要是中老年人群，他们普遍关注健康与养生。因此，需要针对这一群体的消费习惯和偏好设计相应的传播方式，从而提升品牌在他们心中的影响力。通过社会调研，确定中老年人群更倾向于哪些类型的广告传播方式，然后有效加强品牌传播，进而促进品牌建设。对于旅游品牌而言，受众群体主要是中青年人群，这部分人群不仅对武术文化有浓厚的兴趣，还希望深度体验佛山的风土人情。因此，在旅游品牌传播过程中，重要的是识别这一群体的核心需求，如更新旅游线路，创建高质量的佛山武术主题公园等。通过有效的品牌传播策略，进一步加强品牌建设，提升目标群体对品牌的认知度和好感度，从而推动佛山武术文化的广泛传播和深远影响。

3. 以品牌资源共享为依托，突出旅游品牌建设文化基因

佛山武术种类繁多、流派众多，拥有深厚的历史文化底蕴和丰富的传统技艺。在全球化的背景下，借助"一带一路"倡议，将佛山武术推向世界，展示中国传统文化的魅力，推动文化与旅游的深度融合，实现文化交流和经济发展的双赢局面。为了进一步深化"佛山武术丝路行"旅游品牌的建设，需要采取综合性策略，强化资源共享，突出旅游品牌建设中的文化基因，让佛山武术的魅力在全球范围内绽放光彩。

佛山武术的品牌共享机制建立，需以政府部门为主导，市场机制为调节，各方资源共享为基础。政府部门应发挥领导作用，组织和整合佛山武术的文化资源，包括不同门派的技艺、历史传承以及文化价值。通过政策支持和资源整合，为武术文化的保护、传承和推广提供有力的保障。同时，通过市场机制调节，吸引相关企业和社会资本参与到佛山武术的文化品牌建设中，利用市场力量推动佛山武术文化的广泛传播和旅游产品的创新开发。在加强资源共享的过程中，跨行业、跨区域的合作显得尤为重要。佛山各行业、各区县均拥有独特的资源和优势，通过资源整合，可以形成互补和联动，共同推动佛山武术旅游品牌的建设和发展。例如，结合佛山的历史文化、工艺美术、特色美食等资源，开发一系列融合武术文化特色的旅游产品和服务，提升旅游体验的独特性和吸引力。此外，佛山武术的品牌建设还需注重文化基因的凸显和品牌个性的展现。每个武术门派都有其独特的技艺和文化内涵，应通过精心设计的传播和推广活动，向"一带一路"沿线国家群众展示佛山武术文化的深厚底蕴和魅力。同时，通过创新和融合，佛山武术旅游品牌既保持传统的文化韵味，又满足现代旅游市场的多元化需求，从而增强品牌的国际竞争力和影响力。

第九章　中国武术文化的现代传播

第一节　依托于动漫融合的武术文化传播

一、中国武术文化与动漫融合的现实审视

（一）中国武术文化为动漫作品创作题材提供丰富资源

武术的丰富内涵与独特魅力为动漫提供了源源不断的创意资源。动漫作品中，武术元素无处不在，无论是精彩的动作设计，还是深厚的故事背景，抑或是鲜活的人物塑造和跌宕的情节发展，都浸润着武术文化的精髓，使得动漫作品更加丰富多彩，充满传统文化的底蕴。武术文化在动漫创作中的运用，并不仅限于视觉效果上的华美表现，而是体现了一种深层文化内涵的传达。动漫作为现代传播媒介，巧妙地将中国武术文化的核心精神和哲学思想融入其中，以富有创意的方式向世界观众展示了中国传统文化的独特魅力，成为促进文化交流的重要桥梁。通过动漫中的武术元素，观众能够亲身感受到中国武术的非凡魅力，领略其背后蕴含的深厚文化意义，从而在欣赏动漫作品的同时，更加深入地了解和认识中国传统文化。

1. 依托武术丰富内容体系，为动漫创作提供多元化视角

中国武术之于动漫创作，可谓是一种文化与艺术的完美融合。武术，其内容丰富、体系复杂，涵盖了长拳、太极拳、南拳、形意拳、八卦掌、象形拳等众多拳种与流派，如崆峒、武当、少林、峨眉、昆仑等。此外，按照器械分类，又有短器械、长器械、双器械、软器械等区分。每一拳法、每一流派、每一器械，都承载着深厚的文化底蕴与技艺精髓，融合了地理、历史、哲学等多重文化元素。动漫作为一种现代视觉艺术形式，追求内容的多样性与创新性。将中国武术融入动漫创作，可以进一步丰富动漫的内容，拓宽视角，并且还能够在全球化的文化交

流中展示中华文化的独特魅力。中国武术不仅是身体的技艺，更是一种精神与哲学的体现。它蕴含的仁、义、礼、信、勇等价值观，是中华文化的精髓。通过动漫这一现代传播媒介的创作与展示，可以有效传递给全球观众，提升中华文化的国际影响力。当前，部分作品存在内容单一、缺乏深度的问题，这与武术所倡导的高尚品德和精神追求形成鲜明对比。通过将武术的精神和技艺融入动漫，可以提升动漫内容的质量和深度，还可以引导年轻一代重拾对传统文化的认同和尊重。这种文化传承和创新的结合，为动漫产业的发展注入了新的活力，同时为传统文化的现代传播提供了新的路径。

在动漫的原画创作过程中，武术的丰富套路和精彩动作无疑是一个极具价值的素材宝库。通过对武术动作的精细提取和艺术转化，可以为动漫角色设计出独具特色的动作，进一步增强动画的流畅度和细腻度。这种方式不仅限于二维动画，对于三维动画的制作同样适用，甚至可以提升整个作品的视觉效果和动感。进入动画制作阶段，角色动画和动态捕捉是两个关键的技术环节。角色动画中，将武术动作作为参考，使得原画设计更加贴近真实的人体动作逻辑，从而呈现更加自然、流畅且充满力量的动作效果。而在动态捕捉环节，通过运用专业的动态捕捉技术，记录下专业武术运动员的表演，捕捉每一个细微的动作细节，以便能在后期制作中将这些真实的动作特征投射到动漫角色上，赋予他们更加生动、逼真的动作表现。

2. 利用武术技击术，提升动漫的视觉效果

动漫视觉艺术设计，无论是二维形式还是三维形式，均依托于原画设计的基础上，构建最终的视觉表现。[①] 中国武术，以其千姿百态、精妙绝伦的动作套路，为动漫原画设计提供了灵感之源。每一招每一式的武术动作，增添了动漫角色动作的真实感和流畅性，也使得动作场景更加生动鲜明。在动漫制作过程中，武术动作的引入并非简单的模仿，而需要深入剖析其内涵，并结合动漫角色的性格、情节以及整体风格进行

① 徐育忠. 从设计艺术与动漫产业关系谈动漫人才培养——基于动漫产业的转型发展［J］. 浙江工业大学学报（社会科学版），2013（1）：31-34.

巧妙的改编。这种结合，既保留了中国武术动作的原有韵味，又赋予了动漫作品独有的视觉美感和文化内涵。武术在动漫中的应用，不仅限于动作设计的层面。武术中的"意念先行""以静制动""形意合一"等哲学思想，也为动漫角色的性格塑造、情节发展提供了深层次的灵感源泉。动漫通过吸纳武术文化的精髓，不仅丰富了其表现力和深度，更使得作品在视觉享受的同时，能够引发观众的思考和感悟，从而更具观赏价值和思想内涵。

武术，技艺繁杂且套路繁多，为动漫创作带来了无尽的创意源泉和素材宝库。武术套路中的拳、掌、勾等手型，以及弓、马、仆等步型，构成了武术动作的基础框架。这些基础动作在武术实践中发挥着至关重要的作用，而在武术动漫创作中，它们同样具有举足轻重的地位。武术动漫通过精心塑造的角色和引人入胜的剧情，将基础动作巧妙地融入激动人心的战斗场面中，不仅展示了武术的精湛技艺与独特美感，更深化了观众对中国传统文化的理解和认同。武术中的动静疾徐、刚柔虚实等变化，为动漫中的战斗场面提供了丰富的表现手法。这种将武术与动漫相结合的创作方式，不仅丰富了动漫的表现手法，更为观众带来了一场视觉与文化的盛宴。

武术，其动作设计融合了姿势、方法、身法、眼法、精神、劲力、呼吸、节奏八大要素，彰显了一种独特的美学与力学的和谐统一。在传统武术的世界里，每一招每一式都是对人体潜能的深度挖掘与精细调控的结果，展现了身体与心灵的全面修炼。虽然传统武术在外观上可能不显华丽与张扬，但其内在的技艺与哲学却与现代人追求的健康理念相契合。在当下，随着动漫等文化产品的流行，将传统武术套路中的动作进行解构，并将其蕴含的攻防技巧巧妙地转化为动漫作品中的动作设计和特效展现，不仅能够丰富视觉艺术的表现形式，更能吸引更多人领略传统武术的魅力。例如，太极拳作为传统武术的代表之一，其动作以柔和、缓慢、连贯、圆润为特点，体现了一种与自然和谐共生的哲学思想。太极拳中的基本十三势，如捋、挤、按、定等，是身体技巧的展示，更是一种精神修养和内在力量的体现。将这些元素巧妙地融入现代动漫作品，不仅可以提升作品的艺术品位，更有助于传承与弘扬中国传统文化，推动文化的国际交流与理解。

武术，其精髓在于身心合一、动静结合的训练理念。其核心在于姿势、方法、身法、眼法、精神、劲力、呼吸、节奏这八大要素的完美结合，展现了内外兼修的独特健身观。然而，单纯的武术套路往往难以引起广大受众的兴趣。与此同时，动漫领域对于动作设计与特效渲染的追求，为传统武术的现代传播提供了新的视角。传统武术之美，源于其深厚的文化底蕴与精湛的技术要求。例如，太极拳的基本十三势——捋、挤、按、定、棚、捌等，不仅展示了动作的柔和与缓慢，更体现了运动中连绵不断的流畅以及势与势之间的紧密联系。这种动作特质既是一种身体锻炼的方式，也是一种视觉艺术的表现。通过将这些传统动作技巧分解并重组，可以在现代动漫作品中创造出既有视觉冲击力又不失传统韵味的动作场景，从而吸引更广泛的观众群体。在推广过程中，将传统武术的动作技巧作为视觉艺术呈现，不仅能够强化动画作品的表现力，还能让观众对传统武术有更为深入的认识和理解。通过现代媒介，传统武术得以以一种新的形式被传播和欣赏，实现了传统与现代的完美融合。这种创新性的传播方式，不仅为武术的传承和发展注入了新的活力，也为动漫艺术的创新提供了源源不断的灵感。

武术与动画艺术之间的深厚联系在无数创作实践中得到鲜明体现。例如，动物形态和特长启发下编成的象形拳，如鹰爪拳、螳螂拳、猴拳、蛇拳、鸭型拳等，已经成功地被动画领域借鉴和转化。以美国梦工厂的《功夫熊猫》为例，片中虎、蛇、猴、螳螂、仙鹤五位角色的塑造，显然受到了中国象形拳的深刻影响。这种跨文化的创作不仅凸显了武术动作的独特魅力，也为动画人物设计提供了源源不断的灵感。武术套路中的击技动作素材能够为动画原画创作提供丰富的题材，其动作轨迹的精细捕捉进一步增强了动画的流畅度和真实感。在动画制作中，每一帧都是静止的画面，当这些静态画面快速连续地展示时，便形成了生动的运动视觉效果。因此，高帧数的实现对于动画的流畅性和逼真度至关重要。武术动作的引入，特别是那些模仿动物行为和特性的套路，其动态的、复杂的运动轨迹能够显著提升动画的视觉效果，使其在播放时更加吸引观众的眼球。

3. 借助武术文化，充实动漫思想内涵

武术文化具有深邃的思想和丰富的内涵，武术文化元素在当代动漫创作中展现出独特的魅力和生命力。武术不仅通过精妙的动作技巧展现其外在魅力，更通过其内在的理念传达对自然与生命的深刻理解，以及对和谐与平衡的不懈追求。动漫作为一种现代的文化表现形式，其思想内涵的丰富性直接影响到作品的深度和广度。通过引入中国武术文化，动漫作品不仅能够增强自身的文化底蕴，更能以全新的视角向全球观众展示中国传统文化的独特魅力。《功夫熊猫 2》中乌龟大师与熊猫阿宝的对话："我的朋友，你的思想就如同水一样，当水波晃动之时，很难看清，不过当它平静下来，答案就清澈见底了。"这一台词映射了春秋老子《道德经》中的思想："孰能浊以静之徐清，孰能安以动之徐生。"①

杭州玄机科技公司于 2007 年隆重推出《秦时明月》系列动漫，作为国内首部 3D 武侠类动漫作品，自亮相以来，便以其鲜明的民族特色和深厚的中华文化符号，迅速成为国漫界的璀璨之星。该系列动漫的成功，在于巧妙地将中国传统文化与现代审美理念相融合，特别是中国武术中的侠义精神，为整个剧集注入了灵魂，成为其核心思想的坚实基石。通过将中国传统文化和武术文化的丰富内涵融入动漫创作，为中华文化的传播开辟了新途径，也为国产动漫的发展探索出新的方向和视角。《秦时明月》系列中，《秦时明月之诸子百家》特别引人注目，该作品通过动漫的形式，将 2000 年前社会动荡、思想文化碰撞的时代景象再现于观众眼前。剧中通过幽默诙谐的手法，展示了儒家、道家、墨家、法家等诸多学派的思想观念和政治主张，以及他们之间激烈的论战。这使得古典文学和哲学思想以一种生动活泼、易于理解的方式呈现在观众面前。诸如"子非鱼焉知鱼之乐""高山流水""白马非马"等经典故事情节，让古代哲学思想和文化在现代社会中焕发出新的光彩。此

---

① 王莹莹，姜浩. 符号学原理对中国动画创作的指导意义［J］. 中国电视，2015（6）：96-99.

动漫是对中国传统文化的一种创新性传播，更是对当代动漫内容深度的拓展。它通过精心构建的故事框架和角色设定，将各学派的思想精髓和文化特色传达给观众，促进了观众对中国传统文化的理解和兴趣。动漫中展现的学派论争，不仅是对古代思想文化的生动再现，也激发了观众对当代社会问题的深入思考，引发关于生命意义、人文关怀等深层次话题的广泛讨论。

动画创作是一个充满挑战与创意的旅程，涵盖从构思到实现再到完善的各个阶段。在这个创作旅程中，武术文化的融入为动画作品赋予了独特的魅力，并极大地丰富了其思想内涵和视觉表现。武术，拥有丰富的历史背景、门派系统、招式技巧及哲学思想，为动画作品提供了宝贵的素材资源。在动画创作的前期，武术文化的博大精深为剧本创作提供了源源不断的灵感。创作者可以深入挖掘武术中各具特色的门派、鲜活的人物形象以及引人入胜的历史故事，从而构思出扣人心弦的剧情和立体饱满的角色，为整个作品奠定坚实的基础。而在动画制作的中期，武术的动作美学和击打技巧被转化为动画中的动作设计，有助于增强画面的视觉冲击力，还可以提升动作场景的流畅性和真实感，使得每一个动作都生动而富有张力。进入后期制作，武术动作的精细调整和渲染既提升了视觉效果，还增强了动画的整体美感和动感，使得作品更加吸引观众。通过对武术文化的深入挖掘和创新性融合，动画作品得以展现出独特的文化魅力和艺术价值。

（二）动漫为中国武术文化传承和发展提供强有力载体

在数字化时代背景下，在数字化浪潮席卷的时代背景下，网络多媒体以其新兴传播媒介的身份，为文化创意产业的蓬勃发展注入了源源不断的活力。其中，动漫产业的迅速崛起尤为引人注目，成为文化传播的重要渠道之一。动漫以其独特的艺术表现形式，将中国武术的精髓与哲理巧妙地传递给全球观众，有效促进了武术文化的国际交流与传播。通过匠心独运的剧情设计和人物塑造，动漫作品中的武术元素不仅展示了技巧的精湛与绝伦，更在深层次上传达了武术背后的文化价值和哲学思想。这一过程不仅增强了武术文化的吸引力和影响力，还为其传承和创新提供了新的视角和平台，充分展现了文化与科技融合发展的巨大潜力。

1. 利用动漫制作技术，为武术文化传承和发展提供新途径

随着数字化多媒体技术的蓬勃发展，特别是动漫制作技术的不断创新，中国武术的传承与发展迎来了新的生机。动漫作为一种深受青少年喜爱的文化形态，其独特的表现手法和丰富的想象空间为传统文化的传播提供了全新的平台。通过将中国武术元素巧妙地融入动漫创作中，武术文化得以以更加鲜活、生动的形式展现在公众面前，激发了青少年对传统文化的兴趣和探索欲望，为武术文化的传承奠定了坚实的基础。动漫与武术的结合，实现了传统文化与现代科技的跨界融合。在这种融合中，武术不再是枯燥乏味的传统技艺，而是化身为动漫中引人入胜的故事元素和视觉享受。这种新颖的表达方式，无疑吸引更多年轻人的目光，使他们在不知不觉中了解和喜爱上中国武术。此外，动漫作为一种国际性的传播媒介，为武术文化的全球化推广提供了广阔的空间。通过动漫这一载体，武术的精神内涵和技术精髓得以跨越国界的限制，向全球观众展示中国传统文化的独特魅力。动漫中武术元素的精彩呈现，不仅能够激发观众对武术实践的兴趣，更能够引导他们深入了解中国文化的博大精深。随着动漫作品的流行，越来越多的青少年愿意亲自尝试和学习武术，通过实践加深对中国传统文化的理解和认识。这种从观赏到参与的转变，不仅促进了武术技艺的传承和发展，更让青少年在亲身体验中感受到中国武术的独特魅力，培养了他们的身体素质、意志品质和道德情操。

2. 借助动漫载体，普及武术文化

武术作为一种独特的文化现象，不仅承载着丰富的哲理思考、道德修养和历史传承，更在其技术动作中蕴藏着深厚的文化内涵与精神价值。王岗强调，武术超越了简单技艺的范畴，其更深层次的意义在于教化作用。[①] 因此，传授武术时，应超越技巧本身，更多地将文化思想和价值观融入教学之中。这样做有助于促进武术本身的发展，还能够让学习者深刻理解并传承中华文化的精髓。随着时代的进步和社会的发展，我们必须不断更新观念，摒弃那些与当代社会不相适应的传统观念和方

---

① 王岗. 中国武术：一种追求教化的文化 [J]. 体育文化导刊，2007（3）：29-32.

法，以适应武术传承与发展的新要求。

外在层面，中国武术以其高度的难度、精湛的技巧及独特的观赏性而闻名于世；内在层面，则深深植根于中华文化土壤之中，承载着丰富的中国传统文化元素和民族精神。通过武术的练习，个体能够深化对"真善美"这一高尚品德的理解与践行，进而促进个人德行的提升和人格的全面发展。中国武术之所以能成为培养高尚品德的载体，关键在于其深厚的文化底蕴和内在的精神价值。武术中的各种招式、套路不仅是身体动作的展示，更是中华文化哲学、道德观念、生命观和美学理念的体现。以太极拳为例，作为武术的重要流派，其技术和理论深受中国传统文化的影响，如道家的"天人合一"思想、儒家的"中庸之道"，以及中国传统养生和美学观念。这些文化和哲学思想在太极拳的实践中得以体现，使运动者在强健体魄的同时，在精神层面和道德层面也得到丰富和提升。随着现代社会的发展，武术动漫作品的出现为武术文化的传播开辟了新的途径。通过动漫这一形式，武术的外在技巧和内在精神得以更广泛地传达给公众，尤其是年轻一代。然而，当前许多武术动漫作品过于注重外在的动作表现，忽视了武术深厚的文化内涵和精神价值的传递。这种现象不利于公众对武术文化深层次意义的理解和认识，也不利于武术真正精神的传承。为了更有效地利用武术动漫作品传播中国武术文化，创作者应深入挖掘并展现武术的文化和哲学内涵。通过精心编排的故事情节、栩栩如生的角色塑造和震撼人心的视觉效果，传递中国传统文化中的核心观念，如"天人合一""形神合一""矛盾对立统一"等，同时展现武术中的道德准则和生命哲学。这样，动漫作品在提供娱乐的同时，也能成为文化传播的媒介，有助于提升公众对中国武术文化的认知和理解。

3. 动漫产业的发展带动了武术文化产业的发展

动漫产业作为21世纪文化创意产业中的典型代表，其影响力日益凸显。在全球范围内，这一产业已成为经济增长的重要支柱。动漫不仅为人们带来娱乐与欢乐，更是文化传播与创新的桥梁，能够跨越语言和文化的鸿沟，吸引全球观众的瞩目。随着技术的发展和多媒体平台的普及，动漫作品通过独特的艺术风格和丰富的内容，有效促进了文化的交流与融合。在丰富的文化资源的滋养下，动漫产业蓬勃发展，同时对相关产业产生了积极的推动作用。其中，武术产业便是受益者之一。动漫作品中广泛融入武术元素，为武术文化注入了新的活力。这种文化的再现不仅激发了人们对武术的浓厚兴趣，也推动了武术学习和实践的普及化。更重要的是，动漫作品通过创新性的展现方式，为武术文化的传承与发展提供了新的思路和视角。因此，动漫产业与武术产业间形成了互利共生的关系。一方面，动漫作品借助武术元素增强了故事的吸引力和观赏性；另一方面，武术通过动漫这一平台，实现了对传统文化的现代诠释，拓宽了其文化影响的范围。这种跨界融合不仅促进了文化产业的整体发展，也为文化的创新与多样性注入了新的活力。

近年来，中国动漫的迅猛发展及其在全球市场上的显著表现，特别是《哪吒之魔童转世》等作品所取得的辉煌成就，标志着中国动漫产业进入了一个新的发展阶段。该片不仅在国内市场创造了惊人的票房佳绩，更在国际舞台上充分展示了中国文化的迷人魅力。影片中大量融入的中国武术元素，为观众展现了一幅绚烂多彩的中国传统文化长卷。这一现象揭示了随着动漫产业的蓬勃发展，武术这一中国传统文化的重要元素在动漫中的融合与呈现，不仅有助于推广中国文化，还为武术产业本身的发展开辟了新视野与路径。日本作为公认的动漫产业强国，其动漫产业值的大部分并非直接来自动漫本身，而是源自由动漫衍生出的各类产品，包括游戏、音像制品、书籍小说、模型、服装等。这些衍生品的成功，为动漫产业创造了巨大的经济效益，同时促进了相关产业的发展。武术动漫作为动漫领域的一个重要分支，也具备借鉴这一成功模式的巨大潜力。通过武术动漫的创作与推广，为观众提供娱乐与教育的双重体验，深化公众对中国武术文化的认识和理解。通过开发武术动漫的衍生产品，如武术教学视频、武术装备、相关图书等，可以为武术产业的发展开辟新的商业机遇，促进其多元化与全面发展的进程。

二、中国武术文化与动漫融合的案例分析

（一）中国武术文化与动漫的融合方式

1. 武术套路及攻防击技术与动漫题材的融合

中国武术历经数千年的演化，经历了从夏商周的拳勇手博到现代的国术把式的变化，它不仅见证了中华民族历史的沧桑变迁，更承载了中华民族厚德载物、自强不息的精神内核。其形体与意念的完美结合，展现了内外合一的哲学思想，是中国文化的重要组成部分。动漫是现代流行文化的重要载体，其内容丰富多彩，形式多样，深受全球观众的喜爱。动漫中的打斗场景既是情节发展的需要，也是视觉效果的展现。将中国武术元素巧妙融入动漫创作，不仅是富有创意的尝试，更是对中国武术文化传承与弘扬的有效方式。通过运用武术的精湛套路和攻防技术，动漫作品的表现手法得以丰富，视觉冲击力得以提升。更为重要的是，这样的融合能够让观众在欣赏动漫的同时，对中国武术的深厚底蕴有所领略，从而进一步增进对中国传统文化的认识与理解。

《一人之下》作为中日合作的电视动画，自2016年7月在中国上映以来，便因其独特的视觉效果和深刻的文化内涵而广受欢迎。动画中的打斗场面巧妙融入了中国传统武术的众多动作元素，尤其是太极拳与八极拳的顶心肘动作频频亮相，既凸显了武术的卓越技巧，也加深了观众对中国武术精髓的理解和认同。这些武术动作的引入，不只是为了增加动画的观赏性，更是一种文化的传承和创新，通过现代媒体将中国传统武术文化推向全球，使其光芒四射。动画中对武术动作的精准还原和创新性融合，不但丰富了故事情节，更在全球范围内提升了中国武术的影响力和认可度，成为文化交流的一座桥梁。同样，作为中国动漫领域的佼佼者，《秦时明月》系列以武侠动画这一独特形式，深入展现了国风美学的精髓与武术文化的魅力。在动画中，剑作为重要的兵器元素，不仅体现了古代文化对剑的崇敬之情，更展示了剑术动作的丰富多样与复杂精妙。剑术动作如劈、刺、撩、挑等，在动漫的创作过程中焕发出新的生机与活力。通过动漫特有的夸张手法和特效渲染，这些剑术动作变得更为生动且富有视觉冲击力。动漫作品中对剑法的呈现，是对真实

武术技巧的模仿，更是一种文化和审美的传达。动漫制作团队通过对剑术动作的细致刻画和艺术加工，让观众能够感受到中国武术的魅力。同时，这种独特的表现形式也极大地提升了动漫作品的艺术价值和观赏性，为观众提供了一场视觉上的盛宴。

自 2008 年美国梦工厂推出动画电影《功夫熊猫》以来，便以其深刻的中国文化内涵和精彩的武术元素展现，受到了广泛的关注和赞誉。影片在场景设计、角色塑造以及故事情节发展等方面，均巧妙融入了中国元素，为观众呈现了一幅幅充满中国风情的画面。在角色设计上，电影采用了象形拳中的动物形象，如老虎、鹤、螳螂、蛇、猴等，构建了五大高手的形象。这些角色形象鲜明，而且各自的武术风格也与其动物原型高度吻合，体现了中国武术中的"以形制势"和"以意导形"的思想。例如，悍娇虎的勇猛、俏小龙的灵动、金猴的机敏、仙鹤的优雅以及快螳螂的敏捷，都生动地展现了相应动物拳法的独特魅力。电影的主角，中国国宝大熊猫"阿宝"，黑白相间的色彩体现了大熊猫的特色，同时暗合了中国传统的阴阳学说，寓意着宇宙万物的和谐与平衡。在武术技巧的展示上，电影中的太极拳和气功等元素，展现了中国武术的深邃与博大，也表现了中国哲学中的深层思想。太极拳的阴阳调和、气功的内外养生等技巧，都体现了中华文化中天人合一、顺应自然的深刻思想。

日本作为动漫产业的领军者，近年来越发关注并聚焦于中国传统武术文化的深厚底蕴。诸多动漫作品中融入中国武术元素，显著提升作品内涵与审美价值。以《火影忍者》为例，其中洛克李与君麻吕的激烈对决，便生动地展现了中国醉拳等武术动作的独特魅力。同时，木叶村日向一族的"八卦掌·回天""柔拳法·八卦六十四掌"等招式也体现了中国武术的精髓。通过深入剖析这些动画作品，可以清晰地看到中国武术文化元素的广泛运用。动画创作团队巧妙地将武术套路、格斗技术等元素，与动漫角色、情节发展紧密结合，既展示了中国武术的独特魅力，也为动画作品本身增添了更为丰富的视觉效果和文化深度。这种跨文化的创意融合，不仅丰富了动画作品的表现手法，也为全球观众带来了全新的、跨文化的艺术享受。

2. 中国武术文化丰富动漫故事题材

动漫产业的蓬勃发展，离不开对深厚文化底蕴的汲取和创新精神的激发。动画作品之所以能触动观众的心灵，很大程度上依赖于其所承载的情感、思想及文化内涵。故事主题和思想内涵的深刻，为动画的制作提供了明确的指导方向，而中国武术文化，作为中华文化的重要组成部分，为动漫创作提供了丰富而独特的素材资源。中国武术所蕴含的阴阳学说、整体观念以及内外兼修的理念，都深深根植于中国古代哲学的智慧之中。其中，儒、道、佛三家思想更为动漫作品提供了坚实的哲学基础和文化底蕴。中庸之道所倡导的和谐与平衡，自然主义所强调的顺应自然、回归本真，以及洒脱思想所展现的超脱物外、心灵自由，都为动漫创作提供了丰富的灵感来源。在动漫创作过程中，将中国武术文化融入故事主题，可以展现动作美学的魅力，还能深化作品的思想内涵。通过武术元素的引入，动漫作品能够传递出中华民族对于美、善、真的追求，以及对和谐、平衡、自然的理解和尊重。此外，武术文化中的道德观念和人生哲学，也为动漫角色的塑造提供了丰富的灵感，使得角色形象更加立体丰满，情节更加引人入胜。

在众多武术技术和器物中，人们总能从动漫作品中找到其原型和灵感，从而塑造出独具特色的角色和情节。中国武术以其独特的技击术为核心，结合套路、功法和格斗等多种运动形式，为动漫创作提供了广阔的素材库。动漫创作者巧妙地将这些武术元素融入角色设计和故事发展中，不仅丰富了作品的内容，也提升了其深度和内涵。中华武术在长期的传承和发展过程中，形成了多种不同的武术派系。少林、武当、崆峒、昆仑等武术流派，代表了中华武术的丰富多样性，也体现了民族和地域文化的特色。动漫创作汲取这些武术流派的精髓，可以为作品提供独特的题材和背景，还能够深化角色的个性化特征，增强剧情的吸引力和观看体验。以《一人之下》为例，其角色设计深受不同武术流派的影响。其中，角色王也的灵感便来源于武当派。他身着道士服装，不仅凸显了角色的独特气质，也展现了武当派武术文化的独特魅力。

（二）中国武术与动漫融合的成功案例——《秦时明月》

1. 武术套路、器械和攻防击技术在动漫作品中的传播

作为国内首部 3D 武侠动漫的《秦时明月》，成功地将中国武术的精髓与动画艺术相结合，展现了武侠文化的无穷魅力与深远影响。在此动漫作品中，通过对武术的器械与技术的精心描绘，观众得以直观感受到中国武术文化的独特魅力。动漫通过高度还原秦国时期的历史背景，细致地展现了那个时代武术器械的主要构成，特别是青铜器的广泛应用，以及战争中将军与士兵所必备的格斗技巧。这些技击术的生动展示，不仅塑造了乱世英雄的形象，也凸显了武术在攻防技巧方面的精髓。中国武术文化中的"十八般武器"，尤以剑为最，在武术实践中占有重要位置，也在文化传承和艺术表现上具有举足轻重的地位。《秦时明月》通过再现这些武术器械，让观众领略到了中华武术的博大精深。动漫中的武侠人物手持各式武器，进行激烈的对决，展现了武器的丰富多样，也体现了使用者的武技与内在修为。动漫中精彩纷呈的武术打斗场景，令人目不暇接，更是该作品吸引力的核心所在。通过成熟的武术技击技巧与现代多媒体技术的完美结合，加之炫酷的视觉特效，使得武术动作在荧幕上得以生动而鲜明的展示。这种展现方式不仅使故事情节更加扣人心弦，也极大地提升了作品的收视率，同时对中国武术的传播与推广产生了积极的影响。

2. 武术文化层面在动漫作品中的传播

武术在动漫作品中的传播不单是一种视觉艺术的展现，更是中国传统文化深厚底蕴的传递。正如郭玉成所强调的那样，文化传承在武术传播中占据着举足轻重的地位，脱离了文化传承的武术传播将失去其根基和生命力。[①] 在动漫领域，武术不仅是一种被展现出来的动作技巧，还是承载着中国传统哲学思想、历史文化和精神境界的"全息影像"。通过动漫这一现代传媒形式，武术文化的传播得以跨越时间和空间的界限，向全球观众展示了中国文化的独特魅力。这种传播方式不仅有助于增进国际社会对中国传统文化的理解和认同，同时为提升中国的文化软

---

① 郭玉成.体育的武术与文化的武术［J］.博击（武术科学），2007（5）：1-3.

实力发挥了积极作用。武术动漫通过精彩的故事情节、生动的人物形象以及独特的美学风格，吸引了广大观众的关注，使其成为传播中国文化的重要渠道。

武术融入了德、礼、仁、义等中华民族传统美德，成为人们行为规范的引领力量。动漫在发展过程中凭借广泛的受众基础，尤其是青少年群体，成为传播中华文化、培养道德品质的有效渠道。《秦时明月》以其独特的创作背景和深厚的文化内涵，生动地再现了中国历史上诸子百家思想交汇、文化碰撞的辉煌时期，其中，儒家、墨家、道家等思想文化尤为引人入胜。

在《秦时明月》中，中国武术的展现，除了形式上的搏击与技巧之外，还通过携带深厚文化内涵的艺术表现进行。侠客形象作为武术文化的重要符号，不仅具备高超的武艺，更承载了崇高的道德情操和强烈的社会责任感。例如，剑客盖聂在剧中表现出"崇尚正义、忧国忧民、见义勇为、一诺千金"的形象，深刻体现了儒学、道学等传统文化的影响，成为完美的侠客典范。逍遥子的武功招式"雪后初晴"和其背后的道家思想，展示了道家追求自然、天人合一的哲学理念。逍遥子的形象和他的武术展现了道家的宇宙观和生活态度，即通过遵循自然法则和宇宙的道理来达到生命的和谐与平衡。儒家文化在《秦时明月》中也得到了充分展现，通过角色如张良、伏念的生活实践，展现了儒家修身齐家治国平天下的理想。剧中伏念习练的圣王剑法不仅是一种武技，更是儒家文化中"礼"的体现，强调了通过内在修养和外在行为的和谐统一，以达到个人与社会的和谐。墨家的核心思想在动漫中也得到了充分展示。墨家强调的"兼爱非攻"理念，通过墨家人物的口号"天下皆白，唯我独黑。非攻墨门，兼爱平生"得以体现。剧中展示的墨家武器和机关术，都是墨家"非攻"和"兼爱"的具体实践，揭示了墨家文化的深刻内涵和社会价值。《秦时明月》通过塑造这些具有深厚文化底蕴的角色和讲述精彩的故事，让观众领略到中华文化的博大精深，并通过动漫这一形式，有效传播了中华民族的传统美德。

三、文化传播下中国武术与动漫融合策略

（一）转变传统观念，扩大动漫的适龄群体

在中国，长期以来形成了一种观念，即动画主要针对的是儿童观众。这种观念限制了动画作品潜在受众的范围，也在一定程度上阻碍了动画产业的进一步发展和创新。与之形成鲜明对比的是，国际上的动画强国如美国，其作品如《功夫熊猫》等，不仅在吸引不同年龄层观众方面取得了巨大成功，而且在艺术表现和文化内涵上也达到了很高的水准，获得了国际市场的广泛赞誉。相比之下，中国的动画作品虽然在数量上有显著增长，但在精品动画的生产上尚存在差距。以《西游记之大圣归来》为例，虽然该作品自上映以来在国内获得了较好的评价和票房成绩，但与国际高水平作品相比，其在故事深度、角色塑造以及艺术表现等方面仍有待提升。

动漫产业在全球范围内展现出显著的增长势头，成为文化输出与交流的重要载体。在此背景下，对传统观念的革新，特别是重新界定动漫的受众群体，显得至关重要。《功夫熊猫》的成功，充分证明了动漫作品具有突破年龄界限，吸引各类观众群体的强大潜力。影片中可爱的动物角色与追求梦想的励志主题，不仅深受儿童群体的喜爱，更成功捕获了年轻男性观众的心，其中 17 岁以上观众占比超过 70%，这一现象揭示了动漫市场的广阔空间及多元化需求。《秦时明月》系列在进行市场前沿调查后，明确将目标观众群体设定在 11~25 岁，这一策略的实施不仅使该系列作品持续热播，更验证了动漫作品在不同年龄段中的广泛吸引力。动漫作品的年龄群体扩展，对于文化的传播具有重要的意义。特别是在武术文化的传播方面，考虑到武术本身在全球范围内的受欢迎度，通过动漫这一形式进行推广，有助于增强武术文化的国际影响力。以大学生群体为例，他们作为社会的知识精英，享有较高的社会地位，其偏好和选择往往能引领社会潮流。跆拳道进入世界大学生运动会，正是利用了大学生群体的影响力，将该项目推广至全球。同样，动漫作品中融入武术元素，也可以依托于这一群体，推动武术文化在全球范围内

的传播和接受。①

（二）发掘中华民族特色文化题材，走时尚路线

在中国动画产业的发展历程中，那些根植于经典名著文学的动画作品，如《三国志》《哪吒传奇》《花木兰》《福五鼠》等，以其独特的魅力赢得了观众的广泛喜爱，成为传承与弘扬中华民族文化的重要载体。这些动画作品的成功，归因于它们深植于中国丰富的传统文化之中，展现了独特的民族特色，而且与观众的审美观念和消费需求紧密相连。如此，它们被奉为中国动漫界的经典，为后续作品提供了宝贵的创作灵感。《秦时明月》系列剧的走红，进一步印证了中国武术与动漫结合所蕴含的巨大潜力。该系列通过精彩地展现中国早期哲学思想和武术精髓，让中国传统文化在新时代下焕发了新的生机与光彩。不仅展现了中华民族深厚的文化底蕴，也激发了更多创作者深入探索传统文化的动力，以期发掘更多能与现代审美相契合的元素。尽管中国传统文化资源丰富，为动漫创作提供了广阔的天地，但如何有效开发利用这些资源，却是一个挑战。仅将传统文化元素进行简单的堆砌，并不能真正吸引观众的目光，反而可能导致作品失去内在的魅力。因此，创作时必须深刻理解传统文化的内涵，结合现代审美和时代特点，创作出既有深度又能触动人心的作品。特别是在中国武术文化的融入方面，更应精心设计。武术不仅是动作与技巧的展现，更是中华文化中不可或缺的精神象征，它蕴含着中华民族坚韧不拔、追求卓越的精神内核。动画作品应通过生动的故事和深刻的人物刻画，展现武术背后的哲学思想和文化价值，让观众在欣赏精彩动作的同时，感受到更深层次的文化韵味。

在动画创作的广阔天地中，将民族文化特色与时尚元素相融合，无疑是对创作者艺术造诣和创新思维的严峻挑战。中国传统文化博大精深，其中武术文化更是独树一帜，它不仅承载着深厚的历史底蕴，还蕴含着丰富的精神内涵，充分展现了中华民族的精神风貌。将武术文化与动画艺术的创作相结合，需遵循对传统文化的深刻理解与尊重，确保文

---

① 郭玉成.跆拳道、空手道、柔道传播对武术传播的启示［J］.上海体育学院学报，2004（2）：44—48.

化传承的准确性与生动性。在探索武术文化融入动画创作的路径中，应重视其原生态的文化价值和艺术魅力，避免对文化元素的随意改编和误解。借助现代科技和创新手段，如数字动画技术和虚拟现实等，可以使武术动作更为栩栩如生、精确传神。同时，结合现代审美观念，对武术形态进行艺术化的处理，既保留其传统韵味，又满足现代观众的审美需求。动画作品中对武术文化的呈现，不应仅限于肤浅的动作展示，更应深挖其背后的文化内涵和哲学思想。例如，武术中的"道"与"德"，不仅体现在对技巧的精进上，更重要的是对心性的磨炼和人格的提升。这种对文化的深层次探索，将使动画作品更加内涵丰富、思想深刻，具有深远的教育意义。同时，动画创作还应关注多元文化的交流与融合。在全球化的背景下，中华武术文化通过动画这一现代传播媒介走向世界，既是对中国传统文化的传承与弘扬，也是对全球文化多样性的贡献。对故事情节进行国际化设计，将中国武术文化与其他文化元素相结合，既可以展示中华文化的独特魅力，又能促进不同文化间的理解和尊重。

（三）把握特效处理力度，注重文化层面的解读

数字化技术与网络技术的快速发展，为动漫的发展注入了强大的生命力。在动漫特效的制作上，各种高科技手段的广泛应用，使动漫画面获得了更丰富、更精彩的视觉效果，为观众带来了震撼的感官体验。然而，这也导致个别动漫作品为了呈现理想的视觉效果，在创作时过分依赖技术手段，忽略了对深层文化的探究和表达，尤其一些涉及武术元素的动漫，忽视了中国武术文化的深厚内涵和其承载的哲理与精神。例如，某动漫作品虽然有精彩夺目的视觉特效和吸睛、炫目的激烈打斗场面，但却没有在国内外市场上取得预期成绩。这正是因为该动漫作品缺乏在文化层面的深度挖掘和表现。而另一部动漫电影《功夫熊猫》则与其形成了鲜明的对比，《功夫熊猫》的成功不仅在于其精良的制作与生动感人的故事情节，更在于其深入探索了中国武术蕴含的深厚文化内涵和精神，并将之融进故事情节中，通过银幕展现出来。从制作上看，《功夫熊猫》深入挖掘了中国元素，对中国古代的风景、服饰、食物、人物特征等进行了细致、精心地描绘，其每帧画面都向观众展示了充满

中国特色的场景。从动作与文化表现上看，该动漫作品向观众真实呈现了中国功夫，不仅对人物的武术动作进行了细致的绘制，更通过故事情节与人物刻画等展示了中国武术所蕴含的哲学思想与文化精神，获得了观众的深切赞扬。

真正的中国功夫并不只有表面的招式技巧，还包括习武者对自然法则的感悟和内心的修为。因此，围绕中国武术这一话题创作动漫作品时，创作者不仅要对表面的武术动作进行模仿，更要深入理解武术的文化内涵与精神内蕴，深入挖掘中国武术的独特魅力，并将其呈现到观众面前。需要说明的是，动漫制作者在处理武术动作特效时，应对动作的力度进行合理控制，使动漫在展示武术动作的华丽与精彩的同时，避免因过度夸张而偏离了武术的内涵。适当应用科技手段创作精彩的动漫作品，并深入挖掘中国武术的文化与精神，才能使动漫作品真正表现出中国武术的独特魅力，成为真正得到国内外观众喜爱、向世界传播和展示中华优秀传统文化的优秀动漫作品。

第二节 基于短视频的微信视频号武术文化传播

一、武术文化短视频传播近况及特性分析

短视频是当下十分流行的一种新型的媒体形态，它具有较强的互动性、趣味性与便捷性，为武术文化的传播与普及提供了新路径。随着短视频平台用户的不断增多，越来越多武术传承者、武术爱好者聚集于此，利用平台的技术特点和优势，创作出形式多样的内容，如武术文化讲解、武术技巧展示、武术故事分享等，在很大程度上增强了社会公众对武术文化的了解和兴趣，对武术文化的创新发展具有重要意义。

（一）传播主体：非权威传播主体是主要传播力量

武术文化在短视频平台上的传播呈现明显的大众化与群众化特征，目前，非权威传播主体已然成为传播武术文化的核心力量，这一群体在传播武术的过程中逐渐获得了大量粉丝，其作品的获赞总数显著提升。与此同时，该群体人数也在不断壮大，越来越多武术爱好者在认同并支

持其行为的同时，也被吸引加入其中，推进了武术文化的传播。通过这一现象可以看出，在新媒体环境下，武术文化获得了良好的传播动态和传播趋势，互联网平台低门槛的特性，使普通武术爱好者也能为爱发热，成为传播武术文化的重要力量。

在互联网技术快速发展和社交媒体平台迅速普及的基础上，用户生产内容（UGC）的兴起，使普通用户也能利用该技术进行内容的创作和分享，这为武术等传统文化的传播提供了强大支持。因武术类内容的创作不受专业限制，无论民间个体爱好者，还是专业武术教练，甚至官方武术协会等多元化的社会角色都积极参与到武术类作品的创作和传播中，武术文化的传播内容与传播形态因此得到了极大的丰富。在武术文化传播中，UGC的核心价值在于其支持内容的再创作和再传播，这涉及对传统武术的个性化解读与创新性展示，不仅提高了武术文化的可访问性，还明显增强了作品的互动性和用户参与感。这样的传播形式，使中国武术不再局限于传统从官方到民间的单向传播模式，武术传播的形式变得更多元、灵活，更被网络赋予了互动的特点，武术文化由此得到了更广泛的传播和更多受众的认可。短视频平台便捷、直观、易于分享的特性，进一步推动了武术文化的传播、普及、创新。在短视频的技术支持下，武术的动作演示、技巧讲解、文化内涵等内容能直观展现在受众面前，这使武术更易被受众接受和学习。另外，短视频平台所支持的点赞、评论、转发等互动功能，也为人们讨论和传播武术文化提供了新的方式。鉴于UGC受众广泛，创作者来自五湖四海，具有多样性，其在探讨和传播武术文化的过程中往往带来了更多元的视角。他们站在不同角度解读和表达武术文化，在增加了武术文化传播深度的同时，使武术的内涵得到了进一步的丰富和发展。同时，这种由社会各界共同参与的武术文化传播模式，更加贴近现代社会的发展需要。

（二）传播内容：内容兼具多样性与现代化

从内容上看，以短视频形式传播的武术文化作品可主要分为知识科普、实战演练、训练教程、器械装备和创新开拓五大类。其中，知识科普类视频主要为对武术文化的渊源传承与发展历程深入浅出的讲解，旨在向受众普及武术的文化背景知识和悠久历史。实战演练类视频则通过实战表演展示高水平的武术技巧，这类武术展示通常具有较高的技巧性和观赏性，能吸引广大爱好者的目光。训练教程类视频的内容以实践性教学和分解式训练为主，为学习者提供了相对可靠的武术学习和练习途径，无论有无基础的学习者都可以找到适合自己的教程。器械装备类视频通常向受众展示和介绍各种武术器械及装备，可以开拓观众知识面，增强武术文化的体验性。创新开拓类视频则围绕武术文化元素进行自主性创新发展和传承，突出展现武术文化的活力与发展潜力。以上多样化的视频内容能满足不同受众的需求，同时为武术文化的传播、传承与发展开辟了新途径，有效促进武术文化在现代社会中的传承和发扬。

短视频这一新兴的媒介形式，以其直观、快速、易于分享的特性，成为传播武术文化的有效载体。在短视频平台上，传播武术文化的视频形式多样，包括短视频、情景短句、微纪录片、教程、特效剪辑等，很大程度上满足了人们碎片化的阅读需求，且与年轻受众的审美偏好相迎合。在现代社会，中国武术的传播与发展面临众多挑战，但随着短视频平台的兴起，武术文化能够通过更生动、更灵活的方式与途径传递给公众，武术严肃、官方的刻板印象也因此被打破。例如，抖音用户"凌云"通过视频将传统武术与现代生活有机结合起来，其充满创意的视频吸引了大量网友的关注，武术文化因此得到了有效普及。再如，抖音用户"青城掌门刘绥滨"以幽默而严谨的方式将武术文化通过短视频的方式呈现出来，拉近了大众与青城派的距离，还为传承和发展传统派系的武术文化打开了现代化路径（见图9-1）。短视频平台这种开放、人人皆可参与的传播机制，为武术文化提供了与时俱进的传承和发展机会。在短视频平台的支持下，中国武术文化与现代社会、现代人的生活紧密相连，不仅得到了广泛的普及推广，武术文化内涵也在吸收现代化元素后得以进一步创新和拓展，为其在日后尝试更多新的传播视角和传承、发展途径奠定了重要基础。

（三）传播途径：结合平台特色的全链立体化传播

现如今，抖音、快手、视频号等国内主流的短视频平台已成为人们

图 9-1 抖音 ID "凌云" "青城掌门刘绥滨" 主页

分享生活、传播各类传统文化的重要途径。各平台以其强大的功能和用户基础，为武术文化的传播提供了广阔的舞台。短视频具有声画合一、创作门槛低、传播迅速等特点，能使观众获得生动灵活的观看体验。短视频易于分享和保存的优势，有效支持了观众在平台内外传播视频作品的行为，使文化内容的流动性和互动性得到了极大增强。在算法与大数据技术的支持下，信息的分发过程从传统的"人找知识"转变为现在的"知识找人"，应用这一原理的推送机制能更精准地捕捉用户需求，降低了用户的浏览成本，还能将内容与潜在的兴趣用户匹配，增强了信息传播的连贯性和高效性。基于此，武术文化通过短视频平台形成了多元化的传播网络，构建了立体化的传播模式，实现了多路径的有效传播。

二、武术文化在微信视频号的传播路径分析

（一）权威传播主体积极回归，创新引导武术文化价值

现代社会，信息传播方式在各种新技术的支持下越来越多样化，传统武术文化的传播在面对重大挑战的同时也迎来了转型机遇。体育协会与文化体育主管单位等权威机构作为传统传播武术文化的主体，历来以

其规范性和权威性内容影响着公众对武术的认识和理解。然而，这些组织单位一直以来使用的传播模式比较单一，传播的内容比较有限，其对内容的创新程度较低，对受众的吸引力小于一些非权威武术领域视频博主，导致其传播武术文化的主体地位受到挑战。对此，微信视频号为武术文化的传播开辟了新的途径。在微信视频号平台，权威武术机构与专业武术从业者将传播武术文化的话语权重新掌握在手中，对武术文化进行了充分创新，在保留了内容权威性的基础上，增强了武术作品的观赏性和互动性，武术文化因此得以更加广泛和深入的宣传及传播。这种方式有效提高了公众对武术文化的兴趣和理解，为传承和创新武术文化注入了新的活力。

武术文化的传播应注重以下方面：第一，武术官方协会与相关部门应将视频号平台的优势充分利用和发挥出来，主动占据传播高，创造具有较强系统性、专业性的武术类视频，打造具有权威性、整合性的视频号品牌，为武术文化的传播注入新的活力。用户生成内容（UGC）有较强的开放性是视频号平台的显著优势，官方主体可利用这一点，通过发布高质量的视频，占据更大的流量和传播空间。对武术文化元素进行创新创作，有助于更好地传承和发展武术文化，也有利于提高公众对武术文化价值的认识和认同。第二，从内容建设方面看，武术传播官方主体应使用多元化的传播策略，注重武术文化的传播深度，积极制作创新开拓类视频，如围绕武术文化进行自主创新，在保留武术文化传统韵味与魅力的基础上，赋予其现代审美和技术的新意。例如，推出知识科普类视频，可以让更多人对武术文化的渊源传承与发展历史有所了解，从而对武术文化的文化价值与独特魅力有深入的认识和理解；训练教程类视频可以为受众提供实践性教学和分解式训练，学习门槛较低，便于武术爱好者系统地学习和练习武术，这对武术文化的普及和传承有重要意义。权威传播主体应积极创作和创新视频，优化武术文化传播的主体结构，提高武术文化的传播效果，保证武术文化在传播过程中的专业性。与此同时，权威主体要把控传播与舆论方向的正确性，将武术文化的传播聚焦于正向价值观的引领和对武术文化内涵的宣传上，服务于社会主义文化强国的建设。

（二）培育武术文化优质内容，创造传播效果最大化

在互联网时代，无论武术文化优质内容的创作或是传播，都必须遵循开放、合作、协同的原则，将其影响力最大化发挥出来。诸如武术协会、中华文化传承机构、体育协会等权威主体应充分发挥其职能，为传播和培育优质的武术文化内容贡献重要力量。在此过程中，这些权威主体可以号召社会上的武术文化传承者、专业武术教练、个体武术爱好者等积极参与，共同构建专业且充满活力的武术文化传播联盟。

在创作和传播武术文化的过程中，权威主体应发挥核心作用，其不仅要培育优质内容，还要保证所传播的武术文化知识与技能的专业化及高标准化，通过开放和协同的方式，对来自不同领域的资源和力量进行整合，即武术协会、文化传承机构、体育协会等权威主体应联合起来，主动出击，构建以权威主体为带领的武术传播联盟。与此同时，该联盟应积极吸纳相关人才，如武术文化的传承者、专业武术教练、个体武术爱好者等，共同推动武术文化的传承和创新发展。在内容创作方面，重视并培育优质"干货"内容非常重要。权威主体通过短视频平台为观众提供清晰、专业、明确的解说和生动、详细的展示，能大幅度提高内容对受众的吸引力和传播效率。权威主体可以与短视频专业创作团队或MCN机构合作，在对知识科普类与训练教程类视频做出进一步细化和深耕的基础上，通过创作更高质量的视频和使用更有效的传播方式，利用短视频平台对创新性内容创作者的扶持和激励，推动武术文化短视频的多元化发展，使武术文化得到更高效的普及和传播。这种孵化优质内容和应用优质策略的方式，是权威主体构建优质账号、扩大武术文化影响力的关键。利用视频号平台的用户规模优势与社交分享功能，可以将武术文化的精粹及其在当今时代中新的发展面貌呈现给大众，让更多人感受到武术的独特魅力和深厚底蕴，从而推动武术文化得以更好地传承和创新发展。

（三）完善行业管理与收益体系，多方协同监督管理

完善行业管理和收益体系对武术传播联盟通过视频号更高效地传播武术文化具有重要意义。而为了完善该体系，构建多方协同、共同监管

的产业传播模式很有必要。武术传播联盟可将行业、平台、社会的力量
融合起来，形成一个既能有效预防和避免不良内容的产出和传播，又能
有效进行事中干预与事后追责的监督管理体系。该监督管理体系的构建
需要将人工智能和算法技术结合起来，对内容进行严格审核，可采用人
工干预与关键词过滤的双轨制审核机制，保证平台上武术方面视频产出
和传播的适宜性及正当性。与此同时，武术传播联盟还应重视宣传、监
督、举报制度的完善，既要保证管理内容的多元化，又要保证管理范围
的全面性，从而有效预防和避免丑化、污化武术文化行为的发生，同时
为武术文化的积极传播提供有力支持。

　　利益的驱动作用对效益的转化至关重要。武术传播联盟应鼓励社会
各界武术文化爱好者、传播者通过合法途径获取经济利益，还可以通过
官方渠道，以权威的形式认证和表彰其传播效果，激发其持续传播优质
武术文化的动力。这种做法不仅能提高社会公众传播优质武术文化的积
极性，还有助于武术文化传播正向循环的形成，促进武术文化得以更广
泛、更高质量的传播。利用视频号的商业化策略，结合公众号和好友圈
的转化机制，武术传播联盟可以实现武术文化内容商业价值的有效转
化。而武术传播联盟对优质武术传播 ID 的推广，既能加快创作者的内
在动力转化，又能充分挖掘武术文化优质内容在短视频平台中的商业潜
力，打造经济全链条的产业模式。武术传播联盟不断完善这种全方位的
行业管理与收益体系，可为社会各界武术文化创作者与传播者在新媒体
平台上宣传和弘扬武术文化提供支持，为武术行业的时代性创新与发展
奠定坚实基础，为实现全面提高武术文化传播的质量与效益、推动传统
文化在现代社会中的传承与创新发展贡献力量。

第三节　依托于微博传播的武术文化传播

一、微博中国武术文化传播的优势

（一）微博草根性特点：为武术爱好者提供施展拳脚的新平台

　　草根性特点让微博平台为广大武术爱好者交流心得提供了新空间。
低注册门槛使每个微博用户都有机会成为信息的传播者，从武术文化传

播的角度上看，微博平台的这种开放性使其传播的范围与深度得到了极大的拓宽。在传统媒体时代，各类信息只有通过专业的媒介与渠道才能实现有效的传播，这种信息传播方式并不适用于普通大众。而微博的出现改变了这一格局，通过微博平台，武术文化的传播门槛大大降低，微博的实时性也为武术文化的传播、武术信息的交流提供了便利。无论何时，人们都可以通过微博平台接触最新的武术信息。同时，无论是个人爱好者还是官方认证账号，都可以通过该平台自由交流武术信息，分享武术技巧和心得体会。

微博的互动性为人们传播武术文化增添了活力和趣味。通过微博平台，用户既能看到他人的实时动态，又能随时了解自己感兴趣的内容，在自己喜欢的武术圈子中发表言论，与同好者友好交流，武术文化因此提高了其传播效率和影响力。在微博平台上，人们可以找到与自己有相同兴趣爱好的人，并与之结交，组建社交圈，或发起以武术为主题的"超话"，与更多武术爱好者相互交流武术技巧与练习心得，这为武术文化的传播提供了更广阔的空间。通过微博平台，武术文化的每个细节都可能被放大，每个用户对武术动作或技巧的分享都可能引起他人交流互动，在这一具有较高开放性和互动性的平台的支持下，武术文化的普及与发展有了无限可能。而武术在这样的平台中，不只是一种技巧的展示和心得体会的表达，更是一种文化的传播和桥梁，为更多武术爱好者了解武术文化、参与武术运动提供了机会。

（二）微博裂变式传播特点：加快武术文化的传播进程

微博平台有很多优势，如信息传递的迅速性、有强大的受众基础、对互动强有力的支持等，为武术文化在社会中的深入普及提供了很大帮助。传统的武术文化传播方式在很大程度上受限于技术手段和时空条件，难以实现信息发布者与受众的实时互动，同时信息的更新比较滞后，难以满足受众获取即时信息的需求。而如今具有较强开放性、互动性、即时性的微博平台所使用的裂变式传播模式突破了传统媒体的局限，在该模式下，信息能在用户之间迅速传播，而社交网络的雪球效应，能大幅度扩大武术文化的传播和影响范围。通过微博平台，用户在接收到武术信息后，可立即进行评论、转发等操作，还能在平台功能的支持下与内容创作者实时沟通，这种双向互动有助于增强受众对武术文化的了解和喜爱，同时能为武术文化传播者提供宝贵的信息反馈，为其调整传播策略、实现更有效地信息传播提供支持。除此之外，名人效应的存在也为武术文化的有效传播提供了有力支持。微博平台上通常有很多经过认证的武术行业名人，这些名人通常具有高度的影响力与社会关注度，其言论行为能吸引大量用户的关注。通过这些名人分享优质的武术文化，有助于武术文化快速提升其在公众中的接受度和认同度，这为建设和维护武术文化的正面形象、促进武术文化更广泛的推广传播提供了强大支持。

（三）微博多样化传播手段：促使武术文化魅力提升

在多样化传播手段的支持下，不仅武术文化在微博平台中的传播内容日趋丰富，其受众范围得以有效扩大，武术文化的魅力因此显著提升。

武术赛事是人们展示武术技艺的重要窗口。微博平台对武术赛事或武术竞技方面的精彩视频进行的直播或分享，为广大观众直观、全面地欣赏武术比赛，了解武术的技术要领提供了机会。微博平台的直播、视频播放功能不仅便于观众观看武术比赛，还为其交流看法提供了机会，显著增加了武术比赛的互动性和趣味性。在微博平台中，很多武术明星与专业运动员的积极参与，将武术文化的传播推到新的高度。武术明星们将自己的训练视频、精彩的比赛片段或者日常武术实践分享到平台上，吸引公众远距离感受武术文化的魅力。而武术明星的个人魅力也是公众关注武术文化的重要因素，很多人会因喜爱武术明星而额外关注武术文化，从而被武术文化的魅力折服。除视频直播与分享，武术文化在微博平台上可以通过动漫、游戏等现代数字文化的形式传播，武术文化的表现形式因这些内容的诞生变得更加丰富，武术文化因此更符合现代社会的审美和娱乐需求，尤其能吸引年轻一代的注意力。在上述多样化传播手段的支持下，武术文化在传承与发展的过程中不断吸收新时代的元素，更具现代化特色和魅力。

二、基于微博传播的武术文化传播路径

（一）官方机构引领航向，武术博主各显神通促传播

随着网络信息技术的高速发展，微博展现出独特包容性和传播优势，它能迅速扩散人们发布在平台上的各种信息和新闻现象，其裂变式的传播效应使信息的流通十分高效，对公众的意识形态与文化取向都形成了一定程度的影响。

无论是杂志、网站、媒体，还是各类协会的官方微博，都因其具有较高的权威性成为传播信息的重要节点。这些官方机构需要构建并维护自身的权威形象，要在信息泛滥的时代中承担起信息筛选和引导的职责，保证准确、及时地将信息传达给公众。尤其与武术文化密切相关的地方武术协会与高校，应积极主动对武术相关的信息进行整合和发布，及时更新微博内容，充分发挥其引领作用。在微博平台上，众多武术博主与官方机构相互配合，他们对武术文化共同的热爱和追求促使他们利用各自不同的职业背景、个人特长、影响力，通过微博平台不断分享和传播武术知识，激发公众对武术文化的认同，促进武术文化的推广与传播。

（二）增进与微博红人的交流互动，打造微博联盟

微博上有很多具有较大影响力的博主，这些人无论是名人，还是经历了从平凡到知名的普通人，其账户中活跃粉丝数的数量都是其在微博中影响力度的直接反映。武术文化传播者可以利用这一点，与影响力较大的微博红人交流互动，增加武术文化的传播和影响范围。

微博上的武术文化优质内容创作者通常通过发布高质量的内容吸引人们的关注，尤其是阅读量超过千万的微博武术领域中金 V 博主的影响力十分庞大。这些博主之间往往相互关注，常通过合作将资源聚合起来，为传播和推广武术文化提供更广阔的平台。除此之外，微博平台上官方机构的动态，如发布武林召集令、对传统武术传承人或武术爱好者提供加 V 认证的帮助等，对人才的凝聚、武术文化的传播有重要影响。这种官方与民间的合作与互动，加强了人们对武术的关注和了解，而他们通过平台开展的丰富的线上活动与定期的交流互动，促进了武术文化

与日常生活的有机结合，对武术文化在社会公众中进一步提高认知度与接受度具有重要意义。这些活动不仅能吸引更多对武术感兴趣的人群，还有利于官方机构树立良好的形象，提升武术博主的知名度与影响力，达成武术文化有效传播与个人品牌共同成长的共赢局面。

（三）各微博主应找准定位，别具一格，形成自己的传播风格

在众多微博主中，能够快速找准自身定位并展现出别具一格创作风格的博主，通常较其他博主更易形成强大的吸引力和影响力。

昆仑决是一家媒体官方账号，其运营内容不局限于赛事报道与直播，还对格斗运动背后的故事进行了深入挖掘，包括但不限于运动员的训练日常、台前幕后的精彩瞬间等，昆仑决希望通过这种方式让受众不只见证运动员在运动场上的辉煌时刻，还能通过了解其训练过程中的不懈努力和顽强拼搏感同身受。除此之外，昆仑决创新性地推出了"昆仑百科""我不是名侦探"等特色短片，在丰富其账户内容、普及格斗知识的同时，还为公众在应对危险时的自我防卫提供了科学有效的指导，从这一点可以看出该账户运营者具有极强的社会责任感及其传播内容独特的传播价值。在个人领域，武当胡玮哲在平台上创作并发布了众多带有鲜明个人化和情感化特色的作品，这些作品吸引了大量受众。他的作品以展现传统武术的魅力为主，制作精良，内容有较强的氛围感和意境，如雪天在武当山抚琴舞剑、饮酒后表演高超的武术技艺等，他的作品不仅具有深厚的武术文化底蕴，还向人们传递了一种返璞归真的生活态度和精神追求。胡玮哲通过向人们展示自身的实践与生活方式，使人们通过其作品感受到了心灵上的净化与心境上的提升，成为了很多人的精神寄托。由此不难发现，无论是官方媒体账号还是个人博主，其成功的关键都在于能对武术文化的内涵进行深入挖掘和传播，并通过个性化、创新的内容展示，吸引和维系了大量受众。从根本上看，他们成功的关键在于对武术文化有深刻的理解和认同，还得益于在传播武术文化的过程中不断创新和寻找适合自身、能充分展现自身特色的表达方式。因此，在社交媒体平台上传播武术文化时，传播者不仅需要创作真实、有深度的内容，更需要准确把握受众的兴趣与需求，基于对武术文化的深刻理解与认同上打造出别具一格的传播风格，从而实现武术文化的有效传播。

参考文献

［1］袁新国.中国传统武术的健身理论与项目实践探究［M］.北京：中国纺织出版社，2018.

［2］吴志勇.健身武术［M］.武汉：湖北科学技术出版社，2007.

［3］李龙.中国武术记忆［M］.苏州：苏州大学出版社，2022.

［4］王健，孙小燕，陈永新.中国武术文化的传承教育与可持续发展［M］.长春：吉林人民出版社，2019.

［5］申国卿，邓方华.中国武术导论［M］.重庆：重庆大学出版社，2016.

［6］侯胜川.新时代中国武术文化的使命［J］.南京体育学院学报，2023（10）：72-80.

［7］马文友.从传统走向现代：中国武术审美文化转型、成因及当代启示［J］.体育学研究，2023（5）：11-19.

［8］官云申，桂裕龙，姜凯.文化认同视域下的中国武术传承研究［J］.当代体育科技，2023（28）：122-125.

［9］郑晨，王树粤.新时代中国武术发展转向的基本趋势与展望［J］.湖北体育科技，2023（9）：809-813.

［10］王会宗.中国武术文化传承融入文化自信建构研究［J］.青岛科技大学学报（社会科学版），2023（3）：93-100.

［11］武少洋.新时代中国武术促进全民健身的作用及策略探讨［J］.文体用品与科技，2023（17）：1-3.

［12］金玉柱，李婉琳，李晨然，等.弘扬中华美育精神：中国武术"势"的身道逻辑及当代美育启示［J］.天津体育学院学报，2023（4）：455-461.

［13］金玉柱，崔如杰，陈保学.李小龙"志气、骨气、底气"的武术精神意涵论绎［J］.体育与科学，2023（4）：67-75.

［14］明丽华，张兴河，宋进文.全民健身视域下武术发展的时代价值及培养路径［J］.文体用品与科技，2023（10）：19-21.

［15］李继鑫.新时代中国武术促进全民健身的作用及策略［J］.文体用品与科技，2023（1）：29-31.

［16］邢程，蒋蜀建.新媒体对峨眉武术文化传播的影响研究［J］.运动精品，2022（11）：62-64.

［17］田文波.新时代中原武术精神的研究逻辑［J］.武术研究，2022（9）：2.

［18］白晋湘，万利.中国武术构筑中华民族共有精神家园的理论与现实逻辑［J］.广州体育学院学报，2022（1）：1-7.

［19］金玉柱，董刚，陈保学，等.中国武术"文明其精神，野蛮其体魄"的哲学论绎［J］.山东体育学院学报，2022（1）：36-42.

［20］陆小黑，时磊，朱大梅.中国武术精神的新时代阐释——基于"坚定文化自信"的研究视角［J］.山东体育学院学报，2022（1）：43-50.

［21］莫上崇，梁子财.新媒体视域下中国武术文化传播研究［J］.文体用品与科技，2022（3）：1-2.

［22］黎镇鹏，谢炜帆，李奇，等.中国武术文化传播的历史回溯与展望［J］.武术研究，2021（12）：24-27.

［23］杨祥全，王立峰.新时代中国武术的价值探究［J］.天津体育学院学报，2021（5）：594-599.

［24］李玉超.浅析中国武术博物馆的文化传播功能［J］.武术研究，2021（8）：23-25.

［25］吴昊，王晓东，温博，等.近代中华武术精神的核心内涵、演进逻辑及其当代价值［J］.湖北体育科技，2021（5）：389-393，429.

［26］田文波.谚语：中国武术文化的精神解读［J］.武术研究，2021（4）：2.

［27］王辉，肖辉君.刍议新媒体时代武术文化传播的提升路径［J］.武术研究，2021（4）：49-51.

［28］王树粤，李贵艳，王岗.中国武术在体育强国建设中的价值及促进策略［J］.体育文化导刊，2021（1）：21-27.

［29］陆小黑，唐美彦.精神信仰、审美艺术、技术技理：中国武术的结构变迁与未来走向［J］.武术研究，2020（2）：4-8，15.

［30］侯连奎，姜丽敏.新时代中国武术提振民族精神的价值意蕴［J］.中华武术（研究），2019（10）：72-75.

［31］付晓娇，王晓晨.中国武术跨文化传播研究［J］.卫星电视与宽带多媒体，2019（15）：121-122.

［32］李丽，金玉柱，张再林.武术"刚柔"新释——基于触觉现象学的视角［J］.西安体育学院学报，2019（4）：457-463.

［33］贺风雷.健康中国背景下青少年传统武术精神重塑［J］.青少年体育，2019（4）：30-31.

［34］苏艳红.全民健身视角下中国武术段位制推广策略研究［J］.智库时代，2018（37）：83，89.

［35］杨彤彤.中国武术国际化传播的形象研究［J］.青少年体育，2018（8）：135-136，92.

［36］刘梦茹."健康中国"战略指导下中国武术发展研究［J］.中华武术（研究），2018（5）：30-33.

［37］王宏，程瑾瑜，郑薇娜.论学校武术在爱国主义精神培育中的使命［J］.体育文化导刊，2018（4）：99-103.

［38］董磊.中国武术的文化使命与责任担当［J］.当代体育科技，2018（8）：175-176.

［39］张荣航.浅谈中国传统武术精神——中华武术之魂［J］.中国民族博览，2018（3）：8-9.

［40］郑薇娜，王宏.核心价值观视域下武术精神的当代价值研究［J］.体育成人教育学刊，2017（6）：61-64.

［41］杨敢峰.武术精神的内涵及当代价值［J］.武术研究，2017（12）：18-21.

［42］王静静，王一凯.内驱力与影响力：武术精神文化当代价值的回归［J］.中华武术（研究），2017（9）：49-52.

［43］邵艳艳，王宏，龙行年.武术精神与社会主义核心价值观的互动研究［J］.沈阳体育学院学报，2017（4）：140-144.

［44］蔡利敏，梁石云，王岗.中国武术"技、艺、道"之辩［J］.北京体育大学学报，2017（6）：127-133.

［45］蔡宝忠，马伯韬，佟柏云，等.武术精神：现代习武之人的核心力与社会文化的推动力［J］.武术研究，2017（4）：1-4.

［46］陆小黑，唐美彦.中国武术侠义精神历史变迁的理论诠释［J］.沈阳体育学院学报，2016（5）：132-138.

［47］焦满进.儒家文化与传统武术的内在关系探究［J］.运动，2016（23）：146-147，156.

［48］蔡传喜，汤立许.尚文与尚武：当代中国武术发展的笔透检视［J］.体育科学研究，2016（5）：35-41.

［49］李勇，孙鸿志.宗旨、精神与口号：中国武术国际化传播核心理念初探［J］.科技视界，2016（20）：41-42，44.

［50］王宏，郑薇娜.个体层面核心价值观视域下武术精神的当代价值研究［J］.湖北体育科技，2016（5）：388-390，387.

［51］王统领，赵翠青，姜南."一带一路"倡议下中国武术转文化传播研究［J］.体育文化导刊，2024（2）：14-20.

［52］田展玮，侯胜川.技击还是攻防：论中国武术的本质属性及其影响［J］.体育学研究，2023（6）：91-98，109.

［53］温搏."新体育文化"视野下的武术文化［J］.武术研究，2023（12）：6-9.

［54］滕希望.中国武术发展的历史梳理与未来展望［J］.武术研究，2023（12）：10-13.

［55］邹佳宇.新时代武术文化创新发展的思考［J］.体育世界，2023（11）：30-32.

［56］李家宁.武侠电影对武术文化传播的影响研究［D］.华东师范大学硕士学位论文，2021.

［57］张豹.文化传播视觉下中国武术与动漫融合研究［D］.西北师范大学硕士学位论文，2021.

［58］李星蓉.自媒体背景下武术文化传播研究［D］.苏州大学硕士学位论文，2021.

［59］封又民.中国传统武术伦理精神研究［D］.湖南师范大学博士学位论文，2019.

［60］陆小黑.中国武术精神要义研究［D］.苏州大学博士论文，2015.